给你一束光

安顿灵魂

中国作家的生活现场

青年报社 编

李清川 主编

陈仓 执行主编

百花洲文艺出版社
BAHUAZHOU LITERATURE AND ART PRESS

图书在版编目（CIP）数据

安顿灵魂 / 青年报社编；李清川主编. -- 南昌：百花洲文艺出版社, 2019.5
（对话百家）
ISBN 978-7-5500-3234-7

Ⅰ.①安… Ⅱ.①青…②李… Ⅲ.①作家–访问记–中国–现代 Ⅳ.①K825.6

中国版本图书馆CIP数据核字(2019)第064279号

安顿灵魂

青年报社 编　李清川 主编　陈 仓 执行主编

出 版 人	章华荣
责任编辑	蔡央扬　张兆磊
书籍设计	方　方
制　　作	周璐敏
出版发行	百花洲文艺出版社
社　　址	南昌市红谷滩新区世贸路898号博能中心A座20楼
邮　　编	330038
经　　销	全国新华书店
印　　刷	江西华奥印务有限责任公司
开　　本	710mm×1000mm 1/16　印张 19.25
版　　次	2019年5月第1版第1次印刷
字　　数	230千字
书　　号	ISBN 978-7-5500-3234-7
定　　价	65.00元

赣版权登字 05-2019-90

邮购联系　0791-86895108
网　址　http://www.bhzwy.com
图书若有印装错误，影响阅读，可向承印厂联系调换。

光能繁殖

李清川

现在回想起来，我们酝酿在《青年报》新创一份文化类子刊，是在2016年春节前，甚至更早一些时候。说"论证"是不准确的，其实无需"论证"现实境遇都是尴尬的：在那个冬天，纸媒没落成了大众话题，文学式微也常见诸讨论，此时抱残守缺，以纸为阵地、以文学立足，我们似乎是在逆流而上。但是我们宁愿逆流而上，也不愿意顺势而下，因为在理性思考中我们发现，在文化多元和节奏趋快的大时代，青年更加需要定律与方向；在个人梦被自由放大的际遇下，青年比任何一个人群更加需要文化的力量。

2016年4月，《青年报》迎来第一万期出版，我们将《新青年》周刊正式落纸。之所以选择"新青年"为名，我们并无攀附之意，我们"新青年"的"新"，是思想的新，也是文化的新；我们"新青年"的"青年"，不仅是意欲照射到的目标，也是力求寻找的光源。如何赋予这份子刊以魂呢？我们以为，关键是要有眼光。我们这样比喻，文学家、文化学者、文脉传承和弘扬者，就是灵魂的塑造家。因此，我们以他们的最新作品为主线，开设《上海访谈》《自白》《重读》《旁评》等栏目，约请青年写作者进行同题创作。在文人、文章、文脉、文鉴这一逻辑下，我们致力捕捉那些既可以沉淀为历史的，又可以预见未来的文化视点，关注那些不是流行的，不是潮头的，但一定是动态的，是发展的，有力量的，有灵性的，是年轻人走着走着就会迎面相遇的。我们想做的，就是给你一束光，让它照着赶路者的某个方向。

到《对话百家》系列丛书启动编辑工作时，《新青年》周刊已经出版了133期，不觉中，我们用心陪伴了三年时光。在岁月长河中，这光景不过只是个瞬间，但如果有耐心，你就会发现这一瞬之中的永恒——要是以130多位作家为坐标点编绘一张中国当代文学地图，是不是可以观察到中国文学的当下特征和前进方向？是不是能触摸到社会发展和文化进步的某些趋势？更为关键的是，因为有更多、更深广、更具代表、更有期望空间的作家加入，这一文学地理的建构还在继续。

一路走来，我们对中国文学的过去、现在和未来，越来越有信心，而这无疑来自作家和读者。

平素里我们与文坛大家的交往，更多是在文字中相见，这种由文字及情感的共振，不免伴生仰视和忐忑。是作家们的宽容、诚恳和磊落，让我们始终温暖。联系贾平凹时，他正在武汉授课，身体很疲惫，但得知我们"等米下锅"，他在凌晨配合完成了采访。同样的情境下，迟子建在忙于家事，阿来在藏区调查，王跃文在基层参加活动，李佩甫在创作新作……我们的高频访问从未陷入"独坐悲双鬓，空堂欲二更"的不安，真是个奇迹。

每当周五收到陈仓发来的清样，我都会想，每一位作家执着的文学故事和丰厚的人生体验，都无异于一支支拧开的手电，在他们的言谈间，光就会自然发散出来。张炜在谈到长篇小说《你在高原》创作时说，如果不写完这部作品恐怕一生都不会安宁，为此，他耗时二十二年，写下450万字，流了很多眼泪。麦家的长篇小说《解密》经历了十七次退稿，他并没有因为挫败而迟疑，还将其解读为"每一次退稿对我个人而言都是打击，对作品来说都是'打铁'"。以平朴为人和谦逊姿态为人称道的陈忠实，在生前接受采访时常会强调，他不是大师，这不是谦虚，而是远远不及大师的格。

另一方面，读者始终是我们关注和连接的重点，是我们的情愫所系，源源不断给我们以持久力量。在社交网络活跃的当下，他们用传统的书信和电话，表达着对作家、作品和《新青年》周刊的偏爱。他们中，有作家、评论家、大学教授和媒体同仁，更多的还是青年学生和普通读者。他们中有人要跨年度、跨地区订阅报纸，有人想购买全套报纸收藏，还有人，只为说一句"我喜欢"。"天涯海角非远，银河夜夜相望"，如此鼓励下，我们既欢喜在心，又感重任压肩。

光是有方向的，光也能生出光。事实上，我们编辑出版《对话百家》系列丛书，还有为中国文学保存温暖历史的一点野心。客观说来，受出版形态、地域限制和传播时效影响，对话类文本的阅读体验还需优化和释放。我们希望，通过必要的梳理整理，去满足部分读者深入阅读的需要，也为文学研究者提供一种参考。这种利用纸媒积攒"光"，再借助书投照"光"的愿景，也让我们在工作之余悄然完成了一次历史记录和思想沉淀。

我们知道，出好一套书，出一套好书，并不比办报简单，恐怕还会复杂一些。《对话百家》系列丛书能够与读者见面，我们要向每一位作家致谢，向提供过帮助的朋友致谢，尤其要感谢百花洲文艺出版社的工作团队，他们倾注了热情和心血。春节前，出版社的策划、编辑团队专程来到上海，我们有过倾心一晤，他们对内容修订、装帧设计、市场推广提出了高水平意见，做了细致安排。我们都相信，有文学相伴的人生是美好的人生，被文学注入的时代是有灵魂的时代。这样的共识是幸福的，既有各自职业的坚守，也有来自文化的传承。

最后还要做几点说明：一是每卷本目录中的作家次序，大致遵从了姓氏笔画排序。姓氏传自祖先，即便是笔名也代表着文字的血统，所以是天赐的，是自然的，自然的方法应该就是科学的方法，也因此呈现出老幼相携、结队出发的友好气象。二是关于作家、作品的介绍信息，依据了报纸首发的资料，没有进行全面更新，因为作家一直都在路上，很难等到一个最终的结论。三是从报纸到图书的形态转化中，出于平衡新闻性与文学性，兼顾传播功能和阅读体验，去除了随时间推移而失去效力的部分内容。以上处理，如有不妥或者疏漏，还请予以理解和谅解。由于能力和目力所限，不免会有遗憾和失误，也希望得到各个方面的谅解。

2019年，是五四运动100周年，还是新中国成立70周年，我们以此致敬历史。遥想百年前的《新青年》杂志，提出"自由的而非奴隶的，进步的而非保守的，进取的而非退隐的，世界的而非锁国的，实利的而非虚文的，科学的而非想象的"，吹响了五四新文化运动的号角，成为历史进程中一个明亮的符号。

历史的门槛都连接着新起点。2019年6月10日，《青年报》迎来了创刊70周年的纪念，我们也以此送给《青年报》和她的读者。追溯历史，勇于尝鲜，绝不墨守，是《青年报》和青年报人最鲜明的特质，这种内生的创造力，也是今天的我们传承火炬、接续发展的重要支撑和精神力量。愿由此开端的新的路上，我们总有希望，充满发现。

（作者系青年报社党委书记、社长，中国作家协会会员，上海市新闻工作者协会常务理事）

文学属于青年

陈思和

1917年，陈独秀携带着他主编的《新青年》杂志移师北京，在北京大学发动了史无前例的"文学革命"。是年一月，《新青年》第二卷第一号发表胡适的《文学改良刍议》，二月，发表陈独秀的《文学革命论》，白话文学运动承载着思想革命的使命，席卷全中国。两年以后，1919年，《新青年》的思想启蒙直接唤醒了大批知识分子和青年学生，为了应对巴黎和会的外交事件，五四运动轰轰烈烈地爆发了，中国由此进入新的历史阶段。

陈独秀在上海创办《青年杂志》（后改名《新青年》）之初，仅仅是一个励志型的青年思想杂志。北上以后，短短几年就办得风生水起，获得了全国性的成功。什么原因？北京大学是第一个原因，那是全国优秀青年云集之地；提倡"文学革命"是第二个原因，新文学以其新鲜活泼的语言和形式，深深吸引了大学里的青年学子。新文学浪潮与青年运动相结合，便可创造一个崭新的时代。

新文学浪潮与青年运动紧紧联系在一起，在社会上产生了革命先锋的影响。我曾经把新文学运动领袖们的出生年份列出来：鲁迅是1881年出生的，李大钊是1889年出生的，就是我们今天所谓的80后；胡适出生于1891

年，傅斯年出生于1896年，属于90后；陈独秀是1879年出生，也就是70后的"尾巴"，但他已经担当了新文化运动的主将。新文化运动里几乎没有50后的作家。康有为生于1858年，严复生于1854年，他们在新文化运动兴起时已经被看作是过时的人物。而正是陈独秀、鲁迅、李大钊、胡适这样一批70后、80后和90后的青年知识分子，开创了现代中国的新纪元。

他们所开创的时代，真正是青年的时代。

上面这段议论，是我在读李清川、陈仓主持编辑的《对话百家》系列丛书书稿时，由衷想说的话。他们两位都是有文学情怀的媒体人。我与陈仓相识于复旦大学的课堂里，他来约我做一个访谈。他告诉我，青年报社创办了一个《新青年》周刊，每期用七八个版面来介绍一个当代重要作家，那时已经推出的就有贾平凹、陈忠实、张炜、余华、刘醒龙、欧阳江河、周大新、李佩甫等等，向青年读者展示当代文学的风貌。我被他们的编辑理想深深触动，我知道《青年报》是一家面向青年人的资深媒体，拥有大量的青年读者，由它来隆重推介当代文学，将会产生不可估量的影响。

新世纪的中国文学正处于一个转型更替的关键时期。我在前几年写过一篇文章，题目叫做《从"少年情怀"到"中年危机"》。我的意思是：从五四新文学发展而来的现代文学，原来就其本质而言是青年文学，它含有强烈的文学先锋因素，表达了中国青年在各个历史阶段的社会情绪和审美形态。但是新世纪以来，随着社会发展的稳定和文学功能的变化，更形象一些说，文学已经进入了"中年"阶段。其标志之一，对照百年前的新文化运动，如今在文坛一线创作的活力最强、影响最大的作家群体，依然是1950、1960年代生人，他们经过了三十多年的写作实践，形成了成熟的世界观与写作风格，艺术上也日臻完善，他们是延续五四新文学传统的一代作家，但他们毕竟已经不是青年了。而真正反映着大多数青年社会情绪的文学，却被遮蔽在资本渗透下的网络新媒体、文化市场、大众娱乐等尘霾之中，还没有发出真正的光彩。我把这种文学状态称之为"中年危机"。

因此，如何弥合这两大类文学的健康因素，有效地把五四新文学的传统与当代社会生活以及新媒体新技术结合起来，推动新一代的五四精神传人的诞生，把新文学传统的生命活力延续下去，让更多的文学青年了解和认同前辈作家的创作心声和生活态度，在新形势、新环境、新媒体中凝聚起新的力量。这对我们所有不同年龄层次的文学工作者来说，都是一项极其艰巨的任务，但也是光荣的使命。

在这个意义上，我对青年报社编辑出版的《新青年》周刊，自觉运用大众媒体来向青年读者推介当代著名作家的工作，充满敬意。他们选择的当代著名作家艺术家，是五四新文学传统的自觉继承者，弘扬他们卓越的创造性劳动成果，总结他们在文学上的精神血脉，扩大他们的创作影响，对于传承新文学传统的血脉有着重要的意义。也许他们现在做的工作，只是一种堂·吉诃德式的风车大战，但终究是"石在，火种就不会灭"，人文精神需要代代相传。

现在青年报社把《新青年》周刊上的130余位中国作家的对话录编辑成书，这是非常有意义的工作。我希望这套六卷本的书能够获得更多的青年读者的喜爱。是为序。

（作者系著名评论家，复旦大学图书馆馆长、文科资深教授，上海市作家协会副主席）

目　录

001　王安忆　作家像变色龙一样变来变去很奇怪

015　马　原　我对世界的兴奋点四十年都没变

029　叶　辛　好作家的名字写在人民心上

043　孙　颙　不要哀叹要给没落者送去温暖

057　血　红　让角色恩怨分明蓬勃向上

071　吴　亮　我对世界并没有欠债

085　张　翎　假如重过一生仍然要做最好的自己

099　甫跃辉　我所了解的乡土生机勃勃情意绵长

113　陈思和　要相信良知的力量

127　金宇澄　青年人要学会慢慢来

139　赵丽宏　　如果心中有爱灯就不会灭

155　姚鄂梅　　我欣赏身体和精神都独立的女性

169　唐　颖　　正视悲剧才有力量抗衡生命无常

183　殷健灵　　文学中有支撑我们活得更好的理由

197　秦文君　　希望带给孩子飞翔的感觉

211　钱谷融　　学术原则是修辞立其诚

223　葛　亮　　能穿越我会去宋代

237　路　内　　我像不小心闯了红灯的人

249　蔡　骏　　文字从来不分高低贵贱

263　潘向黎　　如何安顿灵魂是终生的功课

279　滕肖澜　　最难的就是写幸福

王安忆

王安忆，1954年生，上海人，中国作家协会副主席，上海市作家协会主席。代表作有长篇小说《长恨歌》《遍地枭雄》《启蒙时代》《天香》《匿名》等。曾获茅盾文学奖、鲁迅文学奖、全国优秀中篇小说奖、全国优秀短篇小说奖、施耐庵文学奖、红楼梦·世界华文长篇小说奖评审团奖、华语文学传媒大奖、上海文学艺术杰出贡献奖、美国纽曼华语文学奖，以及法兰西文学艺术骑士勋章。

作家像变色龙一样变来变去很奇怪

说起王安忆，在上海可谓是家喻户晓的，在中国文坛可称得上大家。她的创作大都以上海题材为主，也兼具一些农村题材。但是生长于上海的她，对上海却有着复杂的情感，让她离开，她的生活又不习惯，她很难说这是爱还是不爱，也很难客观地去看待这座城市。于是，在她作品里表现的上海不断在变化，这也是她一贯坚持的写作手法，是她表达世界的方法。她的作品，让更多中国人了解了上海，也让更多世界人了解了中国。

你曾经说过，现在小说被过量地、过度地消耗着。花一周写的小说，读者半小时就能读完。现在《匿名》打破了这个常规，是一部让人无法快速阅读的小说。你在写的时候，是否完全忽略了读者的接受能力？

问题并不在此。我花了两年多时间写的《匿名》，读者两个星期依然可以读完。读的真比写的快乐，创造总是比消耗来得缓慢和困难。我们不能要求读者和作者同样艰辛，正相反，希望他们能够从我们的劳动中得到愉悦。我说小说被过度消耗，也许是在另一个语境中，一时也想不起来了。《匿名》在接受上的危险大约是读者会中途放弃，不与我"死磕"到底，我确实挺为难读者的。希望这困难能以价值作为补偿，即艰涩之后能有所快乐。

大量的景物铺陈几乎有些奢侈。看《匿名》的时候，我脑子里偶尔会飘过《鲁滨逊漂流记》和《海底两万里》。这些景物的描写把情节挤到一边，成为我继续往下读的最大吸引力。我一边看一边想，没有亲自去过是不是描写不出来？或者我忽略了作家的想象力？

景物铺陈应是我向来爱好的，《长恨歌》前几章都令人不耐烦了，我重视空间的戏剧性，将空间布置好，人不说话也自有传达。小说依附在时间的流淌上，空间转瞬即逝，挽留它停滞是义务。用文字语言刻画建设，还是仰仗时间使它存在。作者的想象力是主要的工具，身体经验是攫取的材料，如何认识决定于如何启用，材料本身是客观的，质和量都有限。小说写作则是主观的工作。

你在多次访谈中谈到评论，尤其是谈到陈思和，他的意见你一直比较看重。比如他曾建议你的《启蒙时代》如果再多写一倍的字数，分量就不一样；《匿名》的写作，也是他建议你"应该要有勇气写一部不好看的东西"。为什么你如此看重评论家的建议？

陈思和于我，不单纯是评论家的身份，可说是思想与文学的知己，我并不将他的话当作评论家的发言。这也见出从20世纪80年代始的作者与批评的关系。开头好，步步好！我们共同创造一个文学的天地。我想，大约有些接近英国现代文学中弗吉尼娅·伍尔夫和福斯特的关系。他们都是小说家和批评家，从这点说，我希望陈思和有一天也写小说。而这一点是可以期待的。

你在采纳他的建议的同时，实际上已经认同了他的说法，即"不照顾读者的心情，不管他们读得懂读不懂"。1987年，你写过一部《流水三十章》，后来自我评价是"非常难看"的作品，因为当时决定要写一个有突破的长篇，必须要用特别的语言叙述。你要写的人物像个蚕，从茧中飞出来后又变成了蛾子，生命换了种类型——读《匿名》的时候，我不由得想到了这部作品，感觉你似乎回到了30年前。你愿意将这两部作品以写作难度做些比较吗？或者，哪些方面有相似度？

年轻时，我写过许多不忍卒读的东西，但也不后悔，反而佩服那时候有勇气，顺着自己能写，逆着自己也能写。如今却不能了，挺挑剔的。其中有求精的成分，也有能量弱的原因，无法泥沙俱下，漏光了再聚起，就像一口旺井，淘不干底，淘干了，一夜之间，又涌出新水。现在则要节制，不敢浪费，也是晓得精芜的差异，懂得多，写得就少。无知者无畏。《流水三十章》的难看在于没什么可写的却非要写三十多万字。《匿名》的难读正相反，有太多要写的却只写出三十多万字。一个是"言过"，一个是"犹不及"。非要比较，就只能这样。

30年前，写《流水三十章》的王安忆"是个有力气的人，明明是强做，却也做出来了，好不好是另外一回事"。今天《匿名》的写作状态，是否也是这样？每个作家创作每部作品的状态大概是不同的，而每部作品诞生后也各有不同的命运。你期待《匿名》会有怎样的命运？

我最大的期待就是将《匿名》写出来，也就是让种子落土生根，发芽，长出东西来。小说的命运是在小说里面实现的，其他外在的遭遇其实都关系不大。

这样的写作，明知是一次冒险，又一定去尝试。动力不止于陈思和的鼓励吧？

陈思和的话只是鼓励，就好比啦啦队。动力还是小说本身的内动力。每一次写作其实都是一次冒险，否则也不吸引人去做了。冒险在于不知道前景如何，目的地有多远，能否渡你从此岸到彼岸。所以开始之前就要掂量，这一颗种子有没有足够的能量，又有没有准备好丰饶的土壤。魅力之处不在于无法估量前景，倘一切了然也就没有兴致了。

《遍地枭雄》和《匿名》中都有绑架或打劫，为什么会对这样的案件格外感兴趣？只是偶然？

《遍地枭雄》是打劫；《匿名》是绑架。但两者同是将一个人从已知的命运放到未知里去。现实生活确实限制人的想象力，我一时没有其他的引渡方法，但所去地方以及下落是截然不同的。所以，才敢不避重复的嫌疑。

作品延续了你注重逻辑性、环环相扣、严丝合缝的特点。因此在作品的细节设置中，也体现了你的苦心。比如在绑架途中发现星空，比如文字，比如对话，处处感觉禅机，处处充满隐喻——说到隐喻，也是在你过去的作品中前所未有地集中。为什么会有这样的变化？

我确是一个注重写实的人，相信生活的外相自有喻意。这部小说不是日常生活状态，而是反常性的。比如失踪，失忆——这在通常的叙事中，都是作为隐喻的。但在我，恰恰是事实本身。小说背离我的写作习惯也在这里，似乎从形而上出发，去向哪里？这是一个抽象的故事，不是我擅长，我极力要给形而上以"形"，这才能说服我自己。但这"形"又太像隐喻，其实就是"形"。

作品《匿名》中有两条线索：一是明线，家人多方寻找失踪者；一是暗线，失踪者的经历。这两条线索出入，处理起来是否有难度？

我想所谓明暗线还是一条，一个人丢失了总要寻找，就是说一个人进入另一空间总还有拖尾，需慢慢收了。寻找在上部结束，下部直到末尾方才出场。所以并不存在两条线的处理问题。倒是寻找的情节拖住了我的手脚，但写实的本性又一定要对现实负责。于是耐着性子将该找的地方都找过了，方才自由。下部的写作自由多了，那人终于摆脱羁绊。

从20世纪70年代就开始写作，30多年来，你如何评价自己的写作历程？

我在1980年之前就写了，只是"没有正经写"。1977年写了小说《平原上》，妈妈把作品放到《河北文艺》上发表。贾大山看到我的小说，称赞我（他是第一个称赞我的人）说，将来她会写出来。他的话对我鼓励很大。

写了三十多年，量变到一定程度会达到质变，我的写作是一贯的。我宁可用"进步"这个词，我确实在进步，我对自己的进步是满意的。回过头去看，开始写得也很差，慢慢看过来，我的小说逐渐写得比以前好了。

我以为妈妈会是第一个称赞你的人。

她从来不称赞我，对我很挑剔。很小的时候都是反叛，我很早就脱离妈妈的管辖。后来才知道，我从她那里其实吸收了很多营养。

从一开始写作，你有没有过退稿的经历？

偶然的运气还是有，我赶上的时候好。20世纪80年代，中国文学有创刊的、复刊的刊物，正需要大量的稿子。

1983年，你和母亲茹志鹃一同到美国参加国际笔会，东西方文化的碰撞，是否对你产生了很大影响？因为回来后你就发表了《小鲍庄》，成为1985年轰轰烈烈的"寻根"文学思潮的重要收获。

20世纪80年代我写过很多实验性的东西，如《流水三十章》。我的写作也和潮流有关，写《小鲍庄》时，把我归到"寻根"文学；写《长恨歌》时，我又被归到"海派"。我还是很一贯地保持我的风格。其实题材就是两类：一类是上海；一类是农村。

那个时代，每个年轻人免不了受到影响，我没在弯路上走太远。因为我很快发现这不适合我，当然也不妨碍我时不时尝试一下，《众声喧哗》就是小的尝试，脱离了写实主义对小说的规定。《遍地枭雄》《伤心太平洋》是和写实保持距离——没有从头到尾的故事，因果联系不紧密，有潜在的紧张度，但整体看很涣散。

我年轻的时候总喜欢背叛，不怕失败，很勇敢。一开始觉得故事是一种束缚，想把前人的规矩破掉。写到今天是进步也是退步，我的观念越来越合乎、服从前人小说的规定。越到现在，我对故事的要求越高。《纪实与虚构》还在实验，《长恨歌》基本是在讲故事，而且好看。

以前我不讲究好看。现在客观讲，我的小说是比过去好看了，关键不是让别人觉得好看，是自己也有阅读的乐趣。这其实要克服很多困难，不能写得顺溜，也不能太艰涩，写的过程中，事情的发展是要经过一些说服的，不是众所周知的原因，而是这原因要你找，找事情发生的唯一原因。过去讲现实主义作家要找到事情发生的唯一原因，当时听的时候未必完全领会，现在越写越知道。

20世纪80年代中期，你的"三恋"和《岗上的世纪》是非常独特的，对描写女性本身的欲望、女性的爱和抗争，表达非常勇敢。但是进入1990年代后，好像更专注于精神的探索了。再往后的小说创作，更多地转向了生活常态，这一特点在《长恨歌》中达到极致，后来写《天香》和最新的《众声喧哗》也是如此。回顾以往的创作，你愿意作何评价？

我还在写，没有明显的阶段可以划分。我对我的进步是满意的。我不是一个原地踏步的人，也不是突破性很强的人。也有评论说我重复，我对这一批评保留意见。重复对作家来说没错。我还是很老实地，很诚恳地写作。我的写作题材很局限，基本是书写上海，这是我的个人局限性，也和写作方式有关。

别人都是在寻求变化，评论也说你不断地在突破。你怎么理解变和不变？

我希望是多变的，这关系到一个人的美学。我也不强求，变化是自然而然的。不是讲我有突破，作家总是要写新的故事。一本新书出来，就是一个新故事，这是对写作的基本要求。突破是指思想性、手法上的大突破。我写男性写不好，就想努力试试，尽力完成《遍地枭雄》，我还是满意的。我没有强烈的意识突破，有些局限永远不能突破，比如材料对我来说永远是局限，看世界的方式也是局限，但局限往往也是立场。我一贯坚持的写实手法，是我表达世界的方法。

作家如果像变色龙一样变来变去也奇怪。一个作家的世界观，是花一生去实现的。我从来不给自己定高度。每一部书，有一点小小的进步就可以了。读者对作家也不能太苛刻，不能希望作家源源不断地提供力作，也应该允许作家慢慢退场。作家无论写或不写，都必须是诚恳的。韩少功、史铁生、张承志、张炜，他们都是对文字特别慎重的作家。

教学生活对自己的创作有何影响？

这是我自己选择的，我喜欢教书。当时还是有特殊的政策，因为我学历不够。我是对理论有兴趣的人。我是生活经验不丰富，靠材料支撑的作家，材料对我来讲是很大的限制，所以写什么对我来说很重要。吞噬、消耗那么多材料，反过来会刺激你，让你在绝境里崛起。某种程度上反映了材料的缺失。像普鲁斯特只能想过去生活，局限真的可以塑造一个东西。

很多人在读你的《天香》时，感觉有些《红楼梦》的气象。小说中涉及到大量的知识，包括园林建筑、美食、刺绣、书画、民俗等等，在写作时，你心里有什么既定的目标吗？要把《天香》写成一部怎样的作品？

小说就是日常生活的面貌。上海有一种"顾绣"，但是关于绣的来历，史料很少，只有流传的各种掌故。《天香》基本是这个线索：绣本从民间来，经诗书熏染，成为精致成熟的高雅艺术，然后又流向民间。我是为"绣"找一个环境，线索清晰简单。

从小绸、希昭到蕙兰，天香园中的女性人物，命运都很不幸，甚至有些凄凉。如此设计她们的命运，是有意的吗？

这里有三个主要的人物，一个是把"绣"带到上流社会的闵；一个是使"绣"的技艺达到顶峰的希昭；一个是这家的闺女蕙兰嫁到市井人家，蕙兰开幔教授天香园绣法。线索有了，故事就有了。小说里每个女性完全不一样，这也是我写作时有乐趣的地方，这种乐趣推动我写下去。这里面不单纯是技艺的介绍，和女性手艺有关，更和命运有关，我不是写绣艺，是写绣心，她们的境遇、感情是我书写的对象。史料里这个人家败落，靠女性绣花养活，那我们就会思考男性怎么了，把家败成这样子？我要做的是，把这条线索充实，变成生活的状态。

写作过程中最感困难的是哪方面？

主要还是想象力方面。因为涉及我不熟悉的时代，"顾绣"产生于晚明，我必须去了解那个时代。小说虽然是虚构，可它是在假定的真实性下发生的，尤其是我这样的写实派，还是要尊重现实的限制。过去的作品中，只有《长恨歌》第一卷是脱离我的经验范围的，如果完全没有发生过的事情，我很难去想象。《天香》所要描写的，和我自己生活经历很远，所以我落笔很慎重，尽量不让自己受挫，受挫就等于劳动白费，自信心会下降。长时间写作特别需要自信，所以我非常谨慎。

虽然你曾表达过写作是为了心灵的需要，但从《天香》看，似乎可读性更强了。你有这方面的意识吗？还是一种不自觉的变化？

写《长恨歌》时，我已经开始注重叙述的趣味性，至少想要这么做。20世纪90年代初的写作，那时我还年轻，喜欢实验性的写作，喜欢炫技，好像怎么样难倒读者是我的任务一样。小说就是讲故事。我蛮注意情节，审美的取向，不能在戏剧性上有大的起伏，就要在细节和语言上下功夫。《天香》对我来说有一点挑战。离我那么远，都是无中生有的人，一开始蛮茫然——人物离我近，还有生活经验的调动。我就写性格，任何时代人物性格都差不多。这么一想就踏实了，有一点我提醒自己，人的婚姻、生育要注意，他们谈婚论嫁的年纪很小，虽然有教养，还是很天真，很多条件是很具体的，从一开始写作我就注意了。

在20世纪50年代出生的作家中，农村经历的苦难成为很多人创作资源的宝库，更有一批人成为知青文学的代表作家，但是在你的写作中，似乎并不留恋农村的记忆，甚至没再回到自己插队的地方，是什么原因呢？

还是和具体生活有关。我在农村待的时间短，也不愉快。我是一个人待在一户人家，没有和别的知青生活在一起，和知青文学有距离。我对农村的生活，还是写了一些，写得非常少。

你很早就表达过自己写小说的理想，那就是：不要特殊环境、特殊人物；不要材料太多；不要语言的风格化；不要特殊性。现在看，你觉得自己达到写小说的理想了吗？写作《天香》，是一种怎样的心态？

还没达到，需要再努力。《天香》里，我自己觉得第三卷最好看，写的时候几近左右逢源，说服申家绣阁里的人，同时也是说服我自己，极有挑战性，自己和自己对决，过了一重难关又遇一重难关，小说最原初又是最本质的属性出来了，就是讲故事，把故事讲得好听。情节本身在向你讨要理由，你必须给出来，含糊不得。

应该说作家的创作，都有一些精神的源头，写了这么多以上海为背景的作品，而且《天香》是追溯了上海的市井社会的兴起，这算是追寻你本人的精神源头吗？

这些作品反映了我的精神世界。和很多作家相比，我对现实世界没有特别具体的关怀，但是，从我的文字中，你不能想象我对生活没有热情。

在同时代前行的很多作家中，不乏有才华有生活的人，但是很多人对写小说的兴趣转移了，你如何看待作家写作持续性的问题？

我喜欢写作，写作能得心应手，并且在其中找到了乐趣。如果老是做不到，老是受挫，可能就把写作搁下了。我就是比较简单，没有别的才能，不太会合作。写小说是自己可以做主的事情，我是和文字有亲近感的人，喜欢阅读，喜欢写作，这些都是和语言有关的。

说到语言，我觉得你的语言特别纯洁、干净。

我喜欢纯洁的文字，对语言有自己的审美标准。语言首先要有表现力，也不要太冷僻，就是普通的语言，像冯梦龙编辑整理的民歌集《挂枝儿》，整理后很文雅。

我的语言有好几个阶段，有泥沙俱下的阶段，也有寻求简洁的阶段，《长恨歌》中的语言太华丽，繁复得不得了，这种华丽在《伤心太平洋》达到一种极致，这也和心境有关。年轻的时候想表达的东西特别多，来不及涌出来，喜欢堆砌，背后还有一点对事情的表达和把握不够准确。我的语言真正成熟表现在《富萍》，《富萍》是平白的、干净的语言的开始，会斟酌、寻找合适的表达。小说就是从你写第一句开始，进入一种命运。《长恨歌》以后，我语言有了进步。

　　每一位成名的作家大概都要面临自我超越的问题。也许写作的时候并不考虑这些，但是总还会希望有一些突破吧？

　　这些年我渐渐地找到回答：就是在写作中找到乐趣，在文学中找到乐趣。变化是自然而然的。

　　写了这么多年，你的写作技巧大概已算得上炉火纯青，但是这样一来写作难免会带上些职业色彩，掩盖创作本来饱满的情感。你是如何把握的？

　　职业化对中国作家是很大的挑战，耐心回想一下，20世纪80年代这批作家，热情饱满地走向文坛，写着写着不写了，一些作家落马正是在"职业化"上。我的写作经验不丰富，一上来写作就必须处理技巧的问题，这样反而能使我适应职业化的写作。

　　当代文学最可贵的东西是创作情感是否饱满。美国的一些作家，一看都是写作班里训练出来的，技巧圆熟。就作家的命运来讲，真正的作家不仅靠感性支撑，还需要理性。小说不能太深刻——当然需要深刻的思想，也需要对日常生活的兴趣。我的小说是世俗的产物。

　　大概是从《长恨歌》开始，读者更多地将你和上海联系在一起，包括后来的《天香》。如果说前边是表达务实的、生活化的上海，那么在《众声喧哗》中，描写了一个中层阶级走向边缘的欧伯伯。上海在你的书写中，其实也是变化的。

　　《长恨歌》里，上海只是我的小说的布景。我曾经说过，我跟上海是一种"比较紧张的关系"。我不喜欢这个地方，但是我居住在这里，又不可能写别的地方，这里是我唯一的选择。但是让我离开这里，我的生活又不习惯。我相信每个人都有过这样的感受。你的所有经验都在这个地方，很难用爱和不爱去解释这种关系。我们就在上海的变化当中，被它推着走，可能很难客观地去看它，一定是充满了各种主观性。这也可以看作我对上海的感受。

设问人：舒晋瑜 作家，《中华读书报》总编辑助理

马　原

马原，1953年生，辽宁锦州人。中国先锋派代表作家之一。他的短篇小说《拉萨河女神》、中篇小说《冈底斯的诱惑》《虚构》《游神》《旧死》、长篇小说《上下都很平坦》等，成为一代人的文学记忆。也就在巅峰时刻，他一下子搁笔二十年，其间拍电视、拍纪录片、做生意、当老师。2012年，他携着新书《牛鬼蛇神》重返文坛，如今这位传统意义上的老人隐居云南，以更多的精力创建九路马书院，又创作出长篇小说《姑娘寨》，为自己的同名终老之地树碑立传。

我对世界的兴奋点四十年都没变

马原被检查出体内有肿瘤，所幸"未见癌细胞"，这五个字在他心中掀起了巨大波澜，他心存畏惧，畏惧的不是病，而是治病的过程。马原的决定只有两个字——弃疗。他选择逃离，逃出医院，逃出安家的上海，从都市奔向海角，再从海角走进天涯，直到他找到了那片桃花源——南糯山，姑娘寨，这是一个能够安放他心灵、梦想、家人，乃至于余生的天堂。他说，未来还有八本书要完成，完成它们再去和死神见面。

首先，还是要围绕《姑娘寨》这本书聊一聊。为什么要写这本书，而且是以这样的方式（结构、方法）去写一个民族诱人遐想的隐秘"历史"？

现在姑娘寨是我的终老之地，我把它称为最后的故乡。我写《姑娘寨》的初衷就是为自己的故乡树碑立传。我在姑娘寨生活超过七年之后，发现原来的那种朴素的、对故乡报恩的心态，远不能涵盖《姑娘寨》这本书里面我所经历、体会到的那些更让人激动、更宏大的内容。这些年来，我对哈尼族爱尼人已经有了非常深入的了解，这段历史已经足够写出一部波澜壮阔、带有史诗味道的小说了，所以我写的过程内心是充满激动的。无论是面对爱尼人历史上的巨人——帕亚马，还是末代的老祭司，以及他的搭档——巫师贝玛。他们的故事让我觉得我在这个世界上是少数特别幸运的人，因为我的乡邻们看了我的小说对我说："你说那个老祭司，我们怎么不知道，我们就是一个二十多户人家的小寨子啊，怎么会有一个老祭司？"我说："你们跟他的缘分没有我跟他的缘分深，所以我就有机会遇到他。"说起来我是一个特别幸运的人，因为我有幸在两个彼此间截然不同——和我们汉族族群聚居地也截然不同的地方长时间生活过：一个是西藏，一个是现在的姑娘寨。所以我觉得我的运气特别好，让我有机会和陌生的族群两次亲密接触，走进他们的历史、族群、宗教、日常，然后变成他们历史的一个"史官"吧。

　　说说来云南之后的生活吧。我知道你热爱云南，选择南糯山落脚也纯属意外，却与洪峰老师的选择异曲同工。为什么爱云南？云南到底给了你什么？与当年的西藏有一比吗？

　　绝对有一比，而且此时此刻我就在洪峰家里，我们是一辈子的老朋友，现在我们家人都在这调养身体。洪峰的夫人是治疗疑难杂症的高手，用纯粹的中药治好了很多疑难杂症。我想洪峰落脚在云南也一定因为云南对洪峰有它独有的魅力。我个人落脚姑娘寨，和洪峰距离实际上非常远，大概有八九百公里，我在云南的最南端，他接近云南的最北端。但是你看，我们两个都是东北的，从东北角到西南角，在地图上这是最远的距离。云南独有的自然风光特别吸引我，当然也有独有的人文。你看洪峰的夫人，她是一个乡村医生，而且是祖传的乡村医生，这个背后的背景是云南，大家都提到云南是中草药的王国，云南遍地都是宝贵的中草药，中国甚少有以地名命名的药，但是云南白药就独一无二。辽宁就没有辽宁红药、辽宁蓝药……北京也没有，所以我就说云南独有的自然资源一定是云南非常突出的一个优势。还有就是我们到云南以后才知道云南的历史特别特别"厉害"，近代史应该在中国是独树一帜的，可以说是非常壮阔。同时，云南有着别具一格的少数民族独有的文化、历史和宗教，与我和洪峰都着特殊意义。洪峰所在的会泽是彝族文化聚居区，洪峰的夫人就是彝族。我落脚的地方是哈尼族爱尼人的聚居区，所以《姑娘寨》这本书主要的背景，主要的文化滋养，都来自爱尼人。爱尼人非常独特，他们的历史、他们的文化传承方式都非常独特，所以他们吸引我，我也因为能够书写爱尼人而自豪。

我觉得好像一切都是上天的安排，你第一段婚姻，娶皮皮，写西藏，第二段婚姻，娶花姐，写云南。但两段生活和写作都似乎发生了巨大改变，又似乎没有本质变化。请说说这种变与不变。

婚姻对个人的命运走向是起一定影响的，非常非常要紧。一个顺水的、如意的婚姻和不顺水、不如意的婚姻对你个人的生命和心态都会有很大的影响。我这个回合，花姐带给我的无论心智、情感，还是对写作的支持都有不可估量的作用。我和花姐结婚至今，我平均每年都要完成超过一本书，这个在我先前写作的个人历史当中是不可想象的。毕竟我写了四十多年了，如果说不重复地计算，我不过只有二十几本书，那么在最近的这十来年里，每年一本书的速度是在我年龄越来越大，精力体力走下坡路的时候完成的，所以我个人以为，在顺遂的家庭、顺遂的生活、顺遂的婚姻当中，写作必然也会变得顺风顺水，我必须得感谢花姐。

对花姐、马格来说，跟随你选择当下的生活是需要勇气的。这种背离都市的逃离，有人认为在当下这种功利环境中无法长久、很难维系，且代价太大，你怎么看？

首先，我个人的性格是比较偏大男子主义的，老婆孩子的生活格局也基本由我来确定，我老婆又是一个以老公、以孩子为中心的女人，所以老公一旦确定了这么一种远离都市的生活，那么她也就毫不含糊地接受了。她是个农村孩子，嫁到城里来，她肯定也希望自己从原来农村的那种生活格局中有一个大的改变，她既然接受了老公，接受了老公生病这个现实，那么她就乐意做出这些牺牲，这个我心里非常明白。真正的乡下生活不是她要的，但是她接受了。而且她比绝大多数妻子做得都好，我的康复其实是仰赖花姐的细心照料。对于马格我倒是有完全不同的看法，尽管小孩子喜欢热闹，但是我认为当下的中国都市生活其实对小孩子有百害无一益。

我不认为当下的城市生活节奏对一个小孩的成长是适合的。大概20年前，我去德国的一个老同学家里，他和他的夫人都在原来西德的首都波恩工作，他把儿子放到他爸爸家里。他爸爸家是乡下黑森林边缘的一户农家，大概有那么五亩地。德国的法律同意德国居民可以认养黑森林的一部分，他爸爸认养的这片黑森林大概有二十几棵树。他儿子当时是一个小学生，就和他的爷爷住在这个黑森林边上。他渐渐养成了和自然沟通交流的习惯，有自己生命当中的伙伴。后来这些伙伴有的死掉了，比如獾子啊，刺猬啊，穿山甲啊，他就专门备了一块墓地，把它们埋起来，给他们立了一个个十字架的墓碑。当时我心里那个感动啊，我就想，我没能给我儿子提供这么一个环境。

那时候我大儿子大湾跟德国同学的儿子年龄差不多，大湾是在爷爷奶奶家长大的，因为我离婚了，爷爷奶奶就带着他住在老家锦州，过一种城市生活。我就想我要是能给我的儿子提供这么一个美好的环境，周边都是各种小动物，那该多好啊，这当时就像一场梦。那是1997年，当时我儿子十岁，你看，现在二十多年过去了，我儿子已经三十多岁了，他已经有自己的家庭，有自己的生活了。但我还有一个小儿子马格，他两岁的时候跟我上南糯山，我就努力为他营造了今天的家园。来过这儿的人都知道，这里像天堂一样，环境极其优美，尤其自己家里有山泉水，自己家里有钟楼，有森林。你刚才说对于孩子来说，这是一个很艰难的选择，其实不是的，因为小儿子两岁就上山了，我们有年带他在欧洲转了13个国家。回来的时候我就问过他，我说："这一行你觉得哪个地方印象最好？最喜欢？"他想了半天，说："爸爸，我觉得都没有咱家好。"你知道，他去的是世界上最美的这些欧洲国家，北欧的瑞典、芬兰、爱沙尼亚，中欧的捷克、法国，南欧的葡萄牙、西班牙、意大利。那么多美不胜收的国家，最后他说都没有家里好，所以我说对于我老婆，这是一个相对艰难的选择，但是对儿子，其实这样的选择再好不过。

咱们聊过你的"视而不见"理论，我觉得就特别形而上，请再说说它吧，联系一下疾病，说说它。

关于"视而不见"理论，我用了几个成语描述我自己生病这场人生劫难。一个是"视而不见"，一个是"掩耳盗铃"，一个是"自欺欺人"。三个成语听上去都是贬义词，对吧？那么三个贬义词换来了什么？换来的是微笑、欢乐，换来的是整个家庭的笑声。都说人生不如意十常八九，生了大病尤其印证了这个说法，但是因为我有了"视而不见"，有了"掩耳盗铃"，有了"自欺欺人"，我视这场人生的劫难为不见，它当真就不存在了。所以在我们的家里极少有愁眉不展、唉声叹气、等死、悲观这种氛围。我们用自欺欺人的方式，成功地让自己以为自己就是一个健康人，自己就在享受生命当中的欢愉。所以，态度决定一切，我用视而不见、用自欺欺人、用掩耳盗铃把所有的那些不如意都回避掉了。我经常说，在我生病的这些年里，人生如意十常八九。

我老婆觉得去医院是最神圣最重要的事情，我就跟她说："老婆你能不能不倒退？你本来就挺好的。我们在生命当中遇到大难的时候，你听了我的，所以我们这个家庭从来没缺少欢乐。你为什么现在要退回去，又要找医院、找医生？何必呢？"

其实有一点原因，我们这次来洪峰家里就是来找洪峰夫人，来面对一下我们儿子马格心脏方面的一些问题。他是天生的，我们过来调理。但是依照我的生命理论，他心脏先天性的障碍并没有影响他的长大，他出生的时候就有问题，现在过了几年，他仍然是个健康活泼的男孩。以我个人的想法，我觉得我们依然可以用我的"掩耳盗铃""视而不见"和"自欺欺人"来面对疾病。但是老婆一直担心，又一次跟我商量过来调养一下，我也就同意了。我不能老让她担心。但是她觉得再坚持一下我可能还会让步，所以她又跟我说："要不就去医院找一个认识的医生。"我就跟她说："人生别走回头路，当初你坚持让我开刀，一定要治疗，用药、化疗、放疗，如果这样我们这些年一定是家无宁日，之所以选择不治，就是因为这些东西治也治不好；治不好的病，干吗要费那些神呢！"

聊回小说，西藏的马原和当下的马原，有人说判若两人，有人说有隔世之感，你自己怎么看自己？还会回头读自己的小说吗？当年你是公认的中国最好的小说家之一，你自己也有足够的自信。现在呢？你如何看待自己这些年的创作？

这其实是最有意思的一个话题，我在几年以前完成了《牛鬼蛇神》，这是我一辈子最看重的一本书，总共是32万字，我新写了25万字，另外囊括了我四十年以来的另外七篇小说，其比重大概是7万字。我想说的是，这是让我特别自豪的一件事，我四十年以前的小说可以放到今天的小说里边无缝对接。那么从另外一个角度说明什么呢？说明我这个人是一根筋，四十年里我的追求、我关注的方向、我的兴趣点都没变。四十年在人一辈子当中意味着什么，我不说你也清楚，四十年前我是个男孩，四十年之后，在惯常意义上别人会认为我已经是一个老人。我四十年来对世界的关注、对世界的兴奋点，所有这些都没发生变化，所以在这个意义上，我也是跟多数人完全不同的一个类型。

四十年以前，刚好是我进大学的时候，今年是我与大学同学们相识四十周年，那时候我看我的同学们，每个人都有自己的理想，今天他们全退休了。我看到了当年特别单纯的几个男孩，今天都成了老油条，很膨胀很自负，说话也带着那种不可一世的味道。但是我记得他们四十年前的模样，四十年前的他们根本不是今天这个情形，他们都单纯得要命，特别青春特别可爱。但是现在他们都成了让我极端厌恶也极其瞧不起的几个人。也有四十年初衷不改的同学，我也是初衷不改的一分子。我对世界的看法，四十年来真的没有变化，也就是四十年如一。我是1971年开始写小说的，这是我一辈子都在坚持的一件事。

我会回头读自己的小说，一直在读。而且我是一个特别自恋的人，我会读我三四十年甚至四十多年以前的小说。我都会惊讶，觉得那个孩子怎么那么厉害能写那么好的东西。对我个人而言，因为过去的创作已经是一个特别遥远的存在了。我其实更熟悉的是从2011年重新开始的小说写作。所以我才会把1991年之前七篇小说的片段借到《牛鬼蛇神》。这里边有一个侥幸心理，如果有人说我抄袭，我抄袭的是马原，马原就是我。

　　我更熟悉的，更有发言权的，也更看重的其实是当下的写作，是2011年之后的这几年里的写作，如果说几年前我更看重的是《牛鬼蛇神》，那么几年后我更看重的一定是《姑娘寨》，因为它就是我当下的心境，当下对世界的观察思考。

　　新近的作家们，你好像都不怎么看了吧？我说的是国内外的当红作家，比如诺奖得主石黑一雄，英国如今很火的马丁·艾米斯、麦克尤恩等等，国内的晚辈也许更不入你的法眼，你一直说，要读死人的书，现在还这么认为吗？因为，我们必须承认，今天的写作环境和当年（20世纪80年代）确乎是不太一样了……

　　还真不怎么看。不瞒你说，我曾经很用心的去琢磨过一个比我年轻的作家，世界上最最流行的一个作家，J.K.罗琳。她的《哈利·波特》算是过去二十年里世界上影响最大的文学作品了吧。我认真读过，因为我从小特别喜欢童话，而且最近几年我也写了三部童话。但是我对《哈利·波特》完全不得要领。我认真地看，我还是觉得特别简陋，这么简陋的东西为什么大伙儿叫好？为什么如此受到追捧？我完全不懂。对罗琳的阅读挺让我沮丧的，这个也是我甚少读新人新作的最主要的因由。我觉得还是有代沟的，我不理解比我年轻的作家们的写作究竟是一种什么情绪，什么状况。我同时代的作家，我会读当年我们彼此熟悉的人的一部分作品，后来比我年轻的作家作品阅读我就完全停止了。而历史上经过时间淘洗留下来的那些经典作家，比如说一些幽默作家，比如说新小说作家，比如说意识流作家，比如说二战以后的一些主流作家的作品，我都觉得受益匪浅，但是我在读比我年轻的作家的作品时，我就感到了困惑，感到了茫然，找不着方向，找不着北。尽管海明威是一个和我心理距离特别近的作家，我个人受他影响巨大，但是我就想，海明威看我的小说，也许也会觉得不得要领，当然我跟海明威没有机会有交集，我想象，海明威也许看我的小说也不屑一顾吧。

我一直在读死人的书，不读活人的书，活人大部分都比我年轻，我已经到了人生的晚年了。所以在有一些实质需求的时候才会读新作品，比如参加评奖，你要看入选作品，但这种读仅仅是做判断，不是特别走心，我不会把它当成读好书那种人生滋养。

你对当下中国文坛有什么评价？

原来我挺悲观的，因为越来越物质主义了。眼见着我们这一代人从原来的纯精神到今天的纯物质，搞笑也成为今天所有文学艺术的重要主题，我其实对这个现状挺悲观的。不过因为还没和文学完全拉开距离，还有相当的接触，所以发现我的悲观大可不必，因为毕竟还有一些年轻人热爱小说，他们在为小说努力，为小说消耗自己的青春、热情、心智。所以文学它背后的那种精神支撑，会一直延续一直向前走，特别是那些致力于建立纯文学平台，把原有的小说理想主义先锋精神持续下去的这些有理想的晚辈，他们让我特别欣慰，也从某种意义上对我原有的对小说前景的悲观，形成一个有力的反驳。

你未来五到十年的创作计划是什么？

我过去的几年里完成了一个巨大的计划，把我的生活变成书院式的。我要建一个书院，这个计划完成了。下一个五到十年，我还有一个延续下来的梦想，就是把书院里边还没有完成的森林公园力争做成。我已经通过流转的方式买了这块林地，我就想建一片森林公园。这片森林里面有若干棵上千年的古树。我希望以后的九路马书院会是一个有自己森林公园的书院。这是一个很疯狂的梦想，但是我知道它可以实现也一定能够实现。除了写作，我还想写写字画画画，因为我一辈子都爱汉字书写，都爱绘画，就像我爱小说一样爱。我想在精力、体力、生理上、心理上都还能承受的时间里，尽量去画画，甚至去写写字，然后还要写几本小说。我原来的计划还有差不多八到十本书要写。我在十年以前刚生病的时候，给自己的规划是还要写二十本书。如果把已经完成尚未出版的书加在一起，现在完成了十二本，也就是说我还有八本书要完成，这其中也许有小说，也许有一本绘画集，也许有一本书法集，说不定。完成那八本之后，再想着去和死神见面。

中间停顿搁笔近二十年，如今回头想想，后悔吗？那段时间空白，对写小说的马原究竟意味着什么？

没有什么好后悔的，那二十年里边，其实我生活里有许多其他的内容。挺有趣的，拍过电视，尝试着做过生意，还做过一个长的纪录片，当过老师，出了也有百万字的学术著作。那二十年过得挺好的，说老实话。虽然没写小说，但是一点也没有遗憾。那段时间意味着隔了二十年，马原又回到了小说，如果马原没回到小说，那么马原写到差不多四十岁的时候就搁笔了，后半生不再是一个小说家，现在马原一生都是一个小说家。或者说，马原是一个幸运的人，他比他的前辈沈从文，钱钟书都更幸运，他能在晚年回到小说，继续写作。

我从《姑娘寨》一书以及最近的诸多篇什中看到，马原仍然是那个讲究方法的马原，你从来没有改变过，也许一辈子都无法改变了。读这样的书我总是感慨当下的作家们真是比不了1980年代那一拨。当下的作家们太懒惰了太务实了，已经鲜有"方法论"的追随者和实践者。我觉得小说风格的建立与世界观息息相关，你如何看待这个世界，看待作家与世界和作品的关系？

人类走过几千年，一直需要创新。创新其实是个永恒的话题，但是多数人可能不这么认为，多数人还是觉得每一个时代都有自己的重心，多数人愿意把个人用力的方向，对着这个时代的一个大趋势。我们所处的这个时代，是一个急功近利的时代，大家想的是尽快出名，尽快赚到钱，尽快地确立地位。都想这些事情，谁会关心方法论，方法论算个什么东西啊？对这个时代来说，方法论在为我所用的时候，需要它就用它，不需要它就不用它，这个也是我最大的悲哀。所以我就说我是没有期待的，我不认为会出了不起的文学，因为太急功近利了，我甚至可以预言一下，不会有传世的作品留下来。因为这个时代的主潮、大局势和重心就是娱乐。

我一直觉得，马原绝非仅仅是个写作者马原，你身边的朋友，或多或少都会受到你的影响或蛊惑，你就像一个布道者马原。有时候你的人已经大于你的作品，比如修建九路马书院这样的浩大工程完全是一次先锋的行为艺术，甚至有点疯狂。有没有想过，九路马书院的未来？要是难以为继，不是亏大了？会不会给花姐和马格的未来带来巨大压力？

没那么悲观。首先我不举债，我是用自己的收入做的书院，这个事是量力而行的，虽然它耗费了我足足七年的时间，也耗费了我所有的积蓄，但是辛劳一生我还是有一些财产的，就比如说房子，我有几套房子，这对花姐和马格日后生计算是一个保障。我相信我给南糯山，给云南留下一个九路马书院，这个书院它会自己逐渐地站住脚，能够生存甚至开花结果。我相信书院被创造出来之后，会有它自己独有的生命力。哈哈，这份信心其实也是我"自欺欺人""掩耳盗铃"的方法论之一。

第十三个问题，十三这个数字不太吉利。可我就想问到十三，也只想问到十三。当年你们在主流文学压力之下寻求突围，但是标准仍然是世界经典，如今世界经典的阅读已经成为一个作家的必修课，似乎已经很难再有"新意"。那么，对于后来者，到底还能如何突围？还是，退回去，回到19世纪的经典范式中去？如今，要突围多难啊！

必须要突围，因为前路已经不见了。19世纪是小说的黄金世纪，整个世纪都是黄金时期。到了20世纪，其实作家们已经无路可走，但还是在尽力突围，比如海明威、福克纳、乔伊斯……那么今天到21世纪了，小说家们还是应该突围啊，可是他们没有，反而懒惰了、停滞了，有很多人就去写电视剧，就去讨好观众、讨好读者，换来自己丰衣足食，但是丰衣足食是没有出路的。一定要有危机意识，一定要把突围这个命题时时放在自己眼前，放在核心位置。突围不是为了突围，而是为了延续，要不小说这个物种怎么延续啊，所以我也说，小说其实是没有前途的。唯一的前途就是突围，看能不能成功地突围出去。我们已经做了我们该做的事。能维系我们对小说的信仰的唯有继续突围，不然没有任何出路，甚至没有生路。

设问人：陈鹏　小说家，大益文学院院长

叶 辛

叶辛，1949年生，上海人，中国作家协会副主席。著有长篇小说《蹉跎岁月》《家教》《孽债》《三年五载》《恐怖的飓风》《在醒来的土地上》《华都》《缠溪之恋》《客过亭》《圆圆魂》《古今海龙屯》等，集结出版的作品有《叶辛代表作系列》三卷本，《当代名家精品·叶辛自选集》六卷本，《叶辛文集》十卷本，《当代文学名家长篇精品书系》八卷本，《叶辛知青作品总集》七卷本，《叶辛新世纪文萃》三卷本。曾获全国优秀长篇小说奖、国际青年优秀作品一等奖，由其担任编剧的电视连续剧《蹉跎岁月》《家教》《孽债》均荣获全国优秀电视剧奖。

好作家的名字写在人民心上

叶辛是一位有着独特创作魅力的作家，他始终关注着一代人或一个群体的命运，并将创作的笔触伸进他们的心灵深处和精神世界，以此使自己的作品经受住时间的考验。叶辛表示，纵观他所写的100多本书，有的可能会随着时间的流逝而流失，但是只要你打开那些书，重读那些故事，你会发现他给这个时代是留下了一些东西的。

知青时代已经走远，你的创作题材也发生了很大的变化，但是很多人仍然将你冠以中国知青文学代表的称号，你如何定位自己的创作？

从文学的角度讲，我在知青题材之外还写了很多非知青题材的作品，比如《华都》《省城里的风流韵事》和我的处女作《高高的苗岭》，这些都不是知青题材。但是很多人还是把我当作知青文学的代表，一是基于全国有2000万左右上山下乡的知青群体，算上2000万知青的血缘关系，知青的兄弟姐妹、知青的父母，知青群体要波及到一亿多人，再也没有一个群体有如此庞大。这个群体十分关注知青题材的作品，因为这是他们经历过的事，他们对知青题材有一个认可度，会做出自己的判断，觉得我比较真实地写出了他们的生活和人生。二是正因为有这样一个庞大的群体，使知青题材作品拥有广泛的受众，无论是当年引起轰动的电视剧《蹉跎岁月》《孽债》，还是比较有影响的长篇小说《客过亭》，以及《叶辛作品全集》（十卷本）、叶辛作品八卷本、七卷本、三卷本等文集，这些文集中除收入了《蹉跎岁月》《孽债》《客过亭》等一些产生过社会影响的作品之外，还有很多知青题材的作品。正是这两个原因，使很多人把我看成是一个知青作家，很多人在不知不觉间也认为我是知青文学的代表之一。

知青文学这棵大树，曾枝繁叶茂，结满了伤痕文学的果实，现在失去了知青时代的养分，是已经枯萎还是变异了？

对文学来说，题材不是决定的因素，就像抗日战争的题材、辛亥革命的题材，甚至更久远的一战、二战的题材，都不会因为历史的久远而消失。文学作品的消失与存留，要看是不是具有文学价值，是不是留在读者和人民的心目当中，为数不少的应景之作和追随形势炮制出来的文学作品，都会随着时间的流逝而流失，但是真正走进读者和人民心中的作品，随着时间的推移，它的价值更会体现出来，并会成为经典。经典作品不会仅仅随着影视的热播而轰动一时，而是一直流传下去的，从这个意义上说，知青文学是不会消失枯萎的。

也就是说一个时代结束了，这个时代的文学不会消失，优秀的文学作品会一直流传下去。你的《蹉跎岁月》和《孽债》已经出版几十年，出版社还在出版，有的出版社还要在知青上山下乡五十周年出版珍藏版和纪念版，堪称经典之作。

李白、杜甫、白居易、苏轼、韩愈等古代作家，尽管互联网如此发达，他们的作品在中国文学的历史上依然熠熠生辉，随着时间的流逝，更经受住了历代读者的考验，因为他们把笔触伸进了同时代人的心里。伟大作家的名字是写在人民心坎上的，只有写在人民心上的作品，才是经典，才会流传不休。

你早年的《蹉跎岁月》是伤痕文学中最有影响力的作品，是带着伤感情绪的反思文学。在《蹉跎岁月》中，你反思的是知青一代人的人生和命运，知青岁月对知青一代人有怎样的影响？

对2000万知青来说，他们的命运都与上山下乡经历有关。当年他们最大的愿望就是跳出农门，有的想方设法就业、读书，有的为了回归城市，转到无锡，再转到苏州，辗转回到上海，有的知青一生都没有回归，在小县城里工作到退休。生活的动荡，命运的多舛，对他们的人生有着深远的影响。

你有漫长的知青生涯和坎坷的人生经历，你经历了挫折与磨难，也获得了鲜花与掌声，你的经历赋予你怎样的创作？

我曾经在千里之外的偏远贵州山乡插队落户，度过了十年七个月的山乡生活，那段经历让我悟出了很多。一是让我懂得了中国山乡的农民，是如何过他们日出而作、日落而息的那一份人世间的日子，了解了他们最大的愿望就是指望有一份温饱的生活，他们会经常发愁冬日没有衣服穿，青黄不接的时候填不饱肚子，而任何的社会动荡，都会给他们的生活带来巨大的影响，渐渐地我对他们产生了一种感同身受的情怀。

二是上海和贵州是我生命的两极。我眼里的上海，已经是一个浸淫过山乡目光的上海，有了一个乡村的对比度；而我所熟悉的云贵高原山乡，贵州偏僻、闭塞甚至带点荒蛮的寨子，和走在中国时尚和开放前沿的上海形成强烈的巨大的反差和对比。命运跌宕，使我在两种截然不同的生活之中浸染着色，给我的生命打上了两种印记，我会不自觉地将这两种生活形态和两种风土人情、两种文化背景拿来做对比，我怀念山乡的绿树山峦、溪水瀑布、云去雾来和大自然的生态与风光，我也钟爱大都市的繁华、现代与文明。有时我就想：现代城市里迅速发展的滚滚洪流，何时能激荡到我曾生活过的那个偏远的山乡呢？而那些大自然的绿树浓荫，五颜六色的艳丽花儿，又何时回归到我正在生活着的喧嚣嘈杂的大都市来呢？我渴望着乡村能够摆脱贫穷与落后，像城市一样生活富裕，具有高度的文明和秩序；我也渴望着城市能如乡村一样怀抱大自然，人与人之间真诚而又简单。这两种生命形态相距甚远，反差极大，正是因我经历了这样两种生活形态，对最先进的城市和偏远落后的乡村都有着切身体验，怀有深厚的感情，才使我看世界具有了独特的视角和方式，拥有了两副目光，我会情不自禁地用乡村的目光看待都市，用城市的眼光看乡村。两副目光，这是我独特的文学眼光，是我特有的观察世界和生活的方式。我在长篇小说《孽债》里，借助于来自都市的上海知青的目光来观照西双版纳，观照山乡，也借助从小生活在西双版纳山乡五个孩子的目光来观照都市。我用这两副目光看社会，看不同社会阶层的人，觉得是客观而真实的存在。

1996年冬的一天，在日本东京召开的国际笔会亚洲、太平洋会议的会场上，世界上43个国家的名作家济济一堂，我做了"两副目光观照中国"的主题发言。这个"都市与乡村"的话题，引起了世界各国作家的强烈关注。原来我以为是我自己的感觉，没想到引起了世界各国各种肤色作家的共鸣，我的发言一结束，在场的外国作家们就饶有兴趣地频频向我发问，一些作家还当场与我热切交流，都说这是一个世界性的命题，每个国家都有城市和乡村，一些人久居城市，厌倦了城市的忙碌和喧嚣，就会向往乡村的田园生活；而乡村的人又会厌倦孤独、寂寞的乡村生活，萌生去信息化、现代化、交流方便的城市生活的愿望。一个黑人作家站起来说："你说的是全人类都有的话题，无论在发达国家和落后国家都存在着乡村与城市，存在着你说的两种文明的碰撞，我们国家也是一样的。"没想到我的发言，使会场上的气氛热烈起来，会议一下形成了一个高潮，这说明世界各国的作家对此都有同感。

你的经历让你对中国农村有了深入的了解，你对笔下的人物更有了悲悯的情怀。

两副目光，这是特殊的经历赐予我的，也是命运赐予我的。

你是知青文学中最坚守的作家，你的目光从知青一代转为知青后代，来反思知青时代对知青后代的影响。

澳大利亚红公鸡出版社的休·安德森先生来到上海，看到我的长篇小说《孽债》，不解地问："这是什么意思？"翻译家任溶溶先生思忖片刻解释道："难以还清的债。"我补充说："感情债。"后来丹麦研究中国的盖·玛雅女士来访，也问了同样的问题，我仍就用"难以还清的感情债"作解释。

《客过亭》是另一种转型，关注的是老年知青的命运，描摹的是知青一代人的人生轨迹。人到老年，他们开始审视和反思当年的过错，并进行灵魂的自我救赎，他们的自赎是让灵魂得以安宁还是一种良心的发现？

2018年是知青上山下乡50周年，说明所有的知青都已进入老年，他们已有儿孙辈，不会像年轻时愤世嫉俗，但是知青时代的印记会永远存在。知青一代是共和国的同龄人，在知青下乡50周年的时候，我们的共和国也走过近70年的历程，每一个知青的足迹都带有共和国发展的印记。在很多年里，我都跟随他们的脚步创作，把笔触伸进了同时代人的心里，力图写出超越时代的作品，写好这代人的命运。我在《客过亭》扉页上写过一句话：所有的东西都会输给时间。但是有一个东西会留存下来，那就是对时代的反思和感悟，它会留给历史，要在这种感悟当中揭示出生活的哲理，升华成对无数代读者有意义的东西，不管时间如何推移，作品都会留传下去。

过了55岁的时候，在跟所有老知青的接触中，我发现无论是青春时期相当狂热的人，还是年轻时远避时代的逍遥派，或是始终追随时代的人，他们都开始感悟人生，会对当年做下的好事感到庆幸和沾沾自喜，也会因当年有过的过火行动和错误的、甚至是犯罪的行为而受到良心的谴责。比如当年一些知青用卑劣的手段去上大学、招工，如今在很多老知青聚会的场合，大家都会以鄙视的眼光看他；当年被推荐去读书，有人把自己到省城读大学的机会让给了恋人，而得到便宜的恋人，不但没有报答他，相反与他分了手。像这样的往事，在很多知青群体中存在，我是不是要写一部同时代人救赎的故事？时间的尘土似乎不露痕迹地掩盖了一切，但是任何人犯下的不光彩的错误和那些灵魂扭曲的事，都会留下痕迹，昭白于天下。我想警示后人，在人生的路途上，在追逐财富和向上爬的过程中，在争取个人利益的时候，不要不择手段，俗语说：好有好报，恶有恶报，不是不报，时机未到。这是一种因果关系，这些故事本身已经蕴含着这样的韵味。

在你的小说中，很多角色都是生活在矛盾或是情感的纠结之中，在矛盾或是纠结的过程中建立了一个复杂的世界，复杂的人与复杂的世界组成了一个矛盾体，但又是真实存在的，你为什么总是塑造这样的人物主体？

不是我刻意塑造这样的人物，而是生活当中本来就是这个样子，我们这一代人曾虔诚地学过雷锋，做过好人好事，很多人会在日记本上留下那一页，晚上记日记时会记录下今天做了哪些好事，做了哪些不好的事，今天对谁的态度不好，都会在日记本上表示自责，但是世界和历史的真相告诉我们，仅仅有这样虔诚的心态是不够的。我的《在醒来的土地上》这本书，写的是一个女知青的命运，我挖掘和探讨的是人生的依附关系，一个女知青在无奈的状态下，对男人的依附，对社会的依附，写到最后是很残忍的，但是世界就是这个样子。有一个外国名作家说过，我们指望这个世界随着我们的写作变得美好起来，但是当我渐入老年的时候，我觉得世界并非想象的那么美好，作家们都会从这样一个角度看待他所经历的人生，我期待我们的文学可以照亮生活。

《在醒来的土地上》你还写出了一些人的心态，当女知青与一个当地农民结婚的时候，其实很多人都知道她是没有美好未来的，但是大家表面上还是高高兴兴地送她结婚，没有人来提醒她，说明人性是复杂的。

世界是复杂的，人性当然也是复杂的。

你的作品大多是从现实生活中获取创作素材，关注一个个体或是一个群体在时代里的生活与人生，你在小说里怎样打量这个时代？怎样表达这个时代里的自己？

一方面作家所有的作品都在表现作家个人，一方面作家自己的主观意识在作品当中越隐蔽，他的作品就越深沉，纵观我所写的100多本书，除了几部有影响、有代表性的作品以外，有的作品可能也会随着时间的流逝而流失，但是只要你打开这些书，重读那些故事，你会发现我给这个时代留下了一些东西，无论是思想上的，还是文学上的，那些作品还将经受时间的考验。

你的作品是对时代的思考或者是对人的命运的思考，这些作品里也包括你自己。

每一个作家的作品，都会有自己的影子，但是优秀的作家和优秀的作品都要经受住时代和读者的考验，只有把笔触伸进读者心里的作品才经受得住读者的考验，我一直在说，好作家的名字会写在人民的心坎上。

过去你的创作很少涉猎历史题材，近几年开始转向历史题材。在《圆圆魂》中，你笔下的陈圆圆与历代文人笔下的陈圆圆都有所不同，你赋予了陈圆圆一个崭新的形象，是在还原真实的陈圆圆，还是在还原你心中的陈圆圆形象？

我力图要还原的是作为一个人的陈圆圆，站得更高一点看陈圆圆，你会发现我之所以选择她作为主角，用《圆圆魂》作为书名，是因为她处于一个大明王朝覆灭、一个大清王朝兴起的转折之中，处于矛盾不断发生的战火之中，处于历史的巨变之中。但是陈圆圆恰恰处于这个巨变的风口浪尖上，这是这个人物吸引我的一个原因。另外一个原因，她是一个声色甲天下的美女，中国历史上有名有姓的大美女足有四五十个，人们都喜欢把笔触伸向她们。可能是受观念和时代的局限，陈圆圆的形象除了"声色甲天下"之外，就是"冲冠一怒为红颜"，吴三桂之所以叛变，是因为吴三桂为她冲冠一怒，大家习惯于把她视为红颜祸水，从明史、清史中文字不多的记载、吴伟业的《圆圆曲》和三百几十年里有关陈圆圆的传记及文章中看，基本上都着重于以上这两点。他们忘记了作为一个女性，作为一个绝色美女，陈圆圆也是一个人，她有少女时代，有青春时代，有中年时代，也有步入晚年的时代。陈圆圆的人生遇到了各种经历，她在苏州梨园接触了各种文人雅士、公子哥儿、纨绔子弟，她也看到过明朝的皇帝和大清的名臣，并与凶狠暴虐的刘宗敏斗智斗勇，还接触过众多与吴三桂同时代的高级将领，她尽管是一个女性，但是这样的地位使她可以更高地看待历史，看待人生，看待人与人的关系。我从她步入晚年开始写起，故事中包含了她如何看待人生和悟透人生真谛，有了一个高度，形象自然有所不同。

你的创作一直在探索和变化中，《古今海龙屯》一改过去的创作表达，在文本上分成了现代、明代、当代三段式，每一个时代都是一本大书，你为什么抽取了三个时代的一些片断，而没有集中写一个时代？

古今海龙屯这个题材，我思考了三十年。遵义谁都知道，有中国历史转折的遵义会议，是红色文化的名城，但是我多次去往遵义，发现古代遵义叫播州，统治播州的是杨家的土司，这个土司竟然在古播州广袤的山地上，建立起了一个土司王朝，绵延了725年。我不知不觉为这段历史所吸引，我写过一篇短文叫《杨应龙的年龄》，皇上派24万大军镇压第29代土司杨应龙，杀了22000多人，当时杨应龙不过49岁。站在历史的高度来看待这个人物，就会有更加客观、更加宏阔的目光。

我觉得这个人物是复杂的，是多变的，是狡诈的，也是英武的，也有时代造成的短视，所以是很值得写的。我选择了海龙屯被攻克几天里的生活，关照的是他跟几个妻妾的关系，又不仅仅是他跟女人的关系，还是他的女人和他的土司王朝的关系，更是他即将覆灭前的那种悲凉境地。我把杨应龙和几个妻妾的关系与黄山松和杨心一的恋情做了一个对比。黄山松虽然是一个街道文化中心的绘画美术教员，地位不高，但是他有造诣，也有他的恋情。杨应龙是末代土司王朝的宣慰使，统治了湖南、四川、贵州等地相当于一个省的疆土，但是他和他的妻妾，他和他的家族的故事，他和大明王朝的纠结，展示的是恢宏的历史画卷。小说展示出的是这个历史画卷中各种男人与女人的命运。

杨应龙并不是一味地反对万历皇帝，他也曾想讨好万历皇帝。现在故宫里的金丝楠木，就是贵州四川交界处的播州生长的。他曾逼迫当地的老百姓进山，为皇帝砍下70根大楠木，砍树的人有的被压死，有的被毒蛇、蜈蚣咬死，"进山一千，出山五百"，随着赤水河运到乌江、长江，辛辛苦苦送到皇城。金丝楠木是木中极品，皇上抚掌大笑，欣然赏赐给他土司王的龙袍和大批的绫罗绸缎与瓷器。

我小说中以一个古瓷瓶为道具，穿起了古代和当代的历史，上下几百年。我之所以选择这样一只古瓷瓶，一是因为杨应龙爱好青花瓷器，考古发现海龙屯的山地上随处可以挖出青花瓷的残片，我小说的真实是从历史的真实而来的。二是瓷器是中国的一个象征，是中华民族历史的象征，是中国命运的象征，在英文中"瓷器（china）"与中国（China）同为一词，它显示了中国古代文化的光辉。小难隐于乡，大难隐于市，瓷器非常易碎，不易保存。这样一个带着历史痕迹的瓷器，有着它独特的象征意义。而我写的青花釉里红水梅瓷瓶，一般农民不知道它的价值，杨心一的父亲杨文德肯定是知道的。他十分珍视这个上海知青跟他长得"鬼魅妖美"的女儿的恋爱关系，他希望自己嫁不出去的女儿能获得幸福的未来，所以他将这只价值连城的古瓷瓶送给了黄山松。

我之所以从当代写起，是因为古瓷瓶显现了它的价值，黄山松不是一个贪财的人，他的画不但有深厚的功力，透过画面还有独特的思想性，他想找到这只古瓷瓶，以拍卖款实现进入澳洲画家村的愿望，古瓷器不但穿起了历史，还有它的言外之意，那就是黄山松的追求与梦想。

最近，你写了一组微信群体的小说，在探索小说的新形式，这样的探索很有意义，值得思考，文学来源于生活，你认为小说的形式也来源于生活？

这也是生活给我的提示，中国的现当代小说，连头带尾算起来也只有一百年，是从五四运动的白话文运动开始的，在一百年里，西方的小说有各种各样的探求，而中国一直固守传统的小说形式。中国作家协会组织作家重走长征路之后，作家们分别前建起了一个微信群。我还有一个老知青群和一个中学群，以往大家好长时间相聚一次，但是现在可以在群里经常见面。我去澳洲参加新书发布会，澳洲华人中间也有一个知青群，自从《孽债》英文版新书发布会以后，他们拉我进群，我了解了他们各式各样的联欢活动、上山下乡周年纪念活动，看到了刚出版的知青画册和知青回忆性的散文，遥隔万里，就如同对面而坐，侃侃而谈。

我一下意识到，微信形式不是也提供了一个小说的舞台吗？我首先写了微信群体小说《婚姻底色》，通过红松社区文化中心书画班群，大家不但知道了家长里短的事，还了解了学员于曼丽对书画老师李东湖的爱慕和于曼丽的婚姻底色。我又写了微信群体小说《梦魇》，是写今天退休以后的老人到美国去养老的一个悲剧，如是传统写法，起码要有中篇小说的篇幅，用微信群体小说形式，只是一个短篇就淋漓尽致地展现了一个精彩的故事。我还要写一篇微信群体小说《大山洞老刘》，用新形式写出老刘的一辈子。

小说走到今天一百年，也应该有一个小说的新形式了，这种微信群体小说不同于长篇小说、中篇小说、短篇小说，及微型小说，它具有微信群体的简洁明了，是一种新型的表现形式，是一种新的文体，更是前所未有的小说形式。

设问人：林影 作家，评论家

孙　颙

孙颙，1950年生，上海人。主要作品有长篇小说《他们的世界》《星光下》《雪庐》《漂移者》《缥缈的峰》等，散文随笔集《思维八卦》等三部。长篇小说《雪庐》和中篇小说《门槛》分获上海市中长篇小说奖，中篇小说《拍卖师阿独》和《哲学的瞌睡》分获《上海文学》奖。

不要哀叹要给没落者送去温暖

孙颙是一个有着宏阔时空场域情结的作家，回望他的创作历程，许多关键词出现在他小说的路径上：历史与现实的交织，知识分子的内心和命运，现代丰富的城市生活。孙颙表示，当他要表现较为宏阔的故事时，经常用围棋的布局来联想长篇的布局。他在各处落笔，前面似乎漫不经心，最后却可以构成缜密的结构。

1979年8月人民文学出版社推出了你的长篇小说《冬》，这是新时期文学的早春时节，也是你的第一部长篇小说，是你文学创作的起点。40年的岁月流逝，现在的你，对当年的小说有怎样的评价？你对当年的文坛有怎样的感受？

《冬》表现的是我和朋友们的心路旅程。从无条件地拥护，到怀疑，到内心的反感，直到想做什么来改变现实。1976年初，文化部门想组织一个创作组，要把我调进去。我当时想，无论如何不能上那船，一起搞创作的作家和老编辑，帮着出主意，用拖的办法不去报到。这样拖到1976年10月，天翻地覆，我才松口气。考入华东师范大学中文系学习后，我感受到了强烈的创作冲动，要表现我们的经历，从盲从到觉醒到有所反抗。那时年轻，我拼了一个多月，就拿出了初稿。那是1978年的初冬，上海的出版社犹豫着没接受，幸亏人民文学出版社的韦社长和屠总编到上海组稿，拜他们的热情与肯定所赐，才使此书能够问世。正是文学的早春时节，我去北京参加长篇小说座谈会，正好与陆文夫先生住一套房，受到诸多教海。《冬》是内心喷涌的结果，在文学上是稚嫩的，但参加创作会议获得的种种鼓励，特别是茅盾先生对包括《冬》在内的三部小说的肯定，培育了我几十年文学创作的激情。

《雪庐》是一部叙写和反思中国知识分子命运的长篇小说，小说追述了知识分子林金洋一家四代的命运变迁。主人公林金洋认为，知识分子的价值和实力在于知识，他耗尽家产，在上海造起一幢"雪庐"，期望林家的后代从此守在雪庐这个充溢着书籍，知识储备丰富的寓所，以自己的知识积累应对时事的风云多变。但是在时代潮流的冲击下，后代们各自有着不同的人生选择。"雪庐"在你的心里是不是一处精神的寓所？寄予着知识和文化对于知识分子的价值，对于社会的意义。

在我人生的记忆中，有那么一个实在的"雪庐"。我的外公是清末最后一次科考的秀才，他住在南昌路一幢小楼里。童年和少年时代，我常去玩。夏天，我睡在底楼客厅的地板上，四周贴墙而立，直达四五米高屋顶的全部是书橱，大量存放外公收藏的古书，包括旧版的二十四史。后来书被丢在卡车上运走，老人再也见不到他相守一辈子的书籍。不久，外公就去世了。那些珍贵的藏书飘散零落，不知踪迹。所以，那不仅仅是抽象思考的产物，有很具体的情感在内。

从中国救亡图存在20世纪初到追求现代化的80年代，不同时代的跨度，呈现出林家四代知识分子的曲折命运和丰富的内心世界。小说调动和挖掘了你重要的人生经验，从认识父辈的人生经历，到面对自我人生的体验，你是不是想探究知识分子的命运与时代嬗变的关系，以及知识分子的命运与个性和自我的关系？

你说得非常清晰，我从家族中诸多长辈的人生出发，目光延伸到百多年来中国知识分子命运的坎坷，确实想探究你所说的命题。小说结尾的叹息，百感交集，油然而生：难得糊涂，难得清醒，难在清醒与糊涂之间。

评论家王晓明说，他在读先秦诸子和《史记》的时候，对有智慧的人如何立身很有感触，我想这也是你的《雪庐》要探究的问题，在时代风云、命运重压、人性弱点的交织中，知识分子如何立身？如何面对自我？如何维护内心的精神空间？小说的笔触，不仅仅是描绘时代的翻天覆地，而是深入知识分子的内心，揭示他们内心的风云激荡。

王晓明是我的同学，他也是知识分子家庭背景，我们有许多相似的想法。他写的评论，对我启发颇多。面对杂乱的世道，知识分子如何自守，如何勉力而为，知其不可为而为之，至少不失为人之本，我想，这是古往今来无数知识分子，不得不面对的考题。在我的家族中，不仅仅是我的外公，很多人物给过我启迪。我的一个舅舅，极其聪明有才华，20世纪50年代，他儒雅而智慧，从北京某重点大学毕业后，受一些思潮的打压，但始终并不颓唐，后来，我才知道，外公去世后，他经常连吃饭的钱也没有。但他自学几门外语，也没有放弃化工专业，做了不少事情。

你在长篇小说《烟尘》的序言中写明，本故事开始的时间是1993年，在结尾处写着创作时间是1994年1月—1995年8月。这是一个几乎与作家的创作时间同步展开的故事，是在提示这个虚构故事与现实紧密相连吗？

记得当时有关于长篇小说能否与现实贴近的争论，所以我想做点尝试。随着创作经验的积累，我的看法发生了变化。长篇小说要有足够的宽度和深度，作者需要更多积累思考，因此，还是与现实有一定距离较为合适。中篇、短篇可以更贴近现实。

《烟尘》不是一个家族的单线发展，而是四幢小楼，几个家族之间人物关系的相互纠缠，故事情节的深入展开，构成小说叙述的网状结构。这次你将小说的视角从人与时代，转向了人与情感，讲述了几家人物之间的情感故事。在《雪庐》中，你关注的是在乱世中知识分子如何立身的问题，在《烟尘》中，你关心的是在生活的激流中，爱在生命中有多重要，这是你从宏观的社会视线转向个体视角的尝试吗？

《雪庐》有我自己家族的背景，表现的内容很丰富，我不需要过多地考虑加入其他的故事。《烟尘》不同，从我少年时生活环境里攫取各种素材，发酵而成，因此形成了多家族的纠缠，从构思阶段开始，就是不同的结构。你注意到《烟尘》对人物情感的重视，年龄差异很大的人物间的爱情线索，谢谢你读得仔细。我着力表现的，不仅仅是动荡生活中爱的支撑，我更想表现的是某种感悟，不管是幸或不幸，终究会过去，生命的意义，在于延续。有的读者不喜欢如此冷冰冰的感悟，而我追随作品人物游历人生时的感悟，确实如此。

你发表于1999年的小说《门槛》，仅篇名就让人产生丰富的联想，内容更是从关注和打量当下的现实，引发我们思考如何面向未来。科学的发展赋予我们更多的自由，是不是也让我们失去最珍贵的人文的眼睛来审视科学的发展？我们如何在可持续发展的范围内，免受自然的惩罚？

你抓住了我写《门槛》的初衷。我有一位科学素养深厚又有人文情怀的朋友。20世纪80年代，他在美国研究生命科学，只要回上海，我们就会约闲聊。当时，我还不知道什么基因工程、转基因等，是他不断为我科普。他说的有些话，会震撼我。他说，他从事的研究，做出来的东西，是自然界原本没有的，从科研角度看很有价值，但是，因为自然界没有天敌，所以危险，如果它从实验室跑出来就很危险。后来那个朋友英年早逝，我始终怀念他。我后来读了关于科学主义的文字，开始明白，科学进步是人类的福音，科学主义却或许会带来祸害。人类无止境地发展，破坏环境，目前已经受到惩罚。从这个角度讲，《门槛》有它的预见性。

《雪庐》和《烟尘》是凝望历史和现实，《门槛》是关注现实而思索未来。小说聚焦了时代的新浪潮：外汇交易、国企转型、科技创新，现代社会的新潮与复杂渗透进我们的生活。从1979年的《冬》到1999年的《门槛》，你走过20年的创作历程，《门槛》是你在五十而不惑时完成的，这也是你创作中的转折？面对新世纪，你有着主观的意念，创作也要跨越新门槛？

写完《门槛》后，我产生巨大的空虚感。我觉得，生活的积累，内心的储备，似乎被掏空了。从写知青生活，到写知识分子生活，我熟悉的基本涉猎了。写长篇小说，没有充分的储备，顶多是重复已经写过的，做点文字结构的变化。我不喜欢重复自己。当时决定，暂停长篇创作，好好休养生息。

从21世纪开始，你暂停小说创作，在写作中开辟新路径，开始文化思辨散文的写作。你在《收获》发表了《强盛的秘密》《金融的秘密》《生存的秘密》《思想的秘密》《人性的秘密》等长篇散文，视域宏阔，涉及历史、文学、科学、宗教、哲学、音乐等，思接千载，心游万仞，表现出很强的思辨能力。你看了很多书，你的思路洒向不同领域，最大的收获是什么？

我从小喜欢阅读，一卷在手，喜上心头。进华东师范大学学习后，阅读面宽起来。后来，我搞出版，找书看，太方便，真是不亦乐乎。我不偏文科，小时候更喜欢科技，玩电器，还想自制天文望远镜。后来的工作环境，要求我读得更多，与科技出版社或经济类出版社讨论选题更有专业性。新世纪开始，我决定暂停长篇写作，随着阅读的时间变充分，就产生系统整理几十年阅读心得的念头，这就是那些长随笔的来源。

当你完成这批文化随笔后，2012年又开启了《漂移者》时代，开始了超越自我经验的时代。面向这个新时代，发现这个新时代，塑造这个新时代中的新新人类，如《漂移者》中的马克，《拍卖师阿独》中的阿独。

你说得不错，当我重新进入小说创作时，我决定与过去熟悉的内容告别，力争表现当代生活中的新鲜人物。《思维八卦》所思考的大量问题是我的底气，我敢于面对当代的令人困惑的生活。

成功的长篇小说往往会塑造生动的文学形象。《漂移者》以主人公马克的身份作为标题，表现了你对这个人物塑造的极度重视，整部小说情节故事的展开就是对这个人物身份的诠释。你以丰富的层面来铺展与揭示主人公人生之路的急转弯：漂移。在漂移中，马克像一张敏感的化学实验中的试纸，检测着，反映着这个时代与这个城市的丰富复杂与快速漂移……

我的基本立意，在于马克如何应对从美国到中国的人生巨大转折。过去，文学作品写中国人到美国或者欧洲各国的艰辛与搏击，我写了反向的旅程。结构的"上、中、下"三篇，是我给马克设立的层次。上篇，是刚到上海的"混"，很多外国年轻人初来时有这么一段；中篇，是他面对机会与挑战而大显身手，他展现出比一般外来者强大的一面；下篇，则是他命运的挫折，当然，其中包括了更多的文化碰撞内容和社会生态的复杂性。

《漂移者》的主人公马克是一位美国青年，他来到异国他乡的上海生存发展，展现了国际化背景下新生代冒险家的生活情态，为人们近距离认识漂移者提供了精彩的样本。马克是中国当代文学中从未出现过的人物形象，也是与你个人的人生经历大相径庭的文学形象，要塑造这样一个人物，你做了哪些重要的准备？你对自己塑造的人物是否满意？

这部小说写出了文学新形象，我自己在创作过程中也一直有这样的企图。《长篇小说选刊》转载这部小说的时候，我写了一些创作体会，过去没人写过的人与事，非经典性，倒让我放得开，没有拘束。

我为这部小说所做的文学准备，应该是很充分的。我产生创作冲动后，一般不会马上动手。陆文夫先生三十多年前对我讲的"诀窍"，让我享用不尽。陆文夫认为，有一个好的题材让你冲动，请不要急着写，以后，有其他的冲动产生，这些冲动又能够合适地组合起来，你也许可以写出好东西。

我在十几年前就有写外来者的冲动。我在出版界工作的二十几年，直接参与谈判的中外合作项目不少，谈成功的大项目，就有四五项。有的项目，前前后后搞了十几年，与对方是对手，维护各自的利益，又发展了一定的友谊。作为小说家，我就有了想表现的欲望。我没有急于动手，既是记得陆文夫的忠告，也是对相对陌生的人物和题材持比较谨慎的态度。所以我有多年生活素材的积累，动手时，底气足。

《缥缈的峰》出版于2014年，是你最近的一部长篇小说，小说以成方为核心人物，串联起各种人物关系，辐射近百年来四代中国知识分子的命运沉浮。故事起始于新世纪的加拿大滑雪圣地，人到中年的成方和沙丽都想回国探望。你在小说的开篇，就布下了大量的线索和悬念，打开了一个宏阔的时空场域，境内与境外，历史与现实，个人与家国的命运在小说中交汇。你用了多长时间准备和写作？

《缥缈的峰》，构思早于《漂移者》。尽管《漂移者》以闯荡上海的外国人为主角，看起来难写，不过在我长期的工作中，与这类人物打交道甚多，提起笔来，颇有自信，结构也不复杂，所以就顺利。《缥缈的峰》尽管立足于当代世界，但有纷繁的历史场景参与进来，结构却不容易，特别是故事与人物的多义性，把握起来比较困难。断断续续想了八九年吧，直到我找到"缥缈的峰"的象征意义，才觉得顺了。

从这部长篇回望你的创作历程，这些关键词出现在你小说的路径上，而这部小说中几乎都有集中呈现，历史与现实的交织、知识分子的命运、城市生活，你是一个有着宏阔时空场域情结的作家。

谢谢你的理论性概括。我对长篇小说的理解，宏阔的时空，是重要的选项。我喜欢围棋，喜欢那种战略性的布局。在开初的随意落子，后来一点点地显示关联与谋略。我在长篇小说的写作中，也喜欢如此的感觉。

崔海洋、崔丹妮、赖一仁、成方，主要人物都是你的同代人，在不同的历史阶段，你写出了这些人物的心灵创伤，这些创伤又影响着他们的生命形态，影响着他们之间的关系，形成了他们的命运轨迹，构成了小说的重要情节。这些创伤是你对这代人的理解和认识，也是你对同代人和时代关系的揭示吗？

人们各有各的心灵创伤，均需要修复。问题在于，改革开放以来，社会的巨变，使各式人等来不及修复以往的精神创伤，又面临新的巨大困惑和茫然，失落与隔阂在社会的各阶层，或者说变化着的各阶层心中普遍存在。作为一个作家，当然有用自己作品去温暖人心，帮助做些修复的奢望。我说是奢望，我努力了而已。

我想到了阿甘本在《何谓同时代》中提出的重要概念"同时代人"，他说，要成为同时代人，就必须有一种视觉上的人文主义，凝视黑暗，但目的是为了看见光亮。他们的自我疗愈和时代的发展，也是《缥缈的峰》情节深入展开的过程，你通过叙写这代人的人生旅程，从而描画出时代的风云变幻，探寻着社会的转型、时代的嬗变与个人命运的变化之间复杂而紧密的联系。

你提及视觉上的人文主义，让我联想到鲁迅先生关于真的勇士敢于直面惨淡人生的名言。我不喜欢没完没了地哀叹，其实，任何时代的人均有自己的不幸。很多宗教认为，人生而苦，就是告诉众生，别只想过幸运的好日子。天堂本不属于人间。个人的自我疗伤与社会的创伤修复，是相当长的时间绕不过去的话题。对社会整体而言，反思、追究与和解是痛苦的历程，也是这部小说的核心思考。

从最初的《冬》书写同代人的伤痕，到最近的《缥缈的峰》揭示同代人的心灵创伤，这有什么不同？你有着怎样的超越？这30多年的时光流逝，是中国社会改革开放的30年，是中国文学发展变化的30年，这是一个值得探讨和深思的命题。

《冬》是直接的感情体验，是非爱恨非常清晰，作者的立场一目了然。写作《缥缈的峰》已经是我"耳顺"之后，看世界的目光，沧桑老道，尖锐又温和。我学会了多立场地理解，但不想离开基本的立足点。对成方、崔丹妮和沙丽，以及他们周遭的人物，我均深深地同情。写沙丽的祖辈，那个临阵逃跑投靠清政府的知识分子，我就充满了哀怜。写崔丹妮的哥哥，那个胡作非为的"公子哥"，我也努力不脸谱化，多一些属于他的逻辑。普希金好像写过这样的句子：歌颂自由，给没落的人们，送去怜悯和同情。如果讲自我超越，首先在此吧。

这部小说呈现着你多年探寻的创作理念，体现着你对同代人的认识和理解，也显示着你思考的深度，你对这部作品满意吗？描述同代人的命运，你在写作中是不是浸润着更深的情感？

《缥缈的峰》是结构复杂而多意的作品。它塑造的人物丰富而可反复咀嚼，作品涉及当代以及现代社会的许多艰涩命题，这些，我是满意的。批评作品的意见，主要还在于它的展开不足。当初，我完成《雪庐》时，老编辑左泥告诉我，我把至少三十万字的长篇，写成了十多万字，太可惜了。《缥缈的峰》是否能够更多地展开？历史的内容，可以简略，这部小说将上百年历史作为人物的背景，但当代生活的尖锐冲突，特别是崔海洋所代表的势力与赖一仁所代表的知识分子健康力量的冲突，完全可以写得再丰满点。我找到了黑客与反黑客这样的新鲜内容，并且花时间研究过，后来写得比较简略，有些可惜。文笔的简约，是我的一种风格，不过，该放开时依然收紧，就不聪明。

同代人难选择、有困惑，而他们的问题也是时代面临的问题。那么小说为什么被命名为《缥缈的峰》？

小说定名为《缥缈的峰》，源自西藏高原旅行者的启示。你驾车跑了许多时间，可能一直在三四千米海拔，高一点，也就五六千米，更高的峰，在云里缥缈着。我想，这不仅仅是对个人生活的象征，也是对人类宿命的理解。不能说那高峰根本不存在，只是达不到而已。同时，有那个象征在，很重要，你达不到，你有向往，而不是觉得干脆滑坡顺当轻松。崔海洋之类是不相信人类应当有向往和追求，他们开始放纵动物性的本能，他们在自我毁灭；成方、赖一仁、崔丹妮他们，则没有放弃对美好的期盼，他们仅仅是丢掉了不切实际的空想，不再以为明天就可以攀登高峰。

从《冬》到《缥缈的峰》，你完成了6部长篇小说，这是怎样一种自我历练？你评价一部长篇力作的标准是什么？

我想先对六部长篇小说做一个划分。《冬》是我的第一部长篇小说，它属于"本色"出演。我与不少同龄人一样，经历了"文革"与上山下乡的艰难岁月，开始痛苦地觉醒，《冬》就是回溯这段历程。后面三部写知识分子的长篇，《雪庐》《烟尘》《门槛》不是写"我"，而是写我熟悉的生活圈子。《雪庐》与我的长辈们密切相关，另两部是我通过各种途径了解的知识分子的故事。再后面两部，明显是写"他人"，写我不是很熟悉的人们，比如海外淘金者、浪迹天涯者等等。我做这个概括表明，写作者的创作历程，大体有这样的轨迹，从自己，一步步朝其他方面发展。

长篇小说，对作家提炼生活是巨大的考验。不是某个片段，而是对生活整体走向的思考。也许你只写某个局部，或者某几个小人物，但他们生活其中的历史场景，必须分析清楚。至于结构能力，我个人体会是重要的，特别是要表现较为宏阔的故事时，我经常用围棋的布局来联想长篇的布局。你在各处落笔，前面似乎漫不经心，最后构成缜密的结构。这是我对长篇创作不同于中短篇的体会。

长篇小说能够给人留下深刻印象的首先是它的独创性。人物、故事、内涵，以及表现方法，尽量只属于你本人，这是我追求的目标，当然，还远远没有达到。

设问人：王雪瑛 评论家，上海报业集团高级编辑

血　红

血红，原名刘炜，1979年生，湖南常德人，上海网络作家协会会长。为起点中文网白金作者，作品有《升龙道》《神魔》《邪风曲》《巫颂》《天元》《光明纪元》《三界血歌》《巫神纪》等十七部长篇小说，共计四千四百余万字。

让角色恩怨分明蓬勃向上

提起血红这个名字，在网络文学中大家都不陌生，他是玄幻界大神级人物。玄幻文学，到底与现实是什么样的关系呢？血红表示，"任何小说都是来源于现实的，我们这一代的网络作者，普遍都受到过金庸、古龙、梁羽生等大师的影响。我们崇拜侠客，我们憧憬中国最朴素、最原始的侠义观，我们每个人都有一个独特的属于自己的侠客梦，一个热血慷慨、男儿自强的侠客梦。"他一直在争取，让自己笔下的人物积极向上，让他们恩怨分明，让他们正义正直，让他们充满了蓬勃向上的奋斗力量。

血红老师你好，很高兴和传说中的"玄幻界的掌门人"对谈。得知2017年2月，在第二届网文之王评选中，你位列百强大神，很好奇，你究竟是如何走进玄幻，走上神坛的，是不是也有一段不同寻常的逆袭路径？

我是2003年的夏天开始在网络上写作的。记不清到底是几月份了，只记得那时候天气很热，我正和一群大学同学租住在一起。从大学开始接触网络，就接触了最早的网络文学，从此就被网络文学充满想象力的文字和情节吸引。最初的时候，我就游走于网上的各个论坛，关注喜爱作品的更新。在那个时期，网络文学还处于萌芽状态，并没有专职的作者。所有的作者都是出自于兴趣，自发地在网络上进行创作。因为不是专职写作，所以写作的持续性就很糟糕，经常有非常精彩的小说，莫名地就没有了下文，作者也就凭空在网络上消失了。我最早追逐的好些网络小说都是如此，极少有完本的作品。完本的作品少，而且更新的时间和数量也不稳定，毕竟不是专职作者嘛。有些作品，两三周出一章更新，有些则是一个多月出一章更新。我记得很清楚的是，我有两三本追了三四年的小说，三四年时间总共也就更新了二十章左右吧，后来也就彻底地没有了后续。

等待更新的日子是苦闷和烦躁的，我会自己不断为喜欢的作品构思后续的情节，在无穷尽的等待中，无穷尽的自我情节补充中，心头就积蓄了太多太多的火气。终于有一天，控制不住心头的火气了，于是我就想，自己试着写点东西吧，把自己这几年想过的情节，想过的内容都写出来。于是就借用了和我一起租住的同学的电脑，开始了最初的写作。还是蛮顺利的，或许自己有几分写作上的小天分，第一本小说就引起了大家的注意，很顺利地就坚持了下来。

你是较早成为起点中文网签约作家的，当时有一批作家可以说都成名于这个平台，但似乎现在较少有人能超越你们了，你觉得原因是什么？

一直到现在，起点中文网，还有阅文集团旗下的另外几个网站，其实都不断有新人出现，不断有实力强劲、作品可读性极强的作者涌现。只是可能和现在的网文发展有关，当网文推广的渠道越来越多，网文的数量越来越多，网络作者的总体从业人数越来越多，读者们的选择面越来越大，想要从这么多的网文和网络作者中间，记住新涌现的实力派作者，就比较困难。最初的一批网文大神，或许就是占据了"出名靠早"的优势，在从业人数还没有这么多的时候，在推广渠道还没有这么花团锦簇的时候，很简单地就将自己的名字烙印在了书友的心坎，所以才形成了问题中的这种印象吧。

以往"玄幻"并不存在我们正规的课本中，在一部分人看来它是"邪门歪道"，或者不切实际的无用文学，网络不同于纸质反而成了滋生它的沃土。喜欢的人着迷，不接触的人排斥，在你看来，我们应该以怎样的眼光来看待"玄幻"？你个人在玄幻世界中又得到了怎样的满足？

每一个孩子，都有一个属于童年的、光怪陆离的梦。在梦中，他是大英雄，他是大将军，他能飞天遁地，他能排山倒海。我们童年时的这种自我代入、自我营造的梦境，就是玄幻的根源所在。玄幻小说，只是每个人都有过的童年梦在现今社会的投影。我们用更加宏伟的想象、更加华丽的文字、更加波澜壮阔的情节，构造出了更加美丽动人的梦境。玄幻小说，是属于成年人的童年梦。

当今社会，生活节奏极快，工作压力、家庭压力让我们只能加紧步伐、努力工作，每天都忙得滴溜溜转。玄幻，是快节奏的都市生活中，一小块存在于心头的梦境乐园。在工作、生活、家庭、社会各方面的挤压下，玄幻让大家有一小块放飞思想的想象空间，让大家可以重温童年时的梦想。为什么玄幻会受到很多读者的喜爱和欢迎？或许就是在读者们自己不知不觉中，让它触碰到了心头最柔软、最童真的那一小块世界。于我自己而言，我能够在成年之后，用文字讲述自己的童年梦，将我脑子里那一片飞天遁地、追星拿月的梦境讲述给大家听，这是多么难能可贵的事情！于成年后，依旧讲述童年梦，这是一份幸运。

尽管在夹缝中生长，你的作品《巫神纪》《三界血歌》《光明纪元》等至今仍然吸引了数以百万人的追捧。你如何看待玄幻对于中国读者这种影响？在国外，玄幻又是怎样的一种存在？像《魔戒》《指环王》《哈利·波特》等等，中西方玄幻的不同在哪里？

一如前面所言，玄幻在当今快节奏的生活中，它出现了，它存活了，它发展了，自然就有它出现、存活、发展的道理。或许这也是读者们随着社会发展而必然出现的需求，读者们需要在这快节奏的工作生活中，找到新的娱乐方式，找到新的心理慰藉。在拥挤的地铁上，在拥挤的公交车上，在忙碌的工作生活间隙，拿起手机，看一章刚刚更新的玄幻小说，让紧张的灵魂稍微腾飞一下，为了书中主人公的精彩经历会心一笑。能够让读者发自内心开心地笑起来，我想，这就是玄幻的影响，这就是玄幻的作用。

在国外，玄幻的影响力显然更强。如果将超人、蝙蝠侠、蜘蛛侠他们也都归入玄幻的一类，那么在国外，玄幻堪称是陪伴着一代一代外国读者成长，在他们生命中留下了深刻烙印的瑰宝。这些超级英雄不仅仅是用自己惊险曲折的故事娱乐了这些外国读者，他们更是用自己的正直、正义、勇气，影响了这些外国读者的世界观。从这一点上来说，玄幻在国外的影响力非同小可。

而中西方玄幻的不同，或许更体现在，我们拥有更丰厚的文化底蕴，我们拥有更精彩的历史传承，我们国人拥有更加惊才绝艳的想象力。所以我们的玄幻在素材上更加丰富，我们在玄幻中融入了属于我们自己的文化特质，衍化出的故事、世界、人物就更加精彩，同时也更符合我们国人的审美观，当然也对外国读者拥有了非同寻常的吸引力。

在你看来，玄幻继承了怎样一个文学的脉络？在一部作品的开始，你如何起笔构思一部玄幻作品？是根据读者口味来撰写多，还是根据个人的喜好来撰写多一点？

就我个人而言，我写作更多是根据自己的喜好来写。在写一本书之初，我会设定一个世界，一个完整的，拥有自己的物理法则，拥有自己的文化人文，拥有自己独特的自然风貌，也拥有自己独特的自然族群，更拥有一定的历史背景的世界。我会设定这个世界的人的性格特征，设定他们的行为模式，设定他们的价值观。然后，我会设定一条主线，一条影响世界运转的故事主线。我最后会设计一个主人公、几个次要人物，设定他们的年龄、出身、教育程度、性格特点，然后将他们丢入这个世界，让他们围绕着这条故事主线，在这个庞大的世界中随着故事主线的发展，自行地去产生命运的交错和碰撞，从而演绎出一个完整的故事。

所以我的书没有固定的脉络，没有可揣摩的故事情节。对我自己而言，故事的发展也是陌生而未知的，每上手写一章新的故事时，我自己也不知道故事会如何发展。或许就是主人公、次要人物的一句话，就引发我脑子里的灵光一现，故事的发展就进入了一个全新的转折中。每写一章都有一种全新的未知感，这是一种极其享受的写作过程。

你的玄幻小说中有不少镜头和描述，在我看来和中国神话故事、人文历史有很大相似之处。比如《巫神纪》，开篇即是"在广袤无垠的混沌虚空中有无穷无尽的'世界胚胎'孕育生长。"这很像《盘古开天辟地》，你是怎样看待玄幻和神话以及历史之间的关系的？

没有记录下来的历史，经过祖辈们一代代的口耳相传，经过一代代先祖有意无意的艺术加工，一场普通的战斗，或许就能演化成为一场战天斗地的宏伟战争！用确凿文字记载下来的历史，那是历史。没有用文字记载下来，只存在于老人们口中的历史，逐渐就演变成了故事，在岁月的浸淫下，故事变成了传说，而传说，最终会变成神话！谁也说不清，我们现在所谓的神话，在太古时代，是否是真正的历史中发生过的事情呢？神话带着一丝历史的气息，神话带着先祖们一代代的艺术加工过的韵味，神话自然就成了玄幻繁衍发展的最佳土壤，也成了玄幻最丰厚的素材宝库。

在你的作品中，"侠"的精神依然留存，比如《逆龙道》让光明与黑暗对决，不少人物的设置也体现着中国人骨子里的正义感，还有对侠客的崇拜等等，是否也有借鉴武侠小说的元素？这些元素依然要在文学中存在的意义是什么？金庸、古龙、梁羽生等武侠大师对你是否有过影响？

我们这一代的网络作者，普遍都受到过金庸、古龙、梁羽生等大师的影响。我们崇拜侠客，我们憧憬中国最朴素、最原始的侠义观，我们每个人，都有一个独特的属于自己的侠客梦，一个热血慷慨、男儿自强的侠客梦。侠之大者，为国为民；丈夫一诺，千金不移。我们沉醉于这种朴素、朴实的正义观，所以我们在自己的文中，在我们设定的人物中，他们同样拥有这样的特质。这些朴素、朴实的精神元素，让我们的人物积极向上，让他们恩怨分明，让他们正义正直，让他们充满了蓬勃向上的奋斗力量。

我们的书，总体的精神基调是向上的，是积极的，是正义的，我们书中的主人公，他们总是在和各种各样的负面力量、负面人物做斗争。在他们身上，同样寄托了我们朴素、善良、正义、正直的价值观。

在现实层面，你觉得玄幻和现实世界是怎样一种关系？

玄幻小说的一切素材，一切因素，无论是人物还是世界，乃至整个故事，一切都源自现实。我们的人物身上，拥有现实中无数实实在在的人身上提炼出来的因子。善良的，残暴的，正义的，邪恶的，光明的，黑暗的，所有的人性因子，在现实中都能找到原始的模板。我们架构的世界，组成这个世界的众多元素，也都有着现实世界的影子。比如说巨龙、独角兽、盘古、扶桑木……这些元素都来自于现实世界。玄幻小说是玄幻的，而写小说的人，却实实在在地生活在现实社会中。现实社会和玄幻小说，就好像一个沙漏的两端，作者就是沙漏中那个最细小的孔，通过作者的想象力和创造力，沟通了现实和玄幻。

在你看来，终极玄幻会是怎样的？会不会成为一种科幻？你寄予的玄幻的内核是什么？

科幻带有一定的现实性，科幻故事中的各种设定，是根据现实的基本条件，可以用科学理论来描述的。而玄幻更多是基于想象力。玄幻的想象力超过科幻太多，基本上属于不可描述、无法理解的范畴。如果说现实的科学理论是一架梯子，科幻和玄幻是两座围墙，这架梯子可以够到科幻这座墙壁的顶部。而玄幻这堵围墙的高度，或许比这架梯子的总长度超出了太多。

当然，我们可以强行用科学理论来阐述玄幻中的各项基本元素，比如传送阵可以用量子理论来阐述，符文阵法可以用超大规模集成板和高能物理来解释，巨龙和独角兽也能用基因工程、生物科技来解决。然而，玄幻的力量层次依旧超出了现实太多，或许在未来科学技术极大发展后，玄幻也能用科学的理论进行描写？而我的玄幻内核就是无穷尽的想象力，永远不被任何现实约束的想象力！一沙一世界，这并不是我们玄幻的极限所在。

如今，越来越多的玄幻作品被改编成电影、影视作品，成为一个个再次被激活的网络爆款，即便有的作品特技很"渣"，但不少观众还是会津津乐道。你平时会看这些玄幻影视剧吗？怎样看待这种影视风潮？

将一本优秀作品的内在价值最大化，将一个优秀作者的心血价值最大化，让作者能够更有动力去写作，吸引更多的读者关注作者，让作者的付出得到更广泛的认可，我觉得，这才是玄幻作品改编，这才是玄幻IP（知识版权）开发的根本目标所在。

IP的开发，前提是优秀的作品，是优秀的开发团队，是完善、成熟的开发流程，是严格而完备的开发监督。要么不做，做就要做精品，商业效益、社会效益必须兼顾，要对作者、读者、作者所属的平台、产业，乃至整个社会，全都造成正面的、积极的、向上的影响，不要急于求成、滥竽充数、冒进冒失地盲目开发，要做有口碑的精品，而不要做一时博眼球的东西。

可以说，你的人生因为玄幻而改变，那么你如何看待人生的选择和所谓的成功渠道？你认为一个成功的网络作家，在收入、事业和社会尊重方面，最应看重的是什么？

有时候，真的是小小的一个选择，会影响人的一辈子。我写玄幻，纯粹是出自偶然，并非我刻意的选择，只是一时的爱好驱动，只是一时的冲动所致。我没有任何的成功心得可以分享，我只是在某个必然的时间点，做了一件符合未来趋势的必然的事情，而这些必然发生的事情汇合成了网络文学的发展潮流，带着我向前奔跑、向前发展。是趋势成就了我，而非我成就了趋势，这是一种幸运。

于我个人，现在我写作的收入，可以让我安安心心地构思自己的小说，衣食无忧、静心创作。我或许能算一个比较成功的网络作家，收入、事业和社会尊重这三方面，我觉得，这是三者一体的事情。事业发展得好，收入自然水涨船高；事业发展得好，勤勤恳恳写作，本本分分做人，极力实现自己的个人价值、回馈社会，自然就会赢得社会的尊重！一个人，只要努力上进，只要勤奋勤勉，只要谦虚谦和，不断学习，增强底蕴，将自己的工作做好，自然会事业顺利、收入增加，身边的亲朋好友、同学同事，也自然会看重你、尊重你。所以，我们当敬业、当谦虚、当勤勉、当遵纪守法、当友爱孝悌，努力实现人生价值。

很多网络大神都在拼速度，比如有的作家每天日更至少一万字，你怎样看待这种有些疯狂的状态？那么你如何在速度中依然坚守文学理想，又是如何克服自己的疲惫的？

写作于我，已经不是一种工作，而是一种铭刻在骨子里的习惯，一种日常的生活状态。写作于我，是一种乐趣，一种享受，一种每天必须为之的生活。一天不写，我会心神恍惚、坐立不安，总觉时光虚度，辜负了自己和读者；只要认真写出两三章文字，就会神思遐飞，心旷神怡，颇有多喝了七八杯热茶后两腋徐徐微风生，通体微汗通畅快慰的欢乐。

而日更至少一万字，于我而言，并不能算是疯狂。在我写作的最初期，我的老书友给我统计过，我最多的一天，从早到晚，更新了足足九万字。或许那时候才叫作疯狂！我现在，每天写作两到三个小时，固定写作一万余字，剩下时间都用来阅读，看自己喜欢的书，翻自己需要的资料。这更多的是一种享受，对我并非一种负担。每天能沉浸在自己最喜欢的文字世界，心无旁骛，只有阅读和写作，这是何其快乐的事情？

因为快乐，所以不觉得枯燥，也没有疲累疲乏的感觉，每天都精神抖擞，每天都乐在其中。

平时除了书写玄幻小说，是否还有其它题材的创作？空闲下来的时间，你有哪些阅读偏好？又有哪些好的影片可以推荐？

我的写作类型，可能是最驳杂的。玄幻，只是网络文学的一个大类。我除了玄幻类的题材，我还写过都市类、科幻类、仙侠类、奇幻类的题材。总之，某一个创作阶段，我突然迷上了哪一种类型的小说，我就会进行相关的创作。

我每天会花七八个小时阅读，阅读的题材很广泛，传统经典、网络小说、天文地理、历史生物、寻幽猎奇、灵异志怪……而这些复杂繁琐的书籍，也就是我创作最大的素材宝库和灵感来源。我并没有特殊的阅读偏好，只要是文字，我就喜欢读，就算是三两句的心灵鸡汤，也能引发我的共鸣，激发我的灵感。有时候，一篇游记中两三张好看的照片，一个小酒馆，一个小酒窖，一个小巧精致的古堡，都能触动我的灵感，形成几个美妙的场景，编制出一长串的故事情节，脑补出一些人物的命运变迁。

阅读的时候，全身心沉浸在里面，不仅仅是粗浅地阅读文字，而是在即时地进行联想、进行演绎、进行推演。每一次的阅读，都是一次全方面的创作过程，这种感觉美妙无比。

至于影片，可以推荐的好影片太多了，实在懒怠一一赘述。就和书籍一样，精彩的书无数，精彩的影片也无数，每部影片，都值得去仔细揣摩、认真学习和汲取。

身为上海网络作家协会的会长，你在任上希望对网络文学有哪些引导？对于新进的网络作家你有哪些想对他们说的？

对于新进的网络作家，我的意见是，不急不躁，认真写作，广泛阅读，夯实基础，努力争取写出精品，形成自己独特的个人风格。任何事情极难一蹴而就，无论任何行当，想要做出成绩，都需要时间的积淀，需要不断的努力付出。

网络文学也是如此，在当今网络文学快速发展，网络作者、网络文学作品越来越多的情况下，想要脱颖而出获取大家的注意力，就必须写出有特点、有特色、精彩的作品。每一个网络作者都要形成自己的独特风格，语言、文字、故事流程、叙事手法，只有这一切都带上了自己鲜明的个人烙印，才能在数量庞大的网络文学作品中，让人认识你、记住你、喜欢上你！每一个网络作者，都需要有一两本代表性的精品，这需要潜心地创作，认真地创作，不为一时的风潮而影响，坚定地走正确的创作道路。

你认为网络文学与传统文学之间到底有怎样一种关系？有人说传统文学正在走向边缘化，甚至总有一天会被取代，对此你有什么样的思考与判断？随着传播渠道的改变，网络文学包括玄幻文学是否也受到了一定程度的冲击？

其实我不是很认同网络文学和传统文学的划分，从文字本身而言，网络文学其实也是传统文学的一部分。仅仅是因为传播渠道的不同，网络文学或者说类型文学，它出现在了网络上，依托网络而壮大发展，所以才有了"网络文学"的提法。

有人说传统文学正走向边缘化，甚至总有一天被取代——这怎么可能呢？好的文字，能够震撼灵魂的优美文字和美好故事，总是有着无穷尽的生命力！我的书架上摆着许多的传统经典著作，我时不时地拿起它们温故而知新，这些经典著作的文字依旧能撼动我的心灵，引发我的思绪，这些经典著作，它们依旧有着强大而绚烂的生命力，哪怕隔了数十年、上百年，它们依旧生机勃勃引人入胜！那些优美的、脍炙人口的散文、诗歌，一如唐诗、宋词、元曲、明清小说等等精彩惊艳的作品，时至今日仍然有着强大的感染力。

传统文学是一株根基深厚的大树，生命力绵延不绝。或许因为传播渠道的关系，犹如百花绽放的网络文学在这些年比较吸引目光，但是大树就是大树，它的基础在那里，它的底蕴在那里，它的魅力也在那里。我们现在不缺优秀的传统作家，他们拥有非常精彩、经典的作品，无非是一个传播渠道的区分，当传统文学和网络结缘，应当能结出更加绚丽的花朵，更加甜美的果实。传播渠道的转变，带给传统文学的，是更多的读者、更宽阔的舞台，这对传统文学的发展，有着极大的推动力。

你认为一部精品甚至是经典的网络文学到底应该具备什么要素？网络文学如何平衡经济效益与社会效益之间的关系？如何践行核心价值观，引导青年的人生观，成为主流文学的路还有多远？

精品，甚至是经典的网络文学，它应该有瑰丽神奇的世界，深厚迷人的历史，波澜壮阔的情节；无论主人公还是次要人物，无论正派还是反派，他们当有血有肉，让读者能够为他们的命运波折而欢笑，而哭泣。而精品甚至经典的网络文学，它的立意应当是积极向上的，需要讴歌一切美好的精神，正义、善良、宽容，爱情、友情、亲情，奋斗、拼搏、坚持。作品要让读者感受到真善美的存在，让读者每次阅读时，都能形成心灵的共鸣，让读者在书中人物的激励下热爱生活、努力工作、积极向上、自强奋发。

一本经典的小说，必然能够造成巨大且积极的社会影响，拥有广泛而正面的社会效益；巨大的、深远的、积极的、向上的社会影响，定然也能带来良好的经济效益。二者并不矛盾，好的社会效益，定然带来好的经济效益。至于网络文学未来的发展，还需要我们共同努力。

我以我心写我书，认真、努力地写，写出精品，追求经典，只要付出足够的努力，天道酬勤，结果不会坏。

设问人：李金哲 《青年报》记者

吴　亮

吴亮，1955年生，广东潮州人。1980年开始写作并发表文学评论，1985年调至上海作家协会从事专业文学写作。作品有长篇小说《朝霞》、专著《城市笔记》《一个艺术家与友人的谈话》、评论集《文学的选择》《批评的发现》、随笔集《秋天的独白》《往事与梦想》《画室中的画家》《闲聊时代》《老上海——已逝的时光》等。

我对世界并没有欠债

"一座城市的精神秘史，一段长于此生的回忆。隐秘而伟大的日常，尖利而茂盛的欲望。所有的凡庸和渺小都是值得赞赏和体贴的。"这便是著名评论家吴亮在年过六十的时候，写出的第一部长篇小说《朝霞》。受启于文学大师巴尔扎克，他的故事从"邦斯舅舅"开始，内容驳杂涵盖六百多个片段。他说他的小说，要么不看，要么被翻烂。书中叠加的蒙太奇式的镜头，让读者仿佛置身当代艺术的长廊，那些20世纪六七十年代的上海，看似无序处处又充满新奇。

我们从你的籍贯开始吧。你是广东潮州人，当时是怎么搬到上海的？

我的祖父母都是潮州人，可能是在20世纪20年代初就已经在上海了。我的母亲是北方人，父亲和母亲20世纪40年代相识在上海。我的外婆是满族人，一口京片子。我算是上海的第三代，但我现在很少说上海话了。我小时候听到我的母亲和舅舅们聊天讲的就是普通话，他们曾在北方生活。我的父亲和我的祖母讲他们关于家里的事情，就用潮州话。潮州话我也能听懂，话里都是家务事，是日常生活的事情。我母亲语言模仿能力很强，她可以用潮州话和她婆婆交流。

那你的写作有没有受潮州话的影响？

没有，不可能，现在记得一些呼唤或者训斥小孩的话，比如说吃饭、睡觉、赶紧回来之类。我三十岁的时候，祖母去世，潮州话就在我们家里消失了。有时候和我姐姐，或者回老家碰到邻居，一下子讲上海话有点别扭，我会想一想这话该怎么说。但是上海话用在日常生活交流上，比如说家长里短，形容一些鸡零狗碎的事情，它是非常有魅力的。只有我们自己能够懂，而且是没法翻译的。但是文学批评的写作是和上海的俚语完全不能融合的，我不知道是什么原因，从我多年来的理论思考，这种表达可能不止是我这么觉得，上海话是不可能进行理论思维的。

它只适合用在街坊邻居里？

是的，但是现在就有所变化了。它就是一个俚语、地方语言，适合这个地方的风俗习惯的口头语言，写都写不出来。上海话的口头语言，有些词能书写，但三分之一发出的声音我们是写不出来的。前几天我在路上走的时候，突然就想起一个词"哭榔头"，比如说小孩子"哭榔头"就是打哈，但是，这个写作的词"哭榔头"，你在什么样的语境里面都是不一样的。"小句头要吃哭榔头了（小鬼你要吃毛栗子了）"，"我看到一只哭榔头（我看到一只骷髅头）"，诸如此类，不同语境意思也不同。我就想去问问金宇澄金老师，他对这方面很有研究。你说"哭榔头"三个字怎么写，我觉得就很困难。有些字大家都在讨论，但我对这个事情兴趣不是很大。即便金宇澄是用沪语写作，我觉得他用的不是我们通常讲的沪语，他只是有种上海话的味道在里面。而且他不是用了很多沪语，我觉得在语言上他做了很大变化。他里面写的一些人情世故，有时候也会理论化，这些他表述得很好。

你《朝霞》里的语言其实就很少接触到沪语了，是有所避讳吗？

我小说里的上海话其实就在几个上海人之间进行日常交流的时候会

出现。这些也没有避讳，自然就会有。我觉得用书面语言不生动，而且比较假。反而用比较短的句子，比较有氛围。在写的时候我耳朵里是有声音的，就你一句我一句，而且话很难完整讲出来。

你不觉得很神奇吗？其实你是无意识的。

你在一个非常好的状态时，这种声音就会出现了。因为你的想象，这些人就会呼之欲出，我自己就像回到了这个场景，很快很自然地就能把这几个人的对话写出来。我会一直随身带着个笔记本，等再打开笔记本，进入写作状态了，这个灵感走向就变了，会带到非常奇怪的方向，好像我之前在笔记本上没这么写嘛，然后就这样顺着往下写了。

所以它横断面就会切这么多块，据评论家程德培统计，在《朝霞》中一共有六百多个片段？

对，有时候我们这些朋友聚会吃饭，比如两三个人讲话主题可能会比较集中，其间可能会有人插入一两句，其他人讲话主题马上就会转向其他内容，而且会有许多人同时在说话。在日常生活中，一般都是要谈一件我们都知道的事情，便于大家介入。一两个人谈私人的事情，他们只能耳语了。你要不这样，就影响别人。

所以话题会随时戛然而止，然后又重新开始？

对，所谓无限交谈。稍微深入一点的话题，就是一对一的，或者两个人以上的。比如在我小说的后半部分，一个下雪的晚上，他们几个年轻人在天津饺子馆碰到了，那里面有六个男孩，两个女孩，男孩们谈的政治，女孩们就打岔，男孩们又开始谈起照相机，女孩子又开始打岔，后来有女孩子发现外面下雪了，他们才到街上去看雪。在这样的场景里，他们的话题一直在不停转换。从这个角度来说，小说技术部分我都是按照现实主义来写的。什么情况下你能说，又能说些什么。我想我把握得还可以，凭借我的阅历和我的阅读，在写的时候对对话的处理就能控制得住。

像你的回忆录《我的罗陀斯》是自传式的，而《朝霞》则是小说，故事本身有相似性，这之中的尺度你怎么把握？

《朝霞》中邦斯舅舅的原型就是我的回忆录（《我的罗陀斯》）中的我四舅。我现在能够这么写他的生活，是因为我母亲和我舅舅都去世了，不然我不会写得那么放肆。他们不在了，我觉得我可以写个更接近真实的故事。这个真实，就是亚里士多德所说的，即更合乎情理的。在我的记忆中，四舅是个非常神奇的人，他在青海农场呆了二十多年，1970年代可以经常回上海了，其间常常和我母亲保持书信。他应该留下很多信，这些信我大部分都看过，被我母亲烧掉了。当时我们也不会把这些日常信件看得很宝贵，现在想想也是很可惜。

你还记得信中哪些内容？

母亲收到舅舅的信是不会马上烧掉的，每封信都会有些生活上的要求，她会根据信的内容列个清单，比如买一瓶眼药水、一瓶万金油。现在你们在我的小说《朝霞》里面看到的，邦斯舅舅的信的内容已经全是我虚构的了。我还记得我舅舅当时写信的风格，半文半白，用了很多繁体字，所以在虚构这些信的时候我是非常兴奋的。

除了你的舅舅，还有谁影响了你？

在1970年代的时候，和我父母通信的还有另外两个舅舅。我的二舅在江苏吴江，我的三舅在吉林市，我姨妈在扬州，我姑妈在杭州。两个姨妈的信我都不要看，最啰嗦。但是三个舅舅都受过很好的教育，他们的信我都很想看。这些长辈对我来说都是神秘的存在，我曾经很少敢去掀开窗帘看看他们在做什么。就比如我爸爸的抽屉，我们都不知道里面装了什么，好像是一个大机密。其实里面就是户口本、一些票据、图章，没有什么特别的，但我们觉得这是大人的东西不敢碰，我也从来没有胆大妄为地想去看它。后来我看《阿里巴巴与四十大盗》，就如我在《我的罗陀斯》里面写到福尔摩斯那种感觉，我是非常着迷的，带有一种刺探性的。

剪报上还有哪些内容让你印象深刻？

简报后来都给我父亲了。当时的报纸也没什么东西，他就看报纸上面的生活常识，比如冬天生冻疮了手怎么弄，关于青菜萝卜的各种吃法之类的。他会把它们都压在玻璃台板下面，过几天看台板下面没有了，就知道被拿走了。这个印象我很深。

所以你书里那么多的片段，是不是类似于剪报？

我这里实际有时代的烙印在里面，是点点滴滴地散落在各个角度里的各种知识。虽然它们不成系统，但对我们日常生活很重要。当时在我这个十多岁小孩的眼睛里这些都是很神奇的，厄尔尼诺啊泥石流啊，写作的时候记忆会苏醒，然后再查资料确认。我父亲到1980年代以后就不大喜欢看文艺作品了，他看的一个是人物传记，一个是各种博杂的知识。但是我小说里很少涉及到我父亲，我觉得不要老是家里人，应该从外面扩展，马鹹伦、何乃谦、浦卓运这些都是我虚构的，有些是我认识的老知识分子，还从看过的人物传记中构想的。

以往我们读书喜欢从头读到尾，六百多个片段感觉你的书可以有很多很多种阅读的方法，对此你怎么看？

我一个朋友去纽约，在机场买了一本《朝霞》，利用来回两次航班时间，就把我这本小说看完了。他回来跟我说，说你这个小说非常像当代艺术中的一个拼贴装置，还有一些小剧场、行为艺术、情景艺术、大量的概念性的东西在里面。我听了以后觉得他讲得很好，事先我都没意识到。了解我的朋友都知道，我在20世纪90年代就离开文学批评了，大段时间就和当代艺术家们在一起。在1990年代当代艺术还在低潮的时候，他们的作品很少有展览机会，我都是在他们画室里看的，后来我有本书叫《画室里的画家》。我一直喜欢在画室里看作品，这里有成稿、有草稿、有垃圾，有不同的空间。当我们去逛当代艺术的展览，走进去以后会看到一些装置，布幔拉开会有影像，旁边有文字，再旁边会有一些涂鸦，观看的形式是多变的，你会无序地来观看。我说我小说的情况就是如此，非常凌乱，无序的，上下文没有直接关联，像电影的蒙太奇，一个镜头一个镜头。我有些场景就是用剧场对白，另外可以看成是电影的镜头，有时候三四个人，有时候五六个人。每一个镜头都是小众的，这是小说比电影更自由的地方。阅读小说和看录像有点相似，你可以倒带重放，我的小说是可以来回看的。我有朋友说，读我的小说起先没有兴趣，后来他们发现我写男男女女的事情使他们入迷，然后他又赶紧回到前面去看。他们说，不喜欢的人就扔在旁边，喜欢的就会把它翻烂。

所以你接触的这些人都是特别喜欢看书的？

到现在都是，这样朋友才能做得长。比如有的朋友曾经关系很不错，常出去叙旧，但后来发现没话说了，我就会变得很痛苦很尴尬。我又不会装，坐下来就不知道说什么。一个可能是他不大思考问题，他讲的我都没兴趣；还有一个可能曾经是非常有想法的人，经过几十年变化他已经不再想了。这些我都不能够忍受。

你之前说写《朝霞》向巴尔扎克致敬，比如第一个出场的人物邦斯舅

舅就是巴尔扎克小说的人物。后来你又明确表示了对乔伊斯的喜好，为什么会有这种转变？

在《我的罗陀斯》有一章开头，写我在都柏林漫游，发现这个小城市所有的书店，再小的书店它们的门口和橱窗肯定会陈列一张以上乔伊斯的照片，好像一个作家比一个城市还要牛。没有到都柏林的时候，我对乔伊斯还没有感觉。住在那里的时候服务员跟我说，乔伊斯这个人很有意思，他有钱的时候住三居室，没钱的时候住一间房，经常用一辆马车来回搬家，让我想起了我自己在上海也是生活在非常小的区域，一直没离开过市中心。至于巴尔扎克，他是我以前的偶像。

那么这两位作家是如何影响你的？

我决定开始写这个小说的时候，并没有想过巴尔扎克和乔伊斯。实际上，我的写作是受了很多作家影响的，重要的是我必须要为小说写一个开放性的开头。写的过程中就自然想到了1970年代读的巴尔扎克，那些傅雷的译本都是借来的。巴尔扎克对我这本小说的影响主要是精神性的和氛围性的，精神就是一个使不完能量的年轻人在一个破败的城市里想有一番作为。在写《朝霞》时就受到了乔伊斯的影响，他能在时空中随意地穿梭。他的视线很广，我一直记得《都柏林人》最后一篇短篇小说《死者》的结尾一句，"整个爱尔兰都在下雪……"我模仿了他，但是我的模仿采取了另外一种反向的方式。他是俯瞰的，我则是近距离的："他醒过来了"，然后故事的空间越来越大。

在你四舅当年的那些信中，你有没有感觉到他精神状态的变化？

我不是很清楚，毕竟他已经五十多岁，经历了很多坎坷吃了很多苦，而我二十岁都不到，那时候我是没法想象他的，对他的情绪也不会很敏感。四舅给我妈妈的信都是日常生活的琐事，可能也是因为我母亲的原因，不必多谈。但是到了1973年左右，我舅舅不断开始写信，他希望能够被遣返到上海，可惜不属于落实政策的范围里，为了这事情，有好几年他的情绪非常坏。

犹太作家在写作的时候往往有着很强的使命感，他们更多是在给自己民族写一段历史，或一段记忆，或者作为先知，有超人类的思想。我觉得你小说里也有这样的气质，有一种更高的知识分子视角。

我想要写一个人，比当时的我要大十岁。但当时我根本不具备现在这样的能力把握这些人，所以我就用全知的角度，全知的角度可以站得更高。外国小说里面像《悲惨世界》《牛虻》里有全识全能的人太多了，双重性格，像圣徒一样，知识非常渊博。我也创造了这样的人。但是假如我这里面只有芸芸众生的闲言碎语，像罗兰·巴特所说的"絮语"，我是不甘心的。我们只能是对"达达者"挑战他或者说怀疑他，其他全都是小知识，物理学、生物学、植物学、药学等等，我觉得一定要有一种更高的声音放在里面，虽然很微弱。另外，我朋友看黑塞的《荒原狼》，它是第一视角，讲一个奇怪房客，他把房退了，但留下一年的日记，里面就是个很孤独的人在里面生活了一年。我一看觉得很有意思，我也要来个这样的人，但这个人不具备西方的状态，西方的陌生感孤独感是因为在自由的空间里自然迁徙，但我要写的人他的空间已经定了，就是在六七十年代前后，那什么样的人可以出现呢？从新疆回来的。

就像你四舅回家？

对。所以我一开始用了"无处藏身"这个标题。社会运动来了，每个人讲话都很谨慎，城市里一些体面的人，官员、知识分子被抄家，年轻人都到农村去。到了1970年代初期的时候，日常生活还在，这些回来的人就在犄角旮旯里出没，于是我就写了马立克。

有点像意识流。

就像一棵树，慢慢就分岔了。所以到三分之二之后，这个小说就是虚构的了，而且虚构的内容比我回忆的细节还清晰，记忆会错掉，但想象却记得很牢。小说里虚构的东西我全都记得住，现在真真假假我都搞不清楚，有时候一定要记的事情还记不住呢。

所以你定义它是长篇小说？

绝对是长篇小说。从许多有名的大作家来看，他们至少有一两本作品是和他们的记忆有关，而且有时候会影响他们一生。比如普鲁斯特、海明威，海明威的自我形象太多了。我写的内容往往会在主体故事上生发出许多可以思考的东西，这是我自己的偏好，我是个批评家，我希望通过人物进行思考，所以这些人也都是愿意思考的人。

你的《朝霞》出来，收到了什么样的评论？

评论很多，都是好的评论。说不好的人，他们看到一半可能看不下去，也不会写评论了。实际上我现在也是这么想的，你对你不喜欢的事情还评论什么，你都不愿意花时间把它看完。听人说我这个小说是故意为难人家、拒绝读者什么的。现在我写小说，大家都是在一个文学圈子里，我又是个评论家，顶多人家心里面想，切，这算什么。

有作家说，就是这个圈子的氛围造成大家都不敢说实话了。而在20世纪80年代的时候评论都是很犀利的，你怎么看这样的事情？

他们为什么不敢说呢？我敢说啊！不敢说是他们的事情。

那你不怕得罪人吗？

不怕。当时有人说，吴亮，他又没得罪你，你把他得罪了。我说，他已经得罪我了，他居然写这种东西然后还印出来，让我看了那就是已经得罪我了。哈哈哈哈。

你那时候差评比较多？

那不是，我觉得我的能力在于发现好的东西。说人家不好是有原因的，一是发现比较明显的落后，这个人之前文章写得很好，但现在写不好了；或者说是有些东西大家都在热捧，我觉得不对，它不好。我是有原因的，不会无缘无故去说它的，都是有理由的。

我记得你之前还编了些图文的书，比如在《日常生活》里面，你的话也很犀利，"旧城旧事早已丧失活力，不再有人提起"。

我一直是这样子，我是思想和风格都很早熟的一个人。那本书里一共只有四万字，其他都是图片。为什么我说这本书有意思，就是里面历史和文字有点游离，不是很具体的。他们所有的东西都在讲故事，上海的故事讲不完。

你怎么看上海这座城市的包容和批判性？又如何理解尖锐？

上海这座城市本来就是开放的，完全看你自己的灵性，看你的融入程度，看你的批判性。我觉得批判性是语言的敏锐，是反向思考，不是简单的怨恨、嫉妒、发泄，尖锐不是这样的。所谓尖锐，我觉得必须要有一个例子，比如说我的照片就很尖锐。我用这种方式呈现它肯定是扭曲了，但这种扭曲其实更真实，更有力量。德国的表现主义都是把人扭曲得一塌糊涂痉挛得一塌糊涂，像蒙克的作品都是这样。

看你的书，有很多对现实的困惑，以及对知识的思考。像我们这些年轻人没有经历这样的时代，看你的书是在弥补这样的过程，那么这是不是有引导作用？

我没想过小说的引导作用。假如你觉得被引导，那是个意外，是你自己引导了自己，一个人不可能引导另一个人。有个词很好，叫"共鸣"。音叉一敲，旁边就响了，这是共振，并不是说你把它带动了。

《朝霞》有六百多段，以碎片化的形式呈现，那么你之后的作品会不会也延续这种风格？

我不喜欢自我重复，如果《朝霞》的形式是好的，我也不愿意重复；假如《朝霞》的形式并不好，那么我更不会重复。从去年年底，我就在为这个小说做准备，开始做各种各样的笔记，我在寻找这个小说里面需要的氛围，在我的想象中形成一种虚拟空间，我要让它们牢牢地围绕着我，不会轻易地离我而去。好像有一种东西，紧紧地拉住我，好像前面是一条隧道有一片光亮使我不得不朝前走，至于故事里面的人物和情节，我相信到时候他们会自己向我走来。我并不是在创造他们，而是我在想象过程中遇见他们。我不是一个职业的小说家，我不以写小说为业，我对世界并没有欠下写下一本小说的债务。我写小说只因为在某一天，好像有一种声音告诉我，吴亮你应该写了，不管你写成什么，你必须写，那个东西就在那里，就等你去写，你要不写没有别人可以写……"

设问人：李金哲 《青年报》记者

张　翎

张翎，1957年生，浙江温州人，复旦大学外文系毕业，旅居加拿大的华人女作家。代表作有长篇小说《劳燕》《余震》《金山》等。曾获华语文学传媒大奖、新浪年度十大好书、《台湾时报》开卷好书奖等文学奖项，七次进入中国小说学会年度排行榜。根据其小说《余震》改编的电影《唐山大地震》（冯小刚执导），获得了包括亚太电影节最佳影片和中国电影百花奖最佳影片在内的多个奖项。

假如重过一生仍然要做最好的自己

经常有读者问张翎，为什么在她的小说里没有看见过一个真正的坏人？她总是无法回答这样的问题，因为她不知道生活中是否存在着单纯意义上的好人或者坏人。对于出生的那个时代，她并没有任何抱怨，而是给予了相同的宽泛的理解。张翎表示，假设让她活在另一个时代重过她的一生，她也没法改变那个时代，"所以，以我出生成长的时代为参照物，我已经做到了最好的自己，我假若还想获取更多，那就是贪婪了。"

张翎好，从1998年我追读你的首部长篇《望月》，将近20年，你一直在文学的山上攀登，可谓横看成岭侧成峰。2017年，特别为你高兴，长篇小说《劳燕》进入新浪年度十大好书榜、中国小说学会年度长篇小说榜、《人民日报》年度推荐、人民文学出版社年度十大好书、第二届中国长篇小说年度金榜、中版年度好书榜、《当代》长篇小说年度最佳作品等。对于2017年的中国文坛，《劳燕》的出现显然具有举足轻重的地位。但我首先想问的是，你怎么看待新作《劳燕》在你的多部长篇小说中所占据的位置？它是不是你最有代表性的作品？

对自己的作品，总有一种"只缘身在此山中"的迷惑，我很难判定《劳燕》一书在我创作生涯中的地位——这可能还得等待尘埃落定的时候。但我可以说在我所有的长篇小说中,《劳燕》给了我最大的兴奋感。一是因为其题材的特殊性。这是一段发生在我的故乡温州的中美联合抗战历史,这段历史在我身边沉睡了七十多年,而我竟然是在北美发现了它的存在——这本身就具有震撼感。同时,在写作手法上,我在《劳燕》上花的心思也比别的小说多。从三个化为鬼魂的男人的嘴里层层剥开阿燕的面目、阿燕三个名字所蕴含的三层象征意义,以及两只狗的爱情故事等等,都是我考虑如何保持故事的螺旋性推进和神秘性的一些要素。《劳燕》体现了我在题材挖掘和叙事上所作的一些努力。从这点来说,我觉得它应该是我的代表性作品。

进入21世纪以来,很多优秀的海外作家都回归到"中国书写"。但在你的作品中,写的虽然是"中国故事",却有一个"世界性"的参照语境。我感觉你总是将作品中的故事与世界打通,视野非常开阔。所以,请问你如何看待全球化时代的"中国故事",尤其是你在构思《劳燕》的时候,其中的"国际因素"是否有自己独特的思考?

我作品中的"国际视野",其实是一种无可奈何的状态的自然呈现。我去国离乡已经这么多年,近年来虽然频繁地在国内行走,但一个无可更改的事实是:我已经失去了文化的根。我羡慕莫言的高密、迟子建的漠河、贾平凹的商州。根植于故土的作家都有自己的一口深井,可以源源不断地从里边汲取营养。虽然我也一直在书写故土的故事,但和根植于故土的作家相比,我的故土肯定不如他们的接地气。我常为此感觉沮丧。有一次遇到著名的书评人绿茶,他对我说:"你虽然没有一口现成的深井,但你可以从你经过的地方不停地挖掘新井啊。"回头一想,绿茶的话不无道理,这些年我其实一直在不停地挖掘着自己的井。你说的"国际视野"可能就是我走一处挖一口的井吧。《劳燕》里的国际元素，应该就是从这些井里汲出来的水。

多年来，你的作品从不依附市场的需求，而是以作品本身的力度赢得读者，其中的力度就来自你对历史春秋的把握。很多年前我就说："张翎写春秋，用的是女儿家温婉的曲笔，把悲伤的故事推远，把人性剥离成碎片，把这个时代的'风云录'纳在绣枕之上，看去玲珑，囊里却惊涛骇浪，堪为女作家春秋史笔的奇韵。"请问你怎样看待这种"风云"与"风月"的完美结合？

将"风云"和"风月"形成两个相对应的面，是一个很有意思的说法。假如我没有理解错，你说的"风云"是指历史长河里人类命运的变迁跌宕，而"风月"则指男女感情的各种碰撞交织。也许在潜意识里我知道这两者的对应关系，但在动笔的时候，我并未真正将它们区分对待。中国近一个世纪的历史是何等风起云涌、跌宕起伏、变幻多端，很多事件都足够把人挤压到生存绝境上，将人性碾成碎片。个人的感情在这样的历史背景里是渺小、不牢靠、朝不保夕的。无论多么美好的情愫，都经不起时代这样的挤压。写人的卑微渺小、情感的脆弱和无助，在某一点上就是在反映大时代的多变和不可预测。我不知道我是否"完美"地结合了两者，但我知道"风月"是织进了"风云"里的一小片布，两者密不可分，互为参照，"风月"是"风云"的一种表现，一个实例。

在我看来，中国当代的男性作家喜欢写燕赵悲歌，但近年来你的创作却总是聚焦在"那些历史的转折关头，去探讨和深究所谓纪念碑上和史书上没有记载过的名字，去发现人性与命运相纠缠的轨迹"。你怎么看待自己在创作上的这种特殊选择？包括自己对战争题材的兴趣？例如在《劳燕》中首次披露了中美特种技术合作训练营的抗战内幕。

在题材的选择和叙事的视角上，我似乎都没有特别清醒的性别意识（当然也有例外，比如《阵痛》）。在选择题材时，我会关注灾难、人性、创伤、救赎这些话题，而战争是灾难的一个极端例子，选择战争作为小说题材是吻合我的叙述兴趣的。这些话题里自然包含了女性的命运，但更多的还是在探讨人类共通的命运。当然，我书写女性人物的时候，有着比书写男性人物更天然的便捷之处，因为我可以借助自身的生命体验，较为准确地揣测把握她们的内心活动和情感逻辑。而在书写男性人物时，我必须做跨性别的同理心揣测——这就增添了一道屏障。但即使选择了女性人物作为聚光灯焦点时，我在书写过程里依旧很少刻意地把她们作为女人审视，我更多的是把她们当作与生活与命运博弈的芸芸众生中的一员。尽管读者和评论家会从我的小说里得出他们自己关于性别意识的一些判断，但从我内心深处，我没把自己看成是一个女性作家，我在写作中常常忘记了自己的性别。

你的创作喷发始于20世纪90年代的中后期，从早期的《望月》《交错的彼岸》《邮购新娘》，到后来的《余震》《金山》《阵痛》《流年物语》《劳燕》，你在小说中特意营造了一种时空交错而凸显出的美学距离。正是这种距离感，让读者感觉到了你的辽远和冷静。所以我一直认为正是这个美学距离，造就了你的小说。请问你在创作时是怀着怎样的心态，能够把纸铺得那么远，像是一个尘外的人看着尘内的故事，能够做到如此心平气和以及宽恕而慈悲？

假如说有美学距离，这个距离首先是地理距离造成的。在去国离乡的初期，国际交通通讯还远远落后于今天，没有互联网，国际长途电话费极为昂贵，与国内的交流只能依赖书信，一来一往至少要一个月。近些年交通通讯设施飞速发展，与国内的联系变得极为便捷，互联网在迅速地消灭通讯死角，一年里我可以回国好几趟，从前那种疏隔的感觉得到了很大程度的舒缓。然而，距离感虽然在逐渐消失，但依旧还存在着，我仍然无法像参与者那样近距离地深入到当下生活之中，所以我只能把纸笔铺得远一些，从历史的深处下笔，然后让故事一路延伸到当下。在这样的小说中，当下只能是整个历史长卷中的一小部分。当人的观察点与事件现场有了距离，叙述上自然也就少了几分亲临者的情绪起伏，你说的"心平气和"，大约就是这样来的吧。

我个人以为2009年是你在创作上的一个分水岭，在《金山》之后你似乎有意让作品的女性化色彩减弱，更愿意用超性别的眼光看待人类经受的灾难和疼痛，作品中的阳刚之气似乎更靠近现代主义的人性探索，例如《流年物语》中的"焦虑情绪"，不知你是否同意这种判断？

其实我更倾向于把那个分水岭（假若真有这样一条线的话）提前到中篇小说《向北方》。那部小说发表在2006年的《收获》杂志上，早于《金山》，甚至早于《余震》，写的是一位经历过两次丧夫之痛的年轻藏族女子，为了摆脱"克夫"的阴影，来到加拿大接近北极圈的地方生活，在寒冷艰难的环境中求生存的故事。在《向北方》之前，我已经发表了一系列以江南故土为背景的家族故事。写那些故事时，积攒了几十年的倾诉欲望，如被突然挪开了挡道之物的水流，排山倒海地涌泻出来。但在那之后，我进入了审美疲劳期，厌倦了熟稔的南方街景和被重复讲述过的阴柔缠绵的爱情故事。我渴望逃离，去寻找我尚无法预见的陌生冲击。正如小说的标题所显示的，《向北方》是我逃离江南的第一声呐喊。这部小说由于题材的陌生没有引起太大的关注，但《收获》的程永新主编却一直认为它是我最好的中篇作品。

从《向北方》开始，我迈出了寻求他乡故事的步子，不再拘泥于用女性的视角看世界，也不再拘泥于仅仅书写故乡的故事，尽管故土依旧是我最丰盛的营养之地。《余震》《金山》《生命中最黑暗的夜晚》等，讲的其实都是他乡的故事。有人注意到我后来的作品多了一些阳刚之气，那是因为我在关注灾难和痛苦时，并没把女人从人类的整体中剥离出来，成为另外一类人。后来我依旧回归到故土写作，比如《流年物语》《阵痛》和《劳燕》，但我觉得我笔下的江南有了变化，故土中似乎携带了他乡的精神气质，女性人物身上，也有了前面不曾有的粗粝强悍的生命力。

我特别欣赏你说过这样的话："写作者应该努力探讨那些灰色地带。我们的观察力强大与否，某种意义上表现为我们能看到多少个层次的灰。灰的层次越多，越能表现人性的丰富。"我认为抓住了这段话就抓住了你作品的灵魂。阿根廷作家博尔赫斯在他的诗集《另一个，同一个》的序言中这样说："作家的命运是很奇怪的。开头往往是巴洛克式，爱虚荣的巴洛克式。多年后，如果吉星高照，他有可能达到的不是简练，而是谦逊而隐蔽的复杂性。"我想问你的是，他所说的这种"隐蔽的复杂性"与你所追求的"灰色"是不是异曲同工？

肯定有相通之处。正如博尔赫斯所言，复杂性必定是"谦逊而隐蔽的"。我没有看过原文，但我猜测原文里"谦逊"这个词更多暗指的是"不张扬"、"不显露"的意思。如果不是"谦逊而隐蔽的"，而是"张扬而昭彰的"，那就不再具备复杂性。人性的复杂在于差异——经常是掩藏在诸多假象之下的那种微妙差异。我前期的小说反映的是我当时对世事的观察和理解，而在今天，和当时相比，我的阅历和心境已有所不同。假如黑白之间的那些渐变和中间过程没有得到很好的揭示，对黑白的描述便是二维的，单薄的，很容易进入漫画式的。经常有读者问我：为什么我的小说里没有看见过一个真正的坏人？我无法回答这样的问题，因为我不知道生活中是否存在着单纯意义上的好人或者坏人。不仅对历史横向的解剖会发现无数个层次的色调，对个人纵向的解剖也是如此。只要你眼神够锐利，你会看见天使身上也有毛孔，而撒旦身上也藏着片刻的仁慈。我试图通过《流年物语》这样的小说尽可能表述多层次的复杂人性，当然，我不知道我是否完成了自己的初衷——读者眼中的印象和作家最初的动机常常相距千里。

在我看来，正是这样让你和严歌苓的作品风格有了鲜明的区别。同样是探寻"个体"生命的存在方式，严歌苓的小说更喜欢在锋利的"刀尖"上舞蹈，以冷色调写出人性之美，写出"个体人"在历史中存在的力量；而你则是更喜欢在温和的灰色地带，以暖色调写出藏在人性裂缝的血泪，写出人物对人性复杂性的宽恕和忏悔。不知你是否同意这种判断？

我不知道"灰"是否属于暖色调，但在我的"灰"里有对希望的隐约暗示。我也不知道我的人物是否真有"宽恕"和"忏悔"这一说，我倒觉得他们对待多舛命运的态度从一开始是愤怒的，经过中间的否认阶段，最终接受了现实。妥协是表面的，根底里他们一直在困境的夹缝里砥砺前行求得生存。我是在赞美一种强悍的生命力——那种踩成泥也会活下去、只要有一条窄窄的缝隙，就能获取活命的呼吸的那种生命力。假若有"忏悔"或者"宽恕"，那也只能发生在他们站稳了脚喘稳了气之后。在我早期的小说中，主人公会为某样理念性的东西死抠不放，像《望月》中的孙氏三姐妹、《邮购新娘》里的江涓涓，而现在回头来看，我会觉得她们矫情。真正灾难来临的时候，天空很矮，活着才是第一位的。只有活着，才会有后来诸多的可能性。这大概也是我自己数次逃脱生死边缘的劫难之后才产生的一种感悟。我无法写出我认知之外的人物和故事，所以读者从我目前的写作中看到的，只会是一些不能简单用"好人"或"坏人"来区分归类的人物。

早年你精读英国叙事传统的范本，吸收狄更斯、勃朗特姐妹所创造的那种葡萄在现实土壤的创作技巧，同时又深染俄罗斯文学的"小人物"悲剧气质。这些年我却惊喜地看到了你在艺术上不断地寻求突破，例如《劳燕》巧妙地采用了来自亡灵的时空追述，再如《流年物语》，借"物"察人观事，河流、瓶子、麻雀、老鼠、钱包、手表、苍鹰、猫魂、戒指等这些"物"，都被你赋予了特别的灵性，承担着叙述者的功能。这是否意味着你有意在转换现实主义的创作轨道，向着后现代主义的艺术精神靠近？

我的写作近年来确实在发生着一些风格上的变化，我想这和我阅读兴趣的转移也有一定的关联。我在复旦外文系求学期间，阅读的重点是英文经典名著，比如维多利亚时期的小说家狄更斯、哈代、乔治·艾略特等。那段时间的阅读内容为我后来的写实写作打下了最初的审美基础。我会谨慎使用"现实主义"这个大词，因为那是一个流传了很多个世纪的伟大传统，我够不上那样的标准。

出国之后，我的书单逐渐变了，我开始对虚构作品失去兴趣，喜欢上了非虚构类作品，比如传记、回忆录、新闻采访，甚至某一区域的地方志和地图。这一阶段的阅读拓宽了我的视野，让我对社会和历史事件的了解，比过去丰富了许多。

这几年我的阅读又进入了一个新的阶段，我开始质疑年轻时读过的经典。我觉得经典是地球上一部分人确定的，很大比例上是由（西）欧美体系的人决定的，它只涵盖了一部分人的认知经验。这几年我开始对英语文学之外的文学世界，比如广阔的拉美地域，还有中东地区，包括以色列文学，伊朗文学，等等，产生了浓厚的兴趣。我发觉小说原来是可以如此不循规蹈矩，如此放肆，如此自由的。这个阶段的阅读，对我这几年的写作状态，产生了一些影响。我最近的两部小说《劳燕》和《流年物语》，很明显在叙事风格上发生了变化。过去是扎扎实实的写实风格，现在一半在走，另一半在飞，依旧是在写实，但我感觉少了一些桎梏。

必须说说你的语言。很多读者喜欢你的小说语言，因为你一直在坚持诗意的抒情传统，含蓄温婉又敏感犀利。正是你的这种精妙语系缔造了小说中一个一个经典的细节，从而让你的作品拥有了史诗般的精品气质。我曾经认为你的语言是"海派"文化落地的麦子，这种判断你今天还会认可吗？

假如你说的这个"海派"是个和"京派"相对应的概念的话，我觉得我早期的江南系列作品，无论是从题材还是从文字风格、甚至在人物对话上，都比较接近"海派"。但近十年的作品已经和海派风格渐行渐远了。有的作品在地域上已经明显跨越了江南（如《余震》《向北方》《金山》），有的作品虽然设置在江南背景里，探讨的话题已渐渐从温婉的个人情感世界，移向大天地大事件，故乡的人物已经带上了一些他乡的印记。虽未刻意锤炼语言，但语言的艺术的确对我具有巨大的吸引力。我在意语言的美感和辨识度，但我也在提醒自己语言风格要和叙述的内容相吻合。现在我会努力删减形容词，让语句变得简约，增强声韵的节奏感。我不认为语言的奇巧一定是"海派"风格的特征，但我从直觉上觉得自己如今很难和"海派"产生密切的心理认同了。我觉得自己更像个大杂烩，从行走生活过的地方捡拾着各种各样的营养，语言上还一直处在摸索变化的阶段，尚未真正形成一种固定的风格。

说说你的中篇小说吧。从早期的《花事了》，到《雁过藻溪》，到《向北方》，到《生命中最黑暗的夜晚》，再到《死着》，其中闪烁的批判锋芒，以及人性的荒诞，可谓篇篇精彩。请问你怎样评价自己的中篇小说？

最近这五年里我极少尝试中篇小说的写作，对这个形式几乎有些陌生了。其实从一开始，我就是更偏爱长篇写作的，因为有些想法需要复杂一些的情节和远阔一些的背景才能铺展得更为彻底。有一段时间写了较多的中篇小说，主要是因为我还在工作。一个全职的听力康复师对病人负有责任，工作不仅占去了我全部的白天时间，而且病人的需要使得我不能一次性享受年假，必须把一整段的年假时间打成几个碎片，这就造成我很难进入一气呵成的长篇小说创作。不仅如此，远途的实地采访、田野调查尤其变得艰难。所以在那一段时间里，我只能把有限的业余时间放在对时间要求不那么严苛的中篇小说上。而在我辞去听力康复师的工作之后，便有了较多的自由时间用来采风阅读，并能较长时间地专心写作，所以近几年长篇小说出得勤快了。我自认为中篇小说不是我擅长的形式，我无法在那个有限的篇幅内把想说的话表现透彻。当然，也有几部中篇是我自己比较有感觉的，比如《雁过藻溪》《向北方》《生命中最黑暗的夜晚》《死着》。

电影和电视剧《唐山大地震》出自你的小说《余震》，电影《一个温州的女人》出自你的小说《空巢》。作为一个"触过电"的作家，请问你如何看待当今影视作品与文学作品的关系？好的影视作品如何能够打动观众的心？你认为什么样的文学作品更适合影视改编？

影视是大众媒介，而小说是相对小众的。至今我的每一部新作，腰封都会打上"电影《唐山大地震》原著小说作者"的字样，而每一次别人介绍我时，都会首先提到这部电影——可见影视的传播力和影响力是如何强大。其实我在《余震》之前已发表了很多作品，之后也是如此，但除了文学圈子里的人，大众几乎都不知道我作为作家的存在。一部好的影视作品，是可以替文学鸣锣开道做广告的，而一部劣质影视作品的上市，也有可能毁掉一部尚未来得及进入公众视野的文学作品，所以影视的影响力是把双刃剑。整体来说，有扎实的原著作为底子拍摄的影视作品，会更具备丰富的纹理和质感。但一个有意思的现象是，根据世界名著改编的影视作品相对来说命运都比较悲催，比如几个版本的《安娜·卡列尼娜》《呼啸山庄》，还有中国的《红楼梦》，因为在影视作品里，一旦演员以一个版本的形象锁定了名著的文字所开辟的宽阔想象空间，观众会感觉人物被禁锢和窄化了。以文字和思想力度取胜的文学作品，其实都是不适宜改编成影视作品的，它们更适宜被静静地阅读。而有清晰的情节逻辑、鲜明的矛盾冲突、丰富的细节铺垫的原著小说，比较容易被改编成大众喜爱的影视作品。

回顾你的人生，可说是穿透了20世纪后半叶当代中国的历史风雨，当过小学教师、工厂女工，1979年考入复旦大学外文系，1986年赴加拿大留学，1988年获加拿大卡尔加利大学英国文学硕士，1993年获美国辛辛那提大学听力康复学硕士，而后成为一家诊所的听力康复师。岁月斑驳，一路艰辛，此中甘苦唯有你心知。假设让你重新选择人生之路，你将会有哪些改变？

假如我出生在另外一个时代，没有经历过我的同龄人们都经历过的那些风雨沧桑，我宁愿和现在的年轻人们一样，在应该上学的年龄上学，在应该工作的时候工作，在应该恋爱的时候谈一场轰轰烈烈的恋爱，在最有激情和体力的时候，好好地去冒一次险、写一些非常不着四六的稚嫩而激烈的文章。只是，纵使我可以重过我的一生，我也没法改变我出生成长的那个时代。所以，以我出生成长的时代为参照物，我已经做到了最好的自己。我假若还想获取更多的，那就是贪婪了。那个时代给予我的生活，充其量是次好的，但也可以更坏一些。可是至少我活着，我还依旧在努力，把次好的变为我能做到的最好。我为此感恩。

设问人：陈瑞琳 评论家，海外华文文学研究员

甫跃辉

甫跃辉，1984年生，云南保山人。主要作品有长篇小说《刻舟记》，小说集《少年游》《动物园》《鱼王》《散佚的族谱》《每一间房舍都是一座烛台》《安娜的火车》《这大地熄灭了》。曾获郁达夫小说奖、紫金·人民文学之星短篇小说奖、《十月》文学奖、《上海文学》新人奖、高黎贡文学奖等。

我所了解的乡土生机勃勃情意绵长

十九岁到上海读大学之前，甫跃辉一直生活在云南施甸，在长辈们言说的故事中，形成了最初的乡土和民间记忆，把人与动物结合起来，创作了《动物园》《鱼王》《狐狸序曲》等篇章，反思以人为中心的社会关系。来到上海之后，他又创作了都市题材的"顾零洲系列"，深切关怀人的种种"艰辛和挣扎"。他说，写作于他永远是美好的，是他理解自我、探寻人心、亲近万物，与那些恒久之物对话的最佳途径。

你的作品从主题来说，主要是农村和都市生活两类，基本上与你个人的生活经历相吻合。我们先谈谈前者，乡土、民间传统，对于你来说意味着什么？

十九岁到上海读大学前，我一直生活在施甸——云南保山市的一个县。外面知道施甸的人不多，跟人介绍时，我常常得说，是在腾冲旁边，或者干脆说，离缅甸很近了。这么一说，别人不管是不是真知道了，总会"哦"一声。保山比三个上海还要大些，施甸则差不多有三分之一个上海大。施甸绝大部分是山区，坝子（也就是平地）在全县面积中占比非常小。我老家那个村叫做汉村，刚好在坝子和东山的交界处。我小时候，村里大部分人家是紧挨着大山或者干脆建在半山上的，这些年他们渐渐往平地里搬了。现在，我们村并不像很多人想象的那样破旧不堪人口凋零，相反，一家比着一家，都在盖新房。到外面去打工，也不过是权宜之计，一旦攒够钱，就回家盖房。

几年前，我家也盖了新房——钢筋混凝土的三层小楼。房子怎么盖，是我爸构想的，也是他具体施工的。我爸是木匠，能建房装修，雕花刻草；他还兼了石匠、泥水匠的活儿。我们那边农村盖的新房，差不多是一样的，土洋结合，城乡混搭，我家的也不例外。有些不同的是，我家二楼顶上修了一个鱼池，鱼池上面，盖了个亭子。

那亭子我爸盖了很久，在此之前，他可没盖过亭子。听说，他盖我们家这亭子前，到过好几个地方看亭子。小时候，听我爸讲他怎么开始做木匠的，也是这个样子。说是某地邮局要盖房子，我爸听说了，自告奋勇说他会盖，就把那活包下了。可我爸哪儿会啊。他就到别的邮局去，盯着人家的房子上上下下看，后来硬是把那邮局的房子盖好了。当然，这是三十多年前的事儿了，现在估计没有哪家邮局的心那么大。

我从小听爸妈讲他们过去的经历。我爸还讲过，他怎么找人学的木匠手艺，怎么做的木匠队里的头儿，怎么走南闯北。记得有一次，他看完几本书，给我们一连讲了几个晚上。好多年后，我才知道他讲的是《隋唐演义》。我妈也会和我们讲故事，讲她外出做活时去了哪座山，做了什么事，讲得很有画面感。我妈讲这些事儿时，用的还是直接引语，该谁说话了，她就学着那人的声说上一遍。这是我后来写小说了才意识到的。

奶奶也喜欢给我讲故事。我小时候有好几年和我奶奶住一屋，后来不和她住一屋了，也仍然经常和她一起出门，要么到田地里去，要么到山林里去。白天夜里，奶奶总有很多故事要讲。那些故事是一个系列一个系列的，里面有不少鲜活的人物，又大多是古代的。这么多年了，我仍然不知道奶奶那些故事是什么来历。奶奶也会讲当下的故事，要么是神神鬼鬼的，要么是关于豺狗、豹子、大蛇的。奶奶确实相信鬼神吧？过年过节，她总要到寺庙里烧香磕头。她是赤脚医生，给人治病时，还常常念叨我听不懂的咒语。

奶奶和父母的讲述也好，现实的乡村生活也好，都在一砖一瓦地建构起属于我的"乡土、民间传统"。这样一个传统，于我来说，是所有记忆的根本，是我认识世界、理解世界的底色。回想起来，童年岁月里，我所了解的乡土和民间，真是生机勃勃、光怪陆离、情意绵长的，并不像许多和乡土有关的文字所描述的那般粗陋。

去过你的家乡，感觉真是一片神奇的土地，如果以上海为坐标，那么你的家乡自然是与"中心"相隔离、相对立的"边地"，但是有一次喝酒时听你讲故事，你从家乡很方便地就跨越国界去了缅甸，这似乎又意味着一种"跨界"的便利与灵活。这两层意思结合起来，好像非常有"文学性"。

很小的时候，我以为我们那儿是很中心的。那时刚知道首都北京，我就以为施甸是和首都北京在一起的，所以看天气预报就看北京的。后来，才知道相去何止千里。再后来，我知道施甸已经到国界边了，离缅甸很近了。我们县呢，有点儿尴尬的，又算不上边疆县，因为没有直接跟缅甸接壤，我们边上的腾冲才算边疆县。这个说起来，我们似乎是很吃亏的，施甸的教育本就不如腾冲，但高考时候，施甸的学生没加分，腾冲的学生却有。

施甸离缅甸不远，要过去不算难。不过，说起来总是显得更容易一些，而且，讲的人和听的人都容易把事情理解得很戏剧化。从我老家到缅甸，也没说起来听起来那么简单的。你到过施甸，知道那边的路有多险。2009年夏天，我到中缅边界去找堂哥，那路就更加险了。中间有很长一段要靠怒江行驶，我盯着悬崖下湍急浑浊的怒江，想着，说不定待会儿客车就翻进江里去了，我这条小命就那么"咕咚"一声没了。

堂哥住在南伞县城，县城紧挨着国门。站在中国这边，对面的建筑和人都看得清楚。很不巧的，掸邦地区打起来了。我们原本以为打不起来，后来是真的打起来了，很多难民涌过来。我们听得到对面的枪声炮声，但一点儿不紧张，仍然在县城里到处闲逛，玉石店等等照样营业——虽然似乎没多少客人。

我们有时也到山里去。小时候，听我爸讲起缅甸，还记得他说，路边看得到罂粟花。但我去的那年，已经看不到了，看到的是漫山遍野的玉米和菠萝。大太阳底下，我在菠萝地里吃那种直接黄熟在地里的菠萝。我拿一把镰刀，"刷刷"削去厚厚的皮，抓着汁水淋漓的菠萝啃，一连啃了四个还是五个。菠萝被太阳晒得滚烫，吃进嘴里，甜得要命。

时间一天天推移，事情越来越超出想象……有时我会胡思乱想，会不会"砰"一声，给一颗流弹击中。如今回想起来，那些天的经历，放在我的整个生活里，都是非常非常特别的。我一直想以此为蓝本写个小说，人物、情节等，很多现成的材料可以拿来用，若非亲身经历，这些东西实在想不出来。我和好几个朋友讲过这事儿，但这么多年过去了，我仍然没动手写，以后一定要写！

也是在那时候，我意识到我们那儿对周边的影响，比如掸邦地区老街那边，可以用人民币，可以用中国移动的信号，说的是云南方言。但对于整个中国来说，我们那儿，又实在是算得边地了。这两者的矛盾，让我对所谓的"中心"存着警惕，对所谓的"边地"保有敬畏。

王宏图老师曾建议你写"沪漂"，你确实有不少作品写到孤身漂泊到大都市的青年人，由此赢得"郁达夫转世灵童"的美誉。但是与一般此类题材不同，你好像不太在生活实相的层面上去展示都市生活的艰辛和挣扎，你喜欢安放到内心、精神的层面来表现承受的压力。这是出于什么样的考虑？

"郁达夫转世灵童"，这当然只是敬泽老师的一句玩笑话，是他对后辈的鼓励，我很感激他。他是在郁达夫奖评审会上说这话的，我听程永新老师给我讲的这事。刚好当时《动物园》快出版了，我就发短信问他，能不能帮这书写个序，他很爽快地答应了。那时候，我还没见过他呢。他在序言里，又把这话说了一遍，导致不少朋友知道，都拿来开玩笑。

不管生活在城市，还是乡村，许多人的生活都充满"艰辛和挣扎"。具体到"实相层面"是很琐细的，在城市里，可能是租房买房结婚学费等。我自己对这些有着切身的感受，但我确实更在意这些生活对人"内心和精神的层面"会带来什么影响。同样是"艰辛和挣扎"，在乡村和在城市对人会有什么不同？打个比方，用匕首戳一刀和用菜刀砍一刀，是不是带来的痛苦就会不同？我更关心这个痛苦，而不是那匕首或菜刀。

进一步说，当下中国城市化的进程，会不会巨大到足以改变中国人的内心或者性格？如果有改变，这些改变是什么？这些改变最终会将"人"带到哪儿？我不明白。上海是中国城市中极为典型的，宏图老师所说的"沪漂"书写，确实会有独特的意义。我也想多写一些这方面的作品。

在农村和都市这两类题材间，你的若干创作特征都有延续性，比如说你非常着迷于人和动物的关系。从你的小说集名字也可以看出来，比如《动物园》《鱼王》《狐狸序曲》。能不能谈谈这方面的想法？

我一直不大想按照题材讨论作品，但现在大家好像挺喜欢这么干，权且为了言说方便吧。你说到我小说写作中的"延续性"，你这么一说，我再一想，好像确实是这样。就说"人和动物的关系"吧，最初我是完全没有意识到的，后来好像也是你说的，说我的很多小说题目都是和动物相关的。我回头一看，真是这样。其实写那些小说的时候，我并没有考虑过延续性的问题，但写"都市题材"时的"顾零洲系列"，我是考虑过的。

和动物相关的小说，你提到的那三本集子中：《动物园》里有《动物园》《红鲤》；《鱼王》则整本书都和动物相关，《鱼王》《鹰王》和《豹》三个中篇，分别写的是水里、天空和地上的三种动物；《狐狸序曲》是台湾人间出版社出的集子，收入了《饲鼠》《巨象》《红马》等。除开这些，我出版的第一本书《少年游》里还有一篇《雀跃》，离现在最近的一本《安娜的火车》里还有《鬼雀》，即将出版的短篇集《这大地熄灭了》里有《大蛇》。此外，还有些暂时没收进集子的篇目。为什么会这样？我自己也不是很明白，似乎完全是无意识的。勉强解释，或许因为我小时候和动物接触比较多吧。单说我养过的动物，就有兔子、蜗牛、栗苇鳽（方言里叫"老黄pia"）、秧鸡、老鼠、盲蛇、蚯蚓、鱼、蚱蜢、蝴蝶、金龟子等等。养得最多的是兔子（上百只）和老鼠（估计总共得有几十只）。见到的动物就更多了，地上牛马狗，天上小鹞鹰。

不管写多少动物，说到底写的还是人。人把自己当成世界万物的

"中心"，我们写小说的，自然也只会把人当作叙述的中心。"生而为人，我很抱歉。"用在这儿大概也是不错的。

有一部分创作，与你的个人经历离得较远，但是从艺术性上来说更为精粹。比如《骤风》。能不能谈谈这些作品的创作缘起？

《骤风》写作的源起是我和朋友聊天，忘了聊到什么，我忽然说想写个小说，挂了电话，关了手机，三个小时写完了这个六千来字的短篇。那真是骤风般的写作速度，在我的写作生涯中属于特例。去年初，我写一个四千多字的短篇《午夜病人》，足足耗时四个月，那也是个特例。可见，《骤风》的写作源起，也是来自现实的触动的，只是说，这故事似乎离我很远。类似的还有《惊雷》《红鲤》《冬将至》等篇，有的源自我做的一个梦，有的源自偶然的一句话、一个动作。但说到底，它们终究是和我有关的，是我内心里不可割舍的一部分——虽然看上去可能未必和我的经历有关。

《三千夜》其实是一部很特殊的作品，很可惜关注的人不多。在这个创作过程中你做了大量材料准备，还赴实地考察。这是一次尤为特别的创作经历。能不能谈谈？

《三千夜》这部话剧对我来说，确实非常特殊。对别人来说，可能未必谈得上多么特殊。从体裁上来说，《三千夜》是话剧。我从没写过话剧，虽然读过一些，本科毕业时还演过中文系的毕业大戏《六月的离别》。之所以要写这个作品，首先是因为复旦110周年校庆，校团委委托我的本科辅导员找到我，问我能不能写个与复旦西迁重庆那段历史相关的话剧，我当时是拒绝的，我说我既没写过话剧，也对那段历史缺乏了解。但辅导员没放弃，说是要我再考虑考虑。后来我找了一些资料来看，越看越觉得那段历史的独特，就答应写了。接着，是专门到重庆去看复旦在北碚办学遗留下来的校舍，还看了孙寒冰先生的墓，然后呢，自然是查阅更多的资料。那段历史在我头脑中一点儿一点儿成形，孙寒冰（抗战时期曾任复旦大学法学院院长）、吴南轩（抗战时期曾任复旦大学校长）等复旦人，端木蕻良、曹禺等当时在复旦任教的文化名人，以及曾在复旦校舍暂住的萧红，都是我特别感兴趣的。后来把他们全写进去了。

我和刘醒龙老师聊到这个作品，他说可以拿到他主持的《芳草》杂志发表，后来发在2016年第一期《芳草》杂志的"新才子书"栏目。若非如此，还不知道这剧本能发哪儿呢。

这个剧本，百分之八十左右的情节是有真实事件作为蓝本的，写作时有一种把历史贯通了的快感。遗憾的是，这个作品写得一般吧，至少和我想象中的有很大差距。不过，这样的写作，于我来说是挺有价值的，它对我的写作视野有相当大的拓展，对我计划中要写的历史小说也是一次不错的练习——至于有没有人关注，这不是我能决定的，也不是我写作时应该考虑的。顺其自然吧，每个作品都有自己的命运。

在我的理解中，你属于比较"自我"的作家。你大概不太会去考虑今天的时代特征和阅读环境，比如说，今天的文学青年很可能是在上下班途中、在地铁车厢内，通过手机来阅读小说。对此，创作者是不是需要作出一些选择性的迁就？

不是我"自我"，是我笨。写作上，不是我想迁就就能迁就的，每个人的写作都是有限的，不是别人需要什么就能写什么。再说，我也不知道我的读者在哪儿，很有可能我根本就没什么读者，那让我迁就谁去？我就努力去完成我想要完成的那个命定的作品，结局如何，就不去考虑了。

我感觉2011年、2012年前后，你的创作有一个高峰，近几年创作速度和产量有所降低。这是刻意为之吗？

你所说的那两年，我确实发表作品多一些吧，这跟之前积压了不少稿件有关。后来发表容易了，稿件没什么积压了，都是写一篇发一篇，自然显得发表得少了。

我的写作速度一直不稳定，忽而快忽而慢，平均下来，这两年确实是越来越慢了。这种慢并非刻意为之，是一个自然的状态吧。2006年，我开始写小说，那时候住在复旦南区宿舍。我写完的第一部小说，并非后来发表的中短篇，而是一个从未发表的长篇。那时候，我一面每天去上课，一面下课后立即回到宿舍开始写。写到最后一天，我连续写了大概二十多个小时，台式机的键盘上有个蓝色的闪光点，写到后来，我看右手指，也是蓝色的，视线已经模糊，没法把那个光点和手指分开了。写完一算，花了整整五十天，五十天写出个三十万字的乱七八糟的东西。那当然是非常非常差劲的，但至少让我知道，我是可以这么一直坐着写出个东西来的，而且，这次写作还给了我一个副产品：让我不知不觉间学会了盲打。

那之后，我才开始写中短篇。我仍然清楚地记得，当时想到一个什么特别想写的东西，半夜躺床上了，我也会跳起来，打开电脑开始写。那时也写得快，一个万字左右的短篇，一般也就三天。记得写作中篇小说《收获日》时，当时也没备份的意识，写到两万多字，电脑坏了，我扛上主机到国定路邯郸路交叉口那儿的电脑城修，电脑是修好了，数据却没法恢复了，我只能自认倒霉，重新来过。那种不断去回忆曾经怎么写的感觉，真是太痛苦了。后来，这小说写完了，将近六万字，收在

《散佚的族谱》里。发表呢，正在你说的2011年第六期的《江南》杂志上。事实上，这小说初稿完成于2006年9月。

现在我半夜要是想到个什么特别想写的东西，一般是不会跳起来开始写了。我只会躺着想，想这东西还可以怎样往前发展，怎样完善一下。又或者想，这东西是不是真的那么有意思。很多时候，想着想着，我就觉得没意思了，就不写了。这个状态有好有坏吧。好处是我有可能写出一些真正独特的有价值的东西，坏处是过于犹豫，过于谨慎，那种激情四射的东西可能就给错失了。

我最近开始写一系列关于施甸的散文，倒是写得不算慢，也给我相当大的创作的愉悦。

对同代人的创作，你有些什么想法？

一方面我觉得强调代际本就意义不大；另一方面，我读的同代人的作品并不多。在文学期刊工作，来稿中不乏同代人的，这些作品我读了，但他们发表在别处的作品，我大部分没读过。这样薄弱的阅读基础，即便有什么看法，肯定也是错谬百出的。

未来的写作有没有什么计划？会写非虚构或科幻吗？

我一直有很多计划，虽然按计划完成的实在不多。前阵子，我弄了个"十二年大计"。按照现在的说法，过了四十五岁就不再是"青年作家"了，为了抓住青春的尾巴，我就弄了这么个"大计"，听起来很郑重其事的样子。这个"十二年大计"，包括了几部长篇、几部中篇集、几部短篇集，还有一部散文集。长篇，比如我手头正在写的，这长篇我想了好几年了，还有我前面提到过想写个历史小说，是关于我老家契丹先民的《青牛白马图》；中篇集，计划中有一部关于边疆战争的；短篇集呢，计划中有一部以上海的"筒子楼"为背景的。当然，除了这几部，无论长篇中篇短篇都还有一些别的计划。计划容易，完成困难，也不知能写出多少。

除开小说，计划中还有一部散文集《云边路》，这是"文汇笔会"的一个专栏。我计划是写一百多篇，每篇两三千字。这些散文，都和我的故乡记忆有关，时间基本局限在我上中学前。有写故乡山水的，比如系列的开篇《高黎贡》和《远行》；有写故乡风俗的，比如《端午记》《火把烧》；有写家里事儿的，比如《枇杷树》；还有写人的，比如在教师节那天发表的《启蒙者》。我希望通过这一系列写作，让自己重温对世界最初的认知和想象。

说到非虚构，非虚构有自己的定义和边界，并非不是虚构的就是"非虚构"吧？《云边路》这个专栏算不算非虚构呢？那些人那些事，确实不是我虚构的，确实是存在或发生过的。但我发现，我的写作很难做到完全不虚构。很多记忆残缺不全了，在行文之中，我常常说，这有可能是假的，是我现在臆想出来的。

再说科幻。这几年科幻太火了，一些完全想不到的人都去写科幻。我想，硬科幻我肯定是写不了了，有可能会写《软科幻》吧。但说实在的，我只是想写我对于未来的一些想象、理解或者困惑罢了，和科幻实在沾不上多少边，就不去蹭这个热点了。我希望离热闹的人和事都远一些。我独自待着，写自己的东西，这就很好。

说回来，所有的计划，都是基于这个基础之上的：写作让我愉悦。不是说写的小说愉悦，而是说写作这个过程，这个创造的过程，让我有愉悦之感。我一直不喜欢"坚持写作"这种苦兮兮的说法，如果写作真是自己想做的事儿，为什么需要"坚持"呢？只有痛苦的事儿才需要"坚持"——小时候看战争片，军官对士兵说"最后坚持五分钟"，那种痛苦的事情才需要"坚持",而美好的事是会让人欲罢不能的。

我希望写作于我来说,永远是美好的——写作是我理解自我、探寻人心、亲近万物,且与那些恒久之物对话的最佳途径。

设问人:金理 评论家,复旦大学副教授

陈思和

陈思和，1954年生，上海人，上海市作家协会副主席，教育部首批人文学科"长江学者"特聘教授。《有关20世纪中国文学史研究的几个问题》获鲁迅文学奖，《陈思和自选集》、论文《重读有关〈新青年〉分化的信件》获上海市哲学社会科学优秀学术著作一等奖，主编《中国当代文学史教程》获全国普通高校教材一等奖，论文《试论五四新文学运动的先锋性》获教育部人文科学优秀成果一等奖等。

要相信良知的力量

陈思和祖籍为广东番禺，但实际上是个土生土长的上海人，海派文化的绅士之风与中国传统文化的交融，使人无论是阅读他的作品还是与本人进行交流，都能看到一代知识分子的根脉所在，看到了中国文学批评的希望所在。陈思和的教师身份同样十分光亮，从教三十余年培养的一百多名研究生中间，涌现出一大批优秀的文学评论人才，正在一点点地濡热着中国文学。他在《批评与想象》的自序中说："我终究希望能获得心中的灯，我想说，我就是灯。"

你的祖籍不在上海，但是1982年从复旦毕业之后就留在复旦，人生轨迹一直在校园里，这对你的精神形成有什么影响？

我的祖籍是广东番禺，从我父亲一代（可能还更早些，我的祖父一代是海员家庭，好像已经在上海工作）就生活在上海，我生在上海并在上海成长，基本上没有长时间地离开过上海。出国访学也都是在半年以内。我算个地地道道的上海人。我的生活经历也极其平淡。没有上山下乡插队落户，1977年恢复高考，我第一届考上复旦大学中文系学习，毕业后就留校任教，一直到现在。可以说大半生都是在复旦校园里度过的。

精神的培养是一个复杂的现象，很难简单地描述。我自己是很深刻地感受到，如果我不进复旦校园不接受复旦的教育，当然我也会成长起来，但很可能是另外一种人。我今天之人格形成都是与复旦大学有关。譬如，复旦大学长期形成的尊重教授、尊重学术的校风，复旦大学相对自由的学风，导师们的言传身教，尤其像贾植芳教授，章培恒教授，潘旭澜教授等先生之风，一批名流名师的道德学问，师生融融之感情，学生青春活泼之精神，都对我的精神培养有深刻影响。校园的环境也是美丽的。我曾经消极地想，我这一辈子哪怕事业上一事无成，只是安静地生活，讲几十年的课，有学生从课堂里受到一点启发，由此走上一条有意义的人生道路。那么，我的人生也是有价值的。精神的传播就是在无形之中形成的。

曾经读过你1994年发表的《上海人、上海文化和上海的知识分子》，如今20多年过去了，你作为上海知识分子的代表人物之一，结合你个人的体验，你认为上海人、上海文化和上海的知识分子有什么样的变化？

我觉得，这20多年来，首先是"上海人"这个概念发生了变化。我在那篇文章里讨论的是传统意义的上海人。经过这许多年的发展变化，上海每年都在不断吸收外来人口，全国各地优秀人才纷纷到上海来发展落户。同时，随着各种新生态的出现，上海的日常生活方式也发生了巨大的变化，出现了许多与市民生活直接相关联的新行业，譬如，快递的行业越来越替代邮局的功能，网购与送货越来越成为上海新市民的购物方式，整治交通又出现大量交通协管员，等等。这些工作人员与原来的产业工人大军、服务性行业人员等，基本上都是由新上海人来担任，新上海人在上海各行各业发挥了越来越重要的作用。上海的人口流动极为频繁，相应的其结构也越来越复杂，有点回到以前的人口状况，新上海人必将给上海经济和文化建设带来巨大活力。

　　说到"上海文化"，我有一种感觉，不知道是否对头。近二十年来上海的经济一直在有序并有效地持续发展，成为全国经济发展的龙头，这大约没有什么问题。令人感到奇怪的是，上海的文化似乎没有随着越来越多的新上海人的出现而形成丰富多元的族群文化。全球化下的文化趋同现象非常严重，这与上海以前的文化多元结构不相符合。过去的所谓"海派文化"，就是指一种能够海纳百川地吞吐、吸收、容纳外来文化的精神。以戏剧文化为例，上海的戏曲舞台上能够容纳多种地方戏曲，形成繁荣的大艺术平台。许多地方戏曲在本地并不繁荣，到了上海这个码头反而获得了丰富的发展，形成了精致的艺术流派。越剧、沪剧、淮剧都是这样的。上海过去的大世界游乐场典型地反映了这种多元并存的海派特点。但是现在这类地方戏非但没有发展，反而显得萎缩，有一种难以维持的境况。饮食文化也是这样。过去在上海餐馆里能够吃到各种菜系的美食，而现在呢，除了白领餐馆以外，其他地方特色的餐馆都难以为继。豫菜、闽菜、鲁菜、苏锡帮的菜系，都逐个淘汰，难道是河南人、福建人、苏州人无锡人在上海生活的人数少吗？当然不是。但是地方籍族群无法支撑地方文化在上海生根发展。新上海人一般不怎么以弘扬地方文化为己任，反而以消除地方文化的胎记，融入上海文化为荣。

　　由于这样一种趋同的文化现象成为主流文化，上海的人口流动与文化变迁形成了一种反比。文化发展的单一性，导致文化创新的不足。当然，从族群多元到文化多元，只是表现在亚文化的层面上，还有更为高层的文化创新，那就需要讨论知识分子的问题。这个问题比较复杂。

说到知识分子，就会想起1990年代的人文精神大讨论，好似是在上海知识界首先发起的。在20世纪八九十年代，知识分子包括作家、学者、艺术家，经常会共同面对具有时代性的思想文化问题，大家一起探索、思考，互相激烈地去辩论，我们的民族和我们的历史就是在这种氛围中走向成熟的。然而，这些年来，似乎知识界的这种辩论精神比较少见了，你对此有什么困惑吗？

1990年代知识界发起追寻人文精神大讨论，是由上海开始波及全国的。这与上海作为市场经济的龙头地位有关。当时上海开发浦东，招商引资，推动了市场经济的发展。商品，资本，这样一些元素都进入了中国市场，传统的理念遇到了前所未有的挑战。我们这一代知识分子大多没有经历过市场经济和资本的原始积累阶段，社会主义市场经济是一个新事物，完全没有经验可以借鉴，当时有一句话叫"摸石头过河"，前面深水浅水都搞不清楚。其实马克思在《资本论》里早就说过："资本来到世间，从头到脚，每个毛孔都滴着血和肮脏的东西。"他还引用别人的话，强调了如果资本"有300%的利润，它就敢犯任何罪行，甚至冒绞首的危险。"人文精神讨论是从人之所以为人的底线开始的，守住这个底线，就是要人们提早防止"有300%的利润，它就敢犯任何罪行"的本能，可惜的是这场讨论被一些自以为聪明的人搅浑了。中国在1949年以来就没有与资本、资本主义打交道的经验，大批在第一线推动市场经济发展的干部都是勇敢的弄潮儿，但是就像赤身裸体的人再勇敢也不可能抵挡子弹一样，人的灵魂在毫无设防的状态下无法抵挡资本的巨大腐蚀力。

我之所以要从资本的腐蚀性入手，就是因为资本无孔不入，当然也一定会侵入知识领域，以资本的原则与规律来掌控知识界的舆论。你提出的问题很敏锐，为什么21世纪以来，知识分子共同面对时代性的思想文化问题无法再像以前那样产生激烈争辩？这首先要问：现在有没有值得认真争辩的问题？随着资本的掌控，学术界除了在学院里讨论专业学术问题以外，几乎无法在媒体上认真讨论人文（思想文化）的问题。这里原因当然有很多也很复杂，但是最起码的一点，如果知识界的争辩不是出于思想原则、审美趣味，而是背后有某种资本在操作，那又有什么可以足道的？还有一个是，在新媒体上如何展开理性的讨论？新媒体的声音在现时代产生了巨大的影响，但是这个声音又是非常嘈杂，轰轰隆隆，缺乏有层次地讨论问题的必要条件，所以，认真的学术讨论，大约只能在学院的讲坛上发生，而不是在公众关注下举行。这也是我所说的，广场型知识分子向岗位型知识分子转型的一个特征。

我有幸去听过你的文学课，在你的鼓励下学生在课堂上也能自由地表达他们的声音，你如何看待学生发表与外界不太一致或者与主流评判不太一致的观点？

大学生的功课之一，就是学习表达，过去古希腊叫做雄辩术，作为一个大学生，一定要学习如何讲话，如何在公众场合下，短短的几分钟把自己的观点陈述清楚。要学会用语言的魅力去说服对方，不是说要词藻花哨，而是要有逻辑的力量。这是可以训练的。不管你将来是从事什么专业，都应该学会如何表达自己。另外就是，现在学生在中学阶段基本接受应试教育，应试教育需要你做题目有标准答案，而且不能错。这种教育方法可能对于考试有些用处，但从长远的人格发展来看，毫无疑义是不对的，不利于学生独立思考，不利于培养学生原创性思维。所以，学生进入了复旦大学以后，我觉得首要的教学任务就是帮助学生克服并且改变这种背标准答案的学习习惯，一定要学会质疑，学会证伪，要学会用良知作为独立判断事物的基础。

课堂是一个敏感的窗口，有风都会从窗口刮出来，现在的年轻人还有纯粹的文学阅读吗？他们是如何看待中国当下的纯文学的？他们是否认同我们近几年的主流文学观念？

一代人有一代人的文学。时代大趋同不一定是好事。现在年轻人流行的阅读方式、阅读载体都有所不同，他们形成的审美兴趣也可能会有不同，这个很正常，但是我坚持在大学课堂上一定要讲文学经典，有传承意义的。一些流行文学、通俗文学都可以在课后自由阅读。至于纯文学这个概念很复杂。纯粹阅读这个概念也很可疑，什么叫纯粹阅读？是指不带功利性的阅读，为愉悦的阅读吗？那么我们除了为工作去阅读（读文件），为了某种目的去阅读（如应试教育），为了职业去阅读（像我要写书评）等以外，基本的阅读都是纯粹阅读，不存在为阅读而阅读，只要为趣味为求知为娱乐或者为消遣时间等某种私人目的而自觉阅读，大约都属于纯粹阅读的范畴。我鼓励这类阅读。只读文学其他都不读，也不是好的阅读习惯，应该提倡博览群书。但是即使是纯粹阅读文学作品，与纯文学也没有关系。我们过去提倡的文学创作，主要是指能够体现五四新文学的传统，关注现实，尊重人性，强调知识分子的批判精神，但也不是纯文学的。

如果让你给校外的年轻人上一堂文学课，你最想给我们上什么课？最想对年轻人说点什么？

我可以讲讲文学作品赏析，文本细读，解剖一些大家都阅读过的文学名著，我可以从中读出自己的人生体会。对于青年人我不想讲一些空洞的道理，可以通过具体的一本书，讲出我认为重要的心得体会。要对年轻人说的，就是不要迷信，不要盲从，不要凑热闹，要相信自己的感觉和良知，相信理性的力量。

你培养了一大批文学评论家，为中国文学界输入了大量优秀人才，你是怎么看待自己这方面的贡献的？前几天碰到你的一个学生，他说着一口难懂的地方方言，请问你招收他们最看重的是什么？

我招收研究生是培养文学研究人才，不是招收演员，普通话讲得好不好，不是我的录取标准。不过我培养的一百多名研究生中间，绝大多数都是在教育第一线当教师。当教师大约还是要学好普通话的。但是更重要的是培养一种当教师的素质，必须有十年种树、百年育人的精神准备，有甘为人梯的人生态度，要懂得爱学生，爱学问，对自己也要有高的标准。这都是最重要的素质。自私的人，猥琐的人，心怀怨恨的人，都是当不好教师的。这是我第一培养目标。其次才是鼓励学生努力从事专业学习，将来做好文学研究、文学评论等工作。这方面我觉得还是要看缘分，或者说要看天分。不是所有的人都能够成为一个优秀的学者，或者文学评论工作者。我培养学生向来是采取因材施教，不同标准不同要求，不会拔苗助长的。

你曾给《80后批评家文丛》作序时说，80后的批评家大多数都来自学院。目前，中国比较优秀的评论家大部分在高校里，而高校在一般人印象里似乎又是象牙塔，那么评论家离文学现场到底有多远？这种距离对文学评论会不会形成局限？

目前青年评论家云集高校，构成了学院派批评的新特征。应该说，这是文学批评的好气象。你不必担忧象牙塔会造成文学评论的局限。在今天的文坛上，社会上的不正之风早就弥漫了文学评论领域，我前面特别要提出资本的介入问题，文学评论被某些资本力量所掌控，就失去了讨论（包括争论）的意义。譬如，批评家为了红包出席各种研讨会，甚至包括文学评奖，社会上流行跑奖（武汉作家协会主席方方揭露她与不正之风的遭遇就是最骇人听闻的事件）等，这些现象当然在学院里也不可避免，但是如果真有这么一个象牙塔，有这么一群不食人间烟火的评论家，拒绝社会上的各种不正之风，只凭学院的理念，高举起文学自由的风旗，认真发现、推动、帮助优秀作家的创作事业，那会让我们的文坛干净得多，也正常得多。

学院派批评当然会与文学现场有距离。如果没有距离，那就是圈子批评。文学批评需要站在一种高度来认知当下生活，来理解文学审美的特殊规律。所以有距离不是坏事。至于评论文章写得"隔"还是"贴"，学术化的批评是否太刻板枯燥，那都是评论家个人的写作水平问题。任何时代的文学评论总是有好的和不好的。但是学院批评的背后有学术研究作为支撑，在方法上可能理论性比较强，可以在具体写作评论时，更注意到通俗性。

有些作家对评论家是不满的，主要是评论家有可能误读了他们的作品，或者作家看重的喜欢的作品，往往与评论家的评价不一致，你对这个现象如何理解？

各个阶段的文学批评功能不一样。圈子批评本来就是小圈子的批评，文学批评党同伐异，为自己的圈子创作叫好。这样的时代已经过去了。权力批评是以政治标准来划线，符合政治标准的作品不好也说好，不符合标准的作品就故意排斥。学院批评时代可能更多的是把文学创作放在学理上，或者文学性上加以考察。我认为好的评论家与作家应该是共同地面对生活，站在同一立场上，当作家以自己的观察来描写生活时，评论家则是借助了作家创作的形象来讨论生活现象。因此，评论家的学术观点是不需要作家来肯定的。至于作家个人喜欢自己的哪部作品，与这些作品在社会上产生的效应，不是一回事，就好像父母在没有计划生育的时代可以生养几个孩子，做父母的可能有自己比较喜欢的子女，但父母喜欢的孩子不一定就是最出色的子女。

目前到处充斥着表扬式的评论，很少能够读到尖锐的批评性的评论，或者说是多在评"优"，少有评"差"，这是文学评论的建设性常态呢？还是评论的歧途？这应该与人文精神的丧失的大环境有关，这种风气属于职业道德范畴吗？

首先是不能用"表扬""批评"的二元对立来作为衡量文学评论质量的标准。许多标榜酷评的文学批评，如果说不到点子上，酷则酷矣，但除了虚张声势以外还是一无所有。我坚持的是理性的分析和批评，不能感情用事，更不能用表扬还是批评来要求文学评论家站队。批评也不是简单地"有好说好，有坏说坏"，因为"好"与"坏"在许多情况下都是相对的，只能是具体情况具体分析为什么会这样？我觉得关键在于评论家对文本的阐释能力。如果一个评论家站得比作家高，他通过对作品的文本阐释，来提升作家的不足，使作家与作品一同升华到应该达到的艺术境界。作家也自然会通过阅读评论来了解自己创作的潜在内涵，即使他没有意识到，也会有所感悟。

另一方面，评论家与读者的阅读感受似乎偏差也非常大，读者叫好的作品不见得是评论家叫好的作品。突出体现是评奖，往往获奖的并不是读者最认可的，这是评论家的误判呢？还是读者的误读？评论家对作品进行评价时是否要考虑读者立场？

首先读者和评论家都不是群体，只能是个体：这个评论家和那个评论家，个人的审美兴趣不一样，也可能对作品有不同的看法。读者也不能用群体的概念。譬如一个作品有一千个读者吐槽，但有十个读者说喜欢，你能说这个作品一定"好"还是"不好"吗？所以任何人（包括评论家）都只能说代表他个人来讨论作品，而不能代表别人，更不能代表群体。因为每个人的感受是不一样的。

用评论文学奖做例子。我参加过许多文学评奖，如果是一个认真的奖项，评奖过程中一定会经过激烈争论，你企图说服别人，别人也企图影响你，最后通过投票，产生出来某个获奖作品。而读者也一定会依据自己的审美要求来对这个获奖作品发表看法。所以并不存在评论家与读者的对立的客观性。有时候某个作品被社会舆论所批评，那舆论也是代表一部分读者的意见。如果从评奖的一方来说，他们也一定有很多站得住脚的理由。

对于评奖的公信力问题，首先是看评奖结果与评奖原则有没有冲突，譬如，电影领域有许多奖项，有的是代表专家的奖，应该突出的是艺术标准；也有的是群众性的奖，那可以突出娱乐性。现在又讲票房了，也可以设一个票房最高奖，这样大家都是信服的。可是问题在于有些票房高质量差的烂片，如果挤到政府奖里去，那人们就要怀疑，是不是政府在导向烂片？如果挤到专家评奖里去，人们就会质疑专家们的标准出了问题。现在很多评奖与读者舆论产生的冲突，主要是读者对于评奖的原则和获奖结果不相符合的质疑。至于评论家与文学奖项的关系也不是绝对的。有许多重要奖项的评委都是作家和艺术家，并非都是评论家。诺贝尔文学奖评委里有很多都是作家诗人，像埃斯普马克，就是一个小说家。不过他自己的作品是不可以参与评奖的。

既然说到诺贝尔文学奖，想请教一下，2012年莫言去斯德哥尔摩领诺贝尔文学奖时，你是莫言亲友团之一，你如何看待诺贝尔文学奖授予中国作家的意义？

这个问题如果让瑞典学院的院士们来回答的话，他们肯定说，诺贝尔文学奖不是颁给某个国家的作家的，而是颁给优秀作家的奖，当然优秀的标准是各种各样的，很难获得一致的看法。但是从诺贝尔奖的颁奖历史来看，瑞典学院在评奖时，一直是把中国的因素考虑进去的。我可以举一个例子，1938年诺贝尔文学奖给了美国作家赛珍珠，评论家并不看好赛珍珠，一直批评瑞典学院把奖给了一个畅销书作家。他们为什么颁给赛珍珠呢？因为赛珍珠的长篇小说《大地》是写中国农村题材的，并产生了很大影响。赛珍珠写得好不好可以有不同的评价，但是中国元素肯定是获奖的原因之一。那时瑞典学院不了解中国，但是他们是关心中国的存在的。1938年是日本侵华战争爆发的第二年，战争进行得最惨烈的时候，应该意识到赛珍珠的获奖体现了瑞典学院对中国的关注。中国"文革"结束后重新进入世界秩序，中国作家又获得了瑞典学院的关注。据诺奖评委中负责提名的五人小组前主席埃斯普马克介绍说，1988年沈从文就进入了他们的提名范围，但是不巧沈先生就在那个时候去世了。以后在2000年诺奖给了剧作家高行健，但高行健已经加入了法国籍。其实诺奖只强调中文作家，没有强调作家的国籍；2012年给了莫言这才圆了中国作家获奖的梦。

1988年，2000年，2012年都相隔了12年，所以，埃斯普马克先生说，希望下一个中国作家获奖不要再等待12年了。这是埃斯普马克先生在复旦大学演讲时公开说的话。我们从一百年的历史，尤其是"文革"结束四十年的历史来看，每隔12年关注一下中国作家，不算太遥远。

诺贝尔文学奖关注中国的文学，肯定有积极的意义。首先是有利于中国文学在全世界的传播。由于中国汉字的局限，中国文学要向世界各国传播极为困难，它不得不求助于优秀的翻译家。莫言获得诺贝尔奖，对中国当代文学外译是一个很大的推动。其次是对中国当代文学创作的一个很大的提升，给中国作家带来了自信。中国文学原来一直在封闭形态下自我摸索发展，现在有了一个国际交流的参照系。莫言获奖以后，国内评论界爆发了激烈的争论，这个争论是有意义的，因为它打破了原来封闭状态下国内各种评判标准的局限性，引进了国际大视野，标准更加多元而丰富了。这对于国内作家的创作有很大的推动作用。

设问人：陈仓 作家，诗人，媒体人

金宇澄

金宇澄，1952生，上海人。主要作品有《迷夜》《洗牌年代》《碗》《繁花》《火鸟》等。曾获茅盾文学奖、华语文学传媒大奖、施耐庵文学奖、鲁迅文化奖、中国图书势力榜白金图书奖、《羊城晚报》花地文学榜散文金奖等。

青年人要学会慢慢来

金字澄凭借一部《繁花》一跃成为当下中国文坛最重要的作家之一。金字澄表示，上海是写不胜写的，《繁花》只是他目力所及的局部，是打开文学视野的一把钥匙，在某个时刻这些记忆全部苏醒是激动人心的。他的小说之所以引起了别人的注意，他认为是有意为之而达到的效果——建立文本特征，建立个人识别标志，显示作者的气味，留下作者的痕迹，把自己与他人区别开来。

你早期的理想是什么？是不是就有当作家的理想呢？为何到了这个年纪才真正地发力？有没有有意为今天的文学创作做一些铺垫？

我很早就知道，理想是不可能实现的，所以我是没有理想的。以前确实不知道什么叫理想，一度喜欢植物，收集过一阵植物标本，此外喜欢写信，就这些，当年也不像现在，人人都可以开帖子、自由投稿，当年必须要单位开介绍信，证明作者成分、出身，然后盖章，一起寄到发表单位，比如《黑龙江日报》。很早我就知道，自己的条件不够，当年我没有发表文字的想法，只在通信里把北方生活告诉上海朋友，有些说不清楚，比如北方的火炕是什么结构，用图示，比如北方怎么盖房子，做豆腐的流程之类。真正的写作时间较晚，三十岁出头才开始慢慢写，写得也不多，但从没有吃过退稿。你看《繁花》里，有我自己的一些绘图，这可能就是那时候积累下来的功夫，不过不是有意做什么铺垫，有时候作家不需要铺垫，只需要生活。

在《繁花》里，你笔下的上海市井生活是作品形成张力的因素之一。这些民生风景线现在还存有多少？这种市井生态逐渐动摇的过程是怎样的？

感觉是十分可惜的，这些细微的风景如今多数只能在《繁花》这样的书本上存在了。市井一直是跟旧建筑、旧街道密切结合的，一旦拆除，也就风景不再了，我们大大小小的城市，都经过巨大的腾挪和剥离，直到21世纪，当局才清醒了一些，旧东西旧建筑有如此大的凝聚力，但拆已经拆了，比如上海外滩的江沿，过去栈桥密集，船樯林立，十六铺、董家渡复杂的民生风景线，尤其是那些普通的旧细节，最后都是被线条简单的堤岸、乏味的绿化大道抹平了，像进入无依无靠无名的一种境地，水清无鱼，设计者仍然可以自豪啊，因为有来头有"价值"的大房子还在，但是那些陈旧普通的存在呢？维系市井的普通风景线呢？那些旧轮渡站呢？香港天星小轮那样小心翼翼保存的旧站点、旧风物呢？它们代表了真正意义的文化情怀呵护，比如上海外滩1970年代的情人墙呢？1950年代不设堤岸的栏杆和座椅呢？哪怕深到水线以下，它们都应在沿江保存一段，如果情感战胜荣誉的话，它们会在退潮时显露出来，让我们的后人知道城市过去的曲线和脉搏。

你运用江南语态写作收获了巨大成功。在一个大流动的时代，语言的地方性在逐渐消退，现在的作家基本都是在用普通话写作，这对江南语态的作家来说有什么样的影响?

统一的普通话教育之前,江南作家的母语个性,呈现了最为丰富多彩的表现,转入"以北京话为基础"的普通话统一教育,显然约束了南方语系的"活文字",约束了南方作者第一语言的小说思维,方言的"难解易懂"还在于文化重心的转移,只有在吴语小说《海上花列传》中,我们才可看到当时方言怎么说作者就怎么写,"我手写我口",处于自由语言的时期,那时作者有高度自由和自信。就文学而言,当下几代人统一接受单种话语的教育,辨别方言的听力和阅读肯定是大为减低的——时代背景不同了,因此文学方言的"难解易懂"方面,要做更多的、更艰苦的沟通与改良。

说到现在的文学语言,除了受到普通话影响外,受西方叙事话语体系影响也较大,许多年轻作家都不懂本土方言了,他们如何才能找到自己的独特腔调?

让我又想起巴黎书展,当时感觉像走进法国水果店——所有的水果都可以是法国产的,他们什么都不缺——反观我们的书展,满眼是进口"水果",是不是我们进口太多了?百年来都这样,我们真的需要那么多进口吗?至少在文学语言上,进口"翻译腔"深度影响了本土的文字生态,现在80后、90后部分作者的来稿,完全是翻译语态。西方理论这样认为,"假如一旦无力,要到传统中寻找力量。"外来腔调形成文字无力感,可以借鉴传统元素,找到本土支撑。简单点说,就是用自己的家乡话写作,或许才能形成自己的影响力。

目前文学非常不景气,作家为了生存不得不考虑市场,你是如何在取悦读者与文学表达方面保持平衡?

所谓取悦是有立场的，每个作者内心都希望更多读者。问题是，吸引怎样的读者？说白了，我应该为普通读者写作，也为我最为敬重的某一些读者写作，他们的要求是什么，我心里非常清楚，最后得到他们的肯定，这种写作预设和潜意识，激发了强烈欲望表达。天才可以完全不顾忌读者。大作家一般都会说，他是给自己写的，只注重自己的感受，非常自信，是处于高位的话，但也有可能只是写了一本自己喜欢的日记，读者很少。

有《繁花》迷专门数过，作品里关于1990年代的生活，有太多从这个饭局到那个饭局的场景。你想向读者展现什么？它有没有较为显著的时代标签？

1990年代政治动荡已消退，就有了日常生活的表现。有人讲写1990年代的《繁花》，就是游走于各式饭局，为什么不呢？1990年代这种饭局社会风景，其实一直延续到了当下。饭局文化其实就是社会政治的敏感体现。社会进入相对平常的时代，自然就重复小民的饭局，非常必然地存在震荡消退，回归到波澜不惊的日常世相里面，陷入西美尔讲的那种丰富的大城市暧昧里面，异常复杂的，也极其平常的生活里面。

见过你的人对你的印象是儒雅，在《繁花》中你对于各种女性命运的书写，带着难得的宽容与温柔，这会不会是上海好男人在你小说中的体现？

我很儒雅吗？我怎么没有发现这一点？《繁花》有一章谈到女人应越来越男化，还是像水那样柔能克刚，大致表达了一种观点。我认为的女性，应回到本真的形态中，比如有个台湾人到大陆很是诧异，发现大陆女人回答男人问题一般都用反问、疑问句型，这在台湾是没有的。当然这是时代历史生存的反映，社会要求使女子越来越能干，如果男女的平衡关系进一步被打破的话，有了越来越"雄化"的女人，就会出现越来越"雌化"的男人。这是有意思的问题。大家所说的上海好男人，会不会就是"雌化"比较突出的男人呢？我们国家提倡男女平等，方方面面都提倡男女平等，鼓励和男性一样斗争，鼓励开大卡车、开火车，甚至在屠宰场杀猪。上帝创造男女各有各的特点，彼此各司其职，因为意识形态的改变，性别特征模糊渗透为国民性的一部分，需要几代人的代价才能缓慢改变。女性有女性样态，这意识在年轻人中慢慢恢复，比如80后大部分女性说话声音都在变轻，这微小的改观就是一种进步。公共场合说话最大声往往是20世纪50年代的人，尤其女人曾经在喧哗环境里工作，大声叫喊了很多年。

又要问一个比较通常的问题，《繁花》中的人物都有原型么？你对这些原型做过什么样的考虑？

有原型，拆散的原型。有种说法因此认为《繁花》是一种还原，因此难以代表上海。这种置疑其实是伪命题——没有一位小说家，可以写一部代表整座城市的小说，城市或者说上海，是难以被代表的，作者个人最多只叙述了它的某一个局部，因为城市太复杂，上海太丰富。也有另一种陈旧观念，认为上海是一个文化沙漠，没什么可写的，真正的中国文化是在乡村，其实中国文化的乡村根脉，早在乡绅阶级被连根掘除后，气韵已经散失，早已汇聚到比如上海这样大城市的皱褶中，才得以些许遗留。

上海的历史，正因近代无数次的文化裂变而日益丰富炫目起来，聚拢近代中国最优异的人文底蕴，它的盘根错节，生动驳杂，别说靠一部小说，即使靠百部小说仍然说道不完，它等于一座原始森林，我只写到了目力所及的微型生态，呈现我四周的植被而已。面对这座伟大的城市，我也没读到过一本囊括它全部内涵的作品，也从没见过一位对上海完全了解的智者，我知道这样的书，这样的作者是不存在的，就等于不能说《战争与和平》代表全俄罗斯一样，它只包括了一时一境的局部内容。《繁花》的内容，从它开头第一句话，到最后一句，内容中写到的人群，我略有所知，不含其他阶层，如干部、知识分子，已有很多内容可写，在《繁花》的范围里，上海是大金字塔的样本，小市民阶层的根基极其庞杂，包括夜不归宿的落魄人士、赌钱者、各种生意人，包括第三、第四者的城市暧昧层面，这块灰色部分，从没有作者写过，没有作者有这样的经验，但它五光十色。这群人里没有所谓的知识阶级，但大城市向来藏龙卧虎，不乏看过很多书的人物存在，即使经历无数政治运动，他们生活在城市皱褶中，生活在海洋底部，即使海面各种气象，他们是另一个生存世界，即使我接触的产业工人，也并不是通常政治解读的工人阶级。

我尤其喜欢你文章前边的那句话，我在多篇文章中引用了你的话。你想借"上帝不响，像一切全由我定"说明什么？

你肯定知道，这句话是《圣经》里的，小说里嵌入不少，开头沪生与陶陶关于捉奸的讨论，援引《约翰福音》典故，耶稣面对将受刑罚的行淫妇人对众人说："谁是没有罪的，谁就先拿石头打她。"这例子合适文学表达，小毛逝世道出了很多出自《圣经》的了悟，比如"白白得来，必定白白舍去""上流人必是虚假，下流人必是虚空"等等。在现实里，每个人都有自己的困境，活到这么一把年纪了，有些朋友都走在我前面了，作家协会这个大院里，有人说走就走了，《圣经》有一种思考的魅力，面对它，人生短暂，万事皆空，但仍然值得我们投身其中。

凭着《繁花》，你的作家身份比你的编辑身份更重要了，回过头来你以编辑的身份想对作家说些什么？

湖南作家田耳，有一次他遇到我，他说："金老师还记得吗？很多年前，你就讲内容、形式要特殊的话，你不知道我当时心里想什么。"我说："当时你心里想什么？"他说，当时心里想的就是，金老师，你说了这么一大堆，那金老师写一个让我瞧瞧？我现在看到《繁花》了，我无话可说。我还和从前一样，想给作者们一些建议，建立文本的特殊性，比如重视方言、语言之类的。在《繁花》里，我确实是在回应这方面问题，很多元素是刻意所为。比如，我不想受西式小说影响。在对话和时空段落，我不习惯分行，我改用传统话本，每一块三千字以上；还有我也不想用西式的标点，西式的标点很丰富，我只用简单的逗号、句号。并不是要求大家都这么做，是因为目前没人这样做，我就可以做。艺术是排他的，需要独自的发现，独特的表达和立场。

你因作家与编辑的双重身份，恐怕更容易看透中国文学的问题，你对当下的文学有什么担忧的吗？

不担忧的是，纸媒虽然面临困境，存在种种压力，可能因为国家扶持的原因，文学杂志依然正常。担忧的是，如今文学作者多，形成大量的业余作者，但是文学阵地也特别多，存在大量极差的低端的杂志，不管是什么水平的人都有发表园地，从而形成了低水平的阅读和写作氛围，也就是说，再差的小说也可以发表，意味着也都有自己的读者，使得整个文学注了水、掺了沙，影响了文学的平均水平。

记得在1980年代，作者对文本怎么写，写什么特别感兴趣，对形式、语言这一块非常热衷。1990年代搞经济了，因为影视和外来翻译的吸引，作者关于语言形式的注意力相对淡薄，作品译出去或拍电视剧，真和形式文字没多大关系，只要"好故事"就行了。此外是，作者一直处在努力学习的"好学生"心态上，学经典模式的写作，和西方文学进一步地不对等。举个例子比如魔幻主义，比如"很多年前"这样的小说开头语一直很多见，"相濡以沫"这种大团圆模式，老一代优秀短篇如此，之后大家一直效仿至今。人与人的最终关系很复杂，作者需要个人的发现，个体独特的标签，语言、形式都该有更多的提倡……新兴网络文学这一块，当然被批为垃圾，"纯文学"的垃圾其实也相当多，因此所谓"类型小说""网络小说"，我相信会分流，同样会出现"纯文学"的个性作品，这是个过渡的时代，值得期待。

创作的类同化与阅读背景的相似是否有关系？

非常有关系。刚才我说因为刊物多，对稿件就有大量的需求，一个金字塔结构，最好的作品在最好的杂志发表，最差的在最差的内刊也发表，无形中也造就低水准的作者和读者群，写作和阅读水平上不去。另一个现实是，当下的读者和1980年代比，完全是超越的，那个时代，中文好的学生肯定考中文系，之后的各届，越来越多的文学爱好者，考大学改考其他科系了，从事其他行业了，但他们作为潜在的读者，博览群书，文学鉴赏力相当高，我们在网上经常遇见无名高文和高手，但作者往往忽略了这潜在的高水准阅读群体，仍以为自己是庙堂，是在为40后、50后一成不变的老读者写作。

如今的时代，可说是中国历朝历代文化水平最高的时代，有那么多人接受高等教育，与东西方自由沟通，按各自的兴趣进行各类研究，网络更是提供了大量的空间和自由度，因此如今的读者见多识广，如果我们继续按50后或更靠前的作家的路子写，为那个旧时代的读者写作，对于这些好读者肯定是不讨喜的，他们相当有眼力，有自个判断的标准，如继续以"人类灵魂的工程师"姿态，试图启示他人的姿态，是不智的。小说作者根本不是圣人、哲学家，小说作者和读者将日趋平等，如果你的书没人注意，一般就和自我拔高有关。为读者写作，好像也一直是低下的立场，但你是写给人读的小说，不是写私人日记，你需要读者，为读者而写，为心目中最值得尊敬的读者写作，让他们觉得满意，这是我的立场。

在《繁花》之后，还有什么样的创作计划吗？会不会沿用《繁花》一样的创作手法？

在《繁花》的初稿发布到网上之后，我又在网上写了一篇《老去的青年》，不过没有完成，还是残稿，这是《繁花》做单行本阶段撂下的，我希望能静下来把它写完，它在叙事和语言上，恐怕会有趣一点，多一些变化。

根据你的生活体验，你对我们年轻人有什么要提醒的？

要珍惜美好时光，学会容易满足一些，不给自己更大的压力，一步一个脚印，慢慢来，欲速则不达，要了解自己，细心了解自己的变化，注意自身和环境的特点，尝试做力所能及的事。我年轻的时代，出门必带粮票，有钱吃不上饭，因为没粮票。当年的人不能到处跑，牵涉到"粮油关系"，不像现在可以去任何地方。我务农时期，有一次机会去哈尔滨盖房子，大家都高兴得不得了，这是脱离农村进城的好机会。结果有人跟当地干部吵架，大概一个月不到，我们就全部被遣返了，当场有人就哭了起来。现在肯定不会有这样的情况，现在自由得多，对工作，你至少可以有自主选择。此外，人生只能一步一个脚印这么走，年轻时吃一点苦，可以获得经验。我的体会是，我们所有的付出，是不会浪费的，将来会是财富。

设问人：陈仓 作家，诗人，媒体人

赵丽宏

赵丽宏，1952年生，上海人，上海市作家协会副主席，《上海文学》杂志社社长。著有诗集、散文集、报告文学集等各种专著共八十余部，有十八卷文集《赵丽宏文学作品》行世，十多篇散文被收入国内中小学和大学的语文课本，有多篇作品被收入中国香港和新加坡的中学中文语文课本。主要作品有诗集《珊瑚》《沉默的冬青》《抒情诗151首》等，散文集《生命草》《诗魂》《人生韵味》等，散文诗集《人生遐想》《心魂之恋》等，以及长篇小说《童年河》《渔童》。曾获新时期全国优秀散文集奖、冰心散文奖、塞尔维亚斯梅德雷沃城堡金钥匙国际诗歌奖、上海文学艺术奖杰出贡献奖等数十次国内外奖项。

如果心中有爱灯就不会灭

赵丽宏年轻时在崇明插队，干过最脏最累的活，挨过饿、受过冻，可每当他在油灯下打开书卷时，这一切的压力都不复存在了，是书为他指引了一条走出困境、走向希望的路。他以对生活的热爱和对未来的希冀，将他曾经历过的苦难都转化成犹如清泉般温润的文字。面对世界对中国文学的期待与挑战，他说，只要用一颗真诚的心，脚踏实地、大胆创造，中国的文学大树将会越来越繁茂挺拔。

你的老家在崇明对吗？在这个地理上发生过什么至今让你无法忘怀的故事？

崇明是我祖籍，是父辈和祖辈生活的地方。我出生在上海市区，在城市里长大。但在我的童年时代，有很多和崇明岛有关的美好记忆。崇明岛使我认识自然，认识乡村，也认识了善良的人性。上小学时，常常在暑假和寒假去崇明岛，那里的田野、河流、芦苇荡，独轮车的咿呀声回荡在乡间小路上，最美妙的是在辽阔的江滩上，满地爬行的小螃蟹密密麻麻，一抓就是一把，犹如无数透明的小蜘蛛，还有在江滩水洼间蹦跳的"天螺郎"，那是一种奇怪的小鱼，我只能远远地看它们在水面飞跃，却永远也无法走近。我在故乡的小河里钓鱼抓蟹，还学会了游泳。有一次，我和两个镇上的孩子一起去探访曾经在我家里生活多年的老保姆，走了十几里路，问了无数人，在饥渴难忍几乎迷路的时候，竟然在一个偏僻的小村庄里找到了独居在一间草屋中的老保姆。她是一位信佛的居士，我们都叫她"华法妈妈"。老人见到我，抱住我高兴得直流眼泪，那种激动，是人间最动人的表情，一生难忘。那天她从地里现摘了黄瓜和番茄，从鸡笼里找到新鲜的鸡蛋，用最快的速度为我们做了一顿美餐。

在故乡，我也第一次见识了死亡。那次去故乡，镇上死了个产妇，很多人都去看，我也跟着大人去看。产妇仰躺在一块门板上，身穿一套黑色的衣裤。她才二十多岁，是难产流血过多而死，孩子却活下来了。她的脸色苍白，但神态安详，像一尊雕塑。很多人围在她身边哭。她却毫不理会，只是默默地躺着，平静地躺着，没有一点痛苦和忧伤的表情。我第一次在这么近的地方看一个死人，却没有一点恐惧的感觉。当时留给我印象最深的，除了产妇苍白而美丽的面容，还有她的丈夫，一个痛苦欲绝的年轻男人。他手中抱着刚刚出生不久的婴儿，坐在产妇的身边，别人号啕大哭时，他却只是无声地凝视着自己的妻子，他的脸上布满了泪痕。他的目光，除了看死去的妻子，就是看手中的婴儿。看妻子时，他的目光悲凄哀伤，看婴儿时，他的目光就非常复杂，既有爱怜，也有怨恨……这段生活，我曾在《岛人笔记》和《在岁月的荒滩上》两本散文集中详细地描述过。

你其实是在崇明插队落户，其间开始写作诗歌散文。想必也是受过很多苦，但是你的散文格调却非常高雅。为什么？

是的，我曾在崇明岛插队落户多年，那是一段孤苦艰难的岁月。

因为有书相伴，因为有对文学写作的兴趣，使我在孤独无望中找到了一条能够走出困境，走向希望的出路。那时确实受过很多苦，干过最脏最累的活，挨过饿，受过冻，在风雪中赤着脚在海滩上挑土筑堤，在烈日下割麦插秧挑大粪，经常是蓬头垢面，一身臭汗。然而每天晚上，在一盏油灯下，打开书卷，沉浸在那些美妙的文字中，我会忘却身处何境，进入一个使精神丰富升华的世界。我曾经将对文学的追求比作困苦之中的"救命稻草"。人生经历中的苦难，和行文的雅俗，其实并无直接关联，关键是看行文者的精神状态，看行文者对人生和文学的态度。苦难的人生，可以孕育催生高雅的文字，有些人享尽荣华富贵，却有可能庸俗附身，终生无缘高雅。

文学地理对小说家来说至关重要，那么对于一个诗人和散文家来说，具体会有什么样的影响？

一个作家生存的土地、生活的环境，以及他成长的经历和过程，这也许就是你说的"文学地理"，这是他从事写作的一个起源和基础。这种影响，深入骨髓，融入血脉，不管后来他又去过什么地方，哪怕是天涯海角，都无法驱除改变这种影响。这对所有的写作者都是一样的，无论是小说家还是诗人。具体的影响，三言两语讲不清，也许，在他所有的文字中，在他一生的创作生涯中，这种影响都潜移默化地存在着，成为他有别于他人的一种标识。

近几年上海许多作家在以江南语态写作，尤其是你的同事金宇澄的《繁花》，获得了非常好的评论和收获，请问一下你对江南语态写作持什么态度？

文学作品贵在独具个性，这种个性很大程度上要用语言来表现。南方的作家相比北方的作家，在语言上处于劣势，北方作家的语言更接近普通话，更接近大众习惯的书面文字，他们可以顺着习惯和思路信手写来。南方的方言很难用文字表达，很多南方作家在写作时其实是放弃了方言，而用普通话来写作，这和他们平时说话不一样。南方方言中一些特殊的语汇难以用文字表达。如果硬要将其文字化，则北方人将会读得一头雾水。但南方的作家并非因此就要放弃自己的语言习惯和风格，关键的问题是要把持好一个度，既表现了南方语言的特点和魅力，又不至于让人费解甚至不解。上海的很多作家在这方面做了努力，前些年王小鹰的长篇小说《长街行》，曾有成功尝试。金宇澄的《繁花》，是一部尽显沪语魅力的小说，他非常恰当地掌握了方言运用的度，北方读者读来没有障碍，但能明显感觉这和他们的语言有很大区别，是上海的方言。《繁花》的成功，也是方言文学表达的成功。多年前，我也曾在散文中尝试过用方言，如三十年前发表在《上海文学》的《鸟痴》，但只是偶尔尝试，属于浅尝辄止吧。

吴侬软语的优美和委婉，是我这个读者十分喜欢也十分期待的，请问江南语态对诗歌创作有效吗？在上海这样一个国际化大都市，我感觉大多数诗人是在使用普通话写作，所以感觉没有产生这方面的代表性作品，是不是江南语态很难运用在诗歌当中？

用江南的方言写诗，成功的例证不多。也许可以在越剧、沪剧、锡剧和评弹的唱词中找到一些不错的文字。我自己在这方面没有尝试，觉得方言和新诗不搭调，但这种看法未必对。我也读到年轻诗人将方言植入他们的作品，但感觉是用来做调料，有时还给人搞笑的感觉。《繁花》的成功，会对江南的诗人有所启发。期待有睿智聪颖的诗人在他们的诗作中展现江南语态，并得到不同地域的读者的认同。

你的散文集《诗魂》获新时期全国优秀散文集奖，《日暮之影》获首届冰心散文奖。能谈谈你的散文风格和语言风格吗？你写散文，秉持怎样的文学追求？

评价自己的文字，不是一件容易的事情，自我评价，也未必准确。俗话说"当局者迷，旁观者清"。一个作家的创作风格，应该由读者来评价。不少评论家评论过我的散文，有些评论使我心生共鸣，也有些评论使我产生困惑。我想，一个写作者，还是应该随心所欲。散文是非虚构的文体，写作者必须有真诚的态度，真诚是散文的灵魂。至于语言风格，也许有一个变化的过程，年轻时曾经讲究文采，追求过绮丽的文风，曾经不断地求变求新，希望在文体上有所创建。写了几十年，回头看看，是一条曲折迂回的路。现在的写作，越来越归于平淡质朴，用简单平实的文字，可以抒发深挚的情感，也可以表达曲折的思想，我想，这应该是一种可以持之以恒的追求吧。

2013年，你荣获塞尔维亚斯梅德雷沃城堡金钥匙国际诗歌奖。这个诗歌奖对诗人和诗歌有什么要求？

这个奖是塞尔维亚最高规格的诗歌奖，起始于1970年，每年从全世界范围内评选出一位有影响的诗人颁授此奖，是欧洲著名的国际诗歌奖。能获得这个奖项，当然有一个前提，获奖者的诗歌有塞尔维亚文的翻译介绍，否则不可能进入评委视野。获奖其实也是运气吧，你的诗被翻译了，被评奖者关注并器重了，一顶桂冠突然就从天而降。文学评奖总是挂一漏万的事情，有多少优秀的作家一生和奖无缘，这并不影响读者对他们的喜爱。这个诗歌奖的获奖者大多是欧美诗人，据我所知，除我之外，还有两位亚洲诗人曾获得此奖：1992年，中国诗人邹获帆获奖；2010年，日本女诗人白石嘉寿子获奖。

莫言获诺贝尔文学奖，是世界对中国当代文学的一种肯定。你获得塞尔维亚这项诗歌奖，值得祝贺。你如何评价新世纪以来的文学发展？你个人是否有什么目标？

世界对中国当代文学的重视程度，是前所未有的。这很正常，因为中国的发展和崛起，使西方世界关注并重视中国发生的所有一切，当然也包括文学。莫言获诺贝尔文学奖，使世界文坛对中国当代文学刮目相看。最近几次去欧洲访问，在荷兰和丹麦，在法国，我都在那里的书店中看到不少被翻译出版的中国当代文学作品。莫言的小说，以显赫的地位陈列在书店的最显眼处。说中国人的情感和精神面貌正在通过文学被世界了解，当然没有错。最近几十年中国的文学创作成果是丰硕的，改革开放带来的生活多样性，为中国作家提供了取之不竭的创作源泉。可以说，中国的文学在当今世界的文学之林是一棵生机勃勃的大树，花果满枝。但是，必须指出的是，和中国对西方文学的翻译推荐的规模以及深度相比，西方世界对中国当代文学的翻译介绍是极不对称的。西方对中国文学的了解，还非常粗疏浅薄，还局限在一些所谓"汉学家"的书斋里。对中国文学的这棵大树，很多人并不认识，甚至视之为草芥。我想，我们也不必为之焦灼烦躁，只要中国的文学家都能沉下心来，脚踏实地，大胆创造，用我们引以为骄傲的文字，写属于我们自己的故事，抒发真挚的感情，表达我们对世界的思考和憧憬，中国文学这棵大树会越来越繁茂挺拔，中国文学和世界的不对称，一定会逐渐得到改变。

很多人认为，诗歌是年轻人的事情，你从20世纪60年代开始写诗，写了40多年，还在继续写，为什么你的诗歌创作能保持这么久的生命力？

我最初的诗作，是在"插队落户"的岁月中写的，还不到二十岁。那些在飘摇昏暗的油灯下写的诗行，现在读，还能带我进入当时的情境。油灯下身影孤独，窗外寒风呼啸，然而心中却有诗意荡漾，有梦想之翼拍动。可以说，诗歌不仅丰富了我的生活，也改变了我的人生。诗歌之于我，恰如那盏在黑暗中燃烧着的小油灯，伴我度过长夜，为我驱散孤独。人人心中都会有一盏灯，尽管人世间的风向来去不定，时起时伏，只要你心里还存着爱，存着对未来的希冀，这灯就不会熄灭。和诗歌结缘，是我的幸运。我写诗的数量，随着年龄的增长而减少，这并非说明我对诗歌的热爱在消退。诗是激情的产物，诗的激情确实更多和青春相连，所以诗人的特征常常是年轻的。然而这种年轻应该是精神的，而非生理的。只要精神不老，诗心便不会衰亡。

有评论认为，"赵丽宏具有诗人的敏感、敏锐……在表达上，他善于想象和联想，也善于提炼思想，使作品具有高远的情怀和饱满的内涵。"你如何评价自己的诗歌特点？

这对我又是一个很难回答的问题。作为一个写作者，只是把自己感受到的，希望表达的思想和情感，用自己认为合适的方式写出来，写诗和写散文，道理是一样的，当然希望道人所未道，言人所未言，希望自己的表达方式与众不同。至于有什么特点，不是自己能说清的，还是要让读者来评说。

诗歌评论家唐晓渡评论你的新诗集《疼痛》是"心灵之痛。人生之痛。岁月之痛。语言之痛。"三十五年前，你悟及"痛苦是基石"为自己刚刚出港的文学之舟压舱，如今又出版《疼痛》，"痛"在你的创作中是否有特别的意义？

《疼痛》是我的诗集，收入其中的都是近年的新作。其中只有一首旧作《痛苦是基石》，写于1984年。在编这本诗集时，我浏览了年轻时的文字，发现这首当年曾经无法收入诗集的旧作，现在读来依然心生共鸣，时过三十多年，那种来自生活的感受一脉相承。这本诗集中的诗歌排序是由近而远，近作在前，旧作在后，《痛苦是基石》是最后一首。唐晓渡是一位概括能力非常强的评论家，他总结的这四个痛，也引起了我的思考。诗中出现"痛"的意象，并非仅是生理之痛，更多来自精神层面，源自生命流逝的沧桑，也发自对世道曲折的感慨。"岁月之痛，语言之痛"，是评论家的妙语，对诗的意境是一种独特的提示。

据说你有几首诗完全是梦中出现的。比如《重叠》，一句一句都是梦中出现的，而且非常清晰。这对作家来说，也是可遇不可求的一种状态吗？

是的，诗集中有好几首诗写到梦，展现了梦境。我是一个多梦的人，从小就喜欢做梦，常常有非常奇特的梦境。有时候现实的生活会在梦境中以异常的方式延续，有时候会在梦中走进天方夜谭般的奇境。梦境一般醒来就会模糊，会忘记。但如果一醒来就赶紧写几个字记下来，梦境便会围绕着这几个字留存在记忆中。有时写作思路不畅，睡梦中会继续构想。《重叠》这首诗，确实是梦中所得，混沌的梦境中，有一个清晰的声音，一句一句在我耳畔吟诵回萦，吟毕梦醒，我用笔记下了还能记起的这些诗句。《迷路》是写在梦中遇到去世多年的父亲，整首诗，是对一场奇异梦境的回顾，也是对父亲的思念。这当然是几个偶然的特例，可遇不可求。写诗不能靠做梦，但是诗的灵感如果在梦中降临，那也无法拒绝。

写了这么多年，你觉得自己的诗歌在形式和意境、内涵上有何变化？

《疼痛》出版后，有评论家和同行认为这是我的变法之作，和我年轻时代的诗风有很大改变。一位评论家说我"以一个完全陌生的诗人形象重新站立在读者面前"，说得有些夸张，但确实是很多读者的看法。

其实我还是原来的我，只是写诗时改变了原来的一些习惯。年轻时写诗追求构思的奇特，形式的完整，语言的精美，诗作吟咏的对象，大多为我观察到的外在天地，写我对世界对人生的实在的感受，每写一首诗，都要力求清晰地表达一种观点，完成一个构思。而这几年写的诗，更多是对人生的一种反思，也是对我精神世界的一种梳理。经历了大半个世纪动荡复杂的时事，追溯以往，来路曲折，并非一目了然。这本诗集中的作品，不求讲明白什么道理，只是通过各种意象片断地袒示自己的心路历程，也许不是明晰的表达，但是是对内心世界的真实开掘。我并不在乎别人怎么看。如果说，年轻时写诗是对外开放，现在的诗，更多的是向内，向着自己内心深处的灵魂所在。每一首诗的孕育和诞生，都有不一样的过程，有灵光乍现瞬间完成，也有煎熬数年几经打磨。一首诗的完成，也许源于一个词汇，一句话，一个念头，也许源于一个表情、一个事件，一场梦。但是一定还有更深远幽邃的源头，那就是自己的人生和精神成长的经历。

《疼痛》海外版同步推出，这在当下的诗歌创作中是极为少见的，有何契机吗？

谈不上什么契机，是因为近两年诗集中的部分作品，包括英译陆续在国内外报刊发表，引起一点关注。《疼痛》的英译近日已由美国一个出版社出版。翻译者是年轻而有才华的加拿大华裔女诗人Karmia Chao Olutade（曹禅），哈佛大学著名的汉诗翻译家Canaan Morse（迦南·摩斯）是这本诗集的特约编辑。《疼痛》的塞尔维亚、保加利亚和西班牙语的翻译出版也在进行中，今年可望在不同的国家出版。塞尔维亚翻译这本诗集，是因为我曾在那里获诗歌奖，有不少同行关注我。保加利亚前几年曾翻译出版过我的诗集和散文集，那里有我的读者。

近几年来，诗歌似乎逐步在恢复热度，涌现出了许多诗歌事件和热点诗人，你觉得是不是一个诗歌时代又回来了？和20世纪80年代的诗歌热潮有什么差别吗？

我觉得这反映了社会对文学的关注，这和这几年全社会都在倡导文化、推广阅读的努力有关。当然是可喜的现象。但我不认为是进入什么诗歌时代，诗歌从未离开过我们的生活，只是不同的时代会发出不同的声音。

2015年，你出版了儿童文学作品《渔童》。这是你的第二部儿童长篇小说。为什么会涉足这一领域？

《渔童》是我构想了多年的一部儿童长篇，以孩子的视角正面写特殊的年代。这也许是为自己设了一个难题。三十多年来，这一直是我作品中经常涉及的题材，譬如我的散文集《岛人笔记》。有些人用历史虚无主义的态度对待，选择遗忘，这是让人担忧的事情。我一直在思考，如何用文学的方式，将那段历史记录下来，让孩子们了解。虚构的小说，不能仅止于展示黑暗，渲染罪恶，不能止步于人性的堕落和生命的毁灭，儿童小说，更是如此。如果作者的目光只是停留在黑暗和恶行，满足或者沉浸于渲染揭露，向读者描绘一个看不到希望和前途的绝望世界，那不是文学的宗旨和目的，真实的历史也并非如此。儿童小说，应该向小读者展现人间的真善美，让孩子领悟生命的珍贵，即便在困厄中也能看到人生的希望。《渔童》这部小说，就是我在这方面的尝试。

在已经出版的两部儿童长篇小说《童年河》和《渔童》中，都有你童年和少年时代的生活影子。这样的写作，对你来说有何意义？你认为对当下的孩子们来说，会不会有些隔膜？在语言和故事上，你是否会考虑刻意迎合现在的孩子们的趣味？

儿童小说用什么样的语言，用什么样的故事结构？是否会要和我以前的创作做一个切割，用截然不同风格和方式来叙写？是否要俯下身子，装出孩子腔，以获取小读者的理解和欢心？我觉得没有这样的必要。我相信现在孩子的理解能力和悟性，真诚地面对他们，把他们当朋友，真实地、真诚地向他们讲述，把我感受到思想到的所有一切都告诉他们，他们一定能理解，会感动，使我不至于白白耗费了心思和精力。诚如写了《夏洛的网》和《精灵鼠小弟》的E.B.怀特所言："任何人若有意识地去写给小孩看的东西，那都是在浪费时间。你应该往深处写，而不是往浅处写。孩子的要求是很高的。他们是地球上最认真、最好奇、最热情、最有观察力、最敏感、最灵敏，也是最容易相处的读者。只要你创作态度是真实的，是无所畏惧的，是澄澈的，他们便会接受你奉上的一切东西。"

茅盾的《子夜》对20世纪二三十年代上海城市生活的描写，以局外人的身份看待城市，对城市生活给予批判。这种批判，体现出作家本人的生活经验和成长记忆。你出版的儿童长篇小说《童年河》和《渔童》，引发很多好评，这是你对此做出的相应的文学表达吗？

很多作家在他们的小说中对城市生活表现出一种极为复杂的感情，城市把各种不同地域的人集中在一起，凸现了贫富的差别，在泛滥的欲望中，也泛滥着人性中的贪欲和丑恶。拥挤、压迫、浑浊的空气，被排挤和放逐的自然和天籁。文学家的目光决不会放过这一切，去表现这些。也不能说是对城市生活的批判，城市生活中也有美好的人性闪光，也有诗意的温情。生活在城市底层的人群中，有艰辛的拼斗和挣扎，也有憧憬和追寻，形形色色的人群，酸甜苦辣的生涯，融合成城市生活的五光十色，谁也无法对城市生活一言以蔽之。《童年河》是我的第一部长篇小说，因为是些童年生活，小说的主人公也是孩子，所以被归入儿童文学。小说写的是20世纪五六十年代的上海城市生活，我没有想到过要批判城市生活，只是写我曾经在那个时代感受到的人间真情。城市在变化，生活也在变化，但人心中有些东西是不会改变的。我写的是那些不会改变的东西，所以和我同辈的读者也许会产生共鸣，而这个时代的孩子，也不会感觉遥远和陌生。正如我在小说后记中所说："不管我们所处的社会和生活状态发生多大的变化，有些情感和憧憬是不会变的，譬如亲情，譬如友谊，譬如对幸福人生的向往。童心的天真单纯和透明澄澈，也是不会改变的。"

创作诗歌和儿童文学作品，都需要纯净的童心。我想，你在这样的年纪，写这样的作品，应该不会是偶然的。你自己认为呢？

其实，作家写儿童题材的作品，是很自然的事情，这并不是赶时髦凑热闹。每个作家都有童年，几乎所有的作家都以不同的方式写过自己的童年生活。有些作家的童年回忆，并没有被人看作儿童文学，有些作家写童年生活，就被看成了儿童文学。这里大概有一个分界。有的作家写童年回忆，并不是为了给孩子看，只是以一颗历尽沧桑的成人之心回溯童年时光，传达的还是成人的看法和感情，即便是虚构的作品，也是如此。这类文字，适合成人看，不被看作儿童文学很自然。有些作家写童年生活时，老去的童心又复活了，写作时，一颗心又回到了童年时光，作品的视角是孩子的，文字中的情感和趣味也是孩子的，人生的喜乐悲欢，在童年的生活中都可以得到体验。这样的作品，成人读者有共鸣，孩子也喜欢读，这大概就是被人称为"跨界"的写作吧。

你平时具体在读什么类别的书籍？你读书的主要动力是什么？

我读书很杂，文学类的，艺术类的，哲学文化类的，甚至是科学类的，只要有趣，有价值，都乐意阅读。对一个从事文学创作的人来说，任何知识都不会是多余的。我写过一本书，书名是《读书是永远的》，对我而言，所有的身份和职务头衔，都是临时的，都是过眼烟云，只有读者这个身份，永远不会改变，这是伴随我一生的乐趣，一卷好书在手，心神愉悦，宠辱皆忘。读书犹如衣食住行，是我生活方式中重要的一部分，只要一息尚存，读书便是我每天的功课。

设问人：舒晋瑜 作家，《中华读书报》总编辑助理

陈仓 作家，诗人，媒体人

姚鄂梅

姚鄂梅，1968年生，湖北宜昌人。著有长篇小说《像天一样高》《白话雾落》《真相》《一面是金，一面是铜》《西门坡》《1958·陈情书》《贴地飞行》，中篇小说集《摘豆记》、儿童文学作品《倾斜的天空》《我是天才》。曾获《人民文学》奖、《中篇小说选刊》奖、《上海文学》优秀中篇小说奖、《长江文艺》优秀短篇小说奖，中短篇小说多次入选中国小说学会评定的年度排行榜。

我欣赏身体和精神都独立的女性

海明威的冰山理论，在姚鄂梅身上也有凸显。她偏爱一切简单的东西，相信简单下面有着深刻的微妙，也有说不尽的意味深长。姚鄂梅的小说就有着这样的意味深长，她写小人物的梦想，写女性成长中的挣扎，写一代追梦的文学青年……每一个身影背后都有着说不尽的故事。写作是什么？姚鄂梅说，写作是一种实现，她让这些人拥有梦想，同时也让他们接近现实的真相。

姚老师的长篇《贴地飞行》，从小说的命名来看，一边是轻盈的飞行，一边是现实的沉重羁绊，既是底层书写，也是一个永恒不变的文学母题，即每个人物都想逃离自己的原生状态。这样的书写会不会担心被模式化？

每次动笔写一个作品之前，我都会暗暗地问自己为什么要写它？在自我回答这个问题时，其实会自觉地考虑到模式化的问题，这也正是自己力图避开的所在。做到这一点并不容易，写作的母题就那几个，要想不加入合唱，就要找到属于自己的声音，而能不能做到这一点，不仅取决于写作功力，还取决于观察问题的眼力。总之，可供作家腾挪的空间其实非常小。

我并不觉得《贴地飞行》是十足的底层写作，底层的范围相当宽广，看你怎么划分，比如中层以下的白领，比如未能获得所谓成功的各界人士，我觉得都可以称为底层。我写《贴地飞行》的目的，是想表达自己的发现，我们曾经用怜悯的目光看待的进城务工人员，他们跟以前不一样了，他们不再仅仅追求温饱，他们的自尊心和成功欲早已苏醒，他们在城市面前不再胆怯，内心深处有了与城市平起平坐的底气。我记得当我向出版社简略介绍《贴地飞行》的主要内容时，我是这样说的："我写了几个小人物，以及他们的痴心妄想。我认为他们是一个新的群体，他们受过一定的教育，需要更大的空间，别无选择地跑进城里，城市对他们的态度有点暧昧，但是，正如现代性是一条不归路一样，他们的人生也是没有退路的，家乡对于他们来说，仅仅只是出生地而已，是专门用来摆脱的。他们还有一般人没有的灵活性，当他们对一个城市不满意，可以毫不犹豫地跑向下一个，一直跑下去。正因为如此，和城市上班族相比，他们的流动性更强，更加不稳定。"

与其说《贴地飞行》是底层书写，不如说它是一部流徙笔记。流动和迁徙将在很长一段时间内成为文学的一大主题，除了《贴地飞行》里的他们，还有我们所有人。不知从什么时候开始，我们生而为人的主要目的之一好像就是离开、出去，到更大、更发达的地方去，仿佛受到了莫名的召唤，我们在出去的路上无法止歇，这可能是人生的悲剧。但对文学来说，却是极其难得的丰饶季节。

我看你的作品，大致可以归纳为三个方面的主题，其一是对于理想、激情等20世纪80年代价值观的回望。你是否对这个年代有着不一样的记忆？

我出生于1968年底，常被归入60后，其实我觉得自己既不像60后也不像70后，当然我并不介意自己被如何划分。1987年冬天，我无意中找到了一个定期阅读《星星诗刊》《诗刊》等刊物的地方，那时我还不知道，这些刊物会充当一个领路人的角色，将我领向文学爱好者的道路。很多年后，当人们谈到20世纪80年代，闯进我脑子里的第 个词，就是诗歌，以及诗歌背后的诗人行径。抛开那些诗歌的艺术价值不论，也不谈那些人的社会意义，单谈他们对我的影响，我觉得他们就像天边隐隐传来的雷声，让年纪轻轻不谙世事的我常常处于莫名的激动不安的状态，我渴望做一个特立独行离经叛道的人，渴望做一个天马行空自由自在的人。尽管如此，这段时期里，我仍然只是一个喜欢阅读的人，没想过真正去写。

你的小说《穿铠甲的人》是否有你这段生活的影子？

不错，就在我迷恋诗歌的那段日子里，身边的确有些写小说的人，他们当中有写得好的，也就是可以在刊物上顺利发表的，也有写得不好，永远也发不出一篇来的。我曾亲眼目睹过一个执着的文学爱好者，他荒废了自己的主业，对工作事业家庭毫不上心，推迟娶妻，家里一贫如洗，所有的财产和生机都在他的书桌上。他的父母对他早已失望透顶，就连看到儿子的那些朋友，都怆然无语，好像文学这个东西带来了他们家的灭顶之灾。

《穿铠甲的人》是我离开老家，到南京后所写的，我总是这样，在一个新的居住地，写前一个居住地的人和事。写它的时候，我的确想到了老家的那个朋友，当然，他现在已经活得很好，一点都不像文中的杨青春，文学对他来说就像一架滑梯，让他一路滑向谷底，但他身在其中，居然体会不到跌落，相反，他体会到的可能是飞翔。

任何一个执着于梦想的人，其实都是穿着铠甲在大地上行走的人，那铠甲既是他自欺欺人的战衣，也是他的武装，从这个角度来说，《穿铠甲的人》不过是把主人公放置在一个文学青年身上而已，毕竟我对这个角色的生活相对熟悉。

你在长篇小说《像天一样高》的寄语中这样说，"20世纪80年代，是诗歌的黄金时代，除了那些我们熟悉的名字，还有更多星星一样铺展在大地上的无名诗人，他们像热爱生命一样，莽撞而纯真地热爱着诗歌，诗歌成为了他们的生活方式。在诗歌的光芒中，他们度过了一生中最宝贵的年华。"看来，20世纪80年代给你留下了深刻的影响，因此，在我看来这部小说是一部向它致敬的作品。请谈谈在这部作品中你是如何回应的？

诗歌对我来说，是一个耿耿于怀的梦，有段时间，我以为我会当一名诗人，但最终，诗歌像我的青春期一样挥别了我。后来我这样想，热爱诗歌，可能真的只是我的青春期的一种表现，随着时间的流逝，诗歌在我身上发生了神奇的转化，它鼓励我拿起笔来，尝试着写起了小说。

我至今怀念20世纪80年代后期那几年，偏僻的县城，湿润的青石板街道，几个好友漫无目的绕城环游，偶尔会接待远方来的素不相识的朋友。他们是拿着纸条来的，其实写纸条的人我们也没见过，只是有所耳闻。后来我才知道这种情况在当时并不新鲜，很多挚爱诗歌的人，正是通过诗歌这个媒介，走遍全国，四海交友的。诗歌对他们而言，如同一个万能的通行证，如同一个只有他们才能辨识的接头暗语。时至2003年，我流转到南京，在写作中我的思绪全无时间和地理的距离，我想起那段日子，心中疼惜那些朋友，他们后来都活得不算如意，甚至有些艰难，滚滚物欲如轰隆前行的列车，将他们碾压得七零八落。之所以会有这种现状，我总觉得那段与诗歌有关的狂欢难辞其咎，虽然他们并无半点怨言。就这样，我动起了写写这些朋友、写写我们那段日子的念头，所以《像天一样高》有一个副标题——"谨以此篇献给80年代"。

《像天一样高》之后，你将目光转移到了对底层社会的关注，是不是意味着你已经脱离了那段生活？

《像天一样高》对我来说，是一个总结，我把那段时间的生活以及各种情绪，揉合起来打成一个包，封存在那本书里。我永远不可能再写一本《像天一样高》那样的小说，也不可能像书里的人物那样去生活，事实上，当我们开始怀念某种生活时，意味着我们已经彻底告别那种生活。

你后来的一些中篇作品《大路朝天》《摘豆记》《一只蚂蚁的现实》等，似乎着意于揭露现实生活是如何击垮平凡人的生活梦想的，能谈谈创作上的转变吗？

《像天一样高》里的小人物，他们的双脚没有踏踏实实踩在地上，他们根本不屑于，甚至耻于站在充满烟火气的地上，他们更愿意飞在半空里，他们是一些超越现实的人，是活在精神世界里的人。人物都是反生活的，都在不遗余力地逃离现实，而这些小说里的人物都力求在现实世界里生活得更好，他们更接近真实的人，更接近生活的真相。

至于为什么我要把目光转向他们，转向所谓底层，那是因为我就是他们，我就在他们中间，我熟悉他们，了解他们，关注他们，热爱他们。我只能写自己熟悉的领域，熟悉的故事。其实每个作家都在写自己的生活，这就像太阳照射下来，每片树叶上都有阳光一样，如果把太阳比作作家，树叶就是作品中的人物，每个人物身上至少都有作家的一部分。

我老家语系里的梦想，跟我们现在所理解的梦想不太一样，我们那边的梦想，有讥诮和挖苦的意思，接近于做梦、痴心妄想，通常用于指责、批评一个人不现实，所以他们通常不说梦想这个词，说了就意味着会有"终究是南柯一梦"的下场。他们更愿意把某个想法埋在心里，秘而不宣，深藏不露。我觉得这是一种让自己活得游刃有余的生活哲学，不做无谓的狂想，不过于贪心，不过于执着，不把自己逼上梁山。而写作是什么呢？写作是另一种实现，所以我让他们都有一个可以说得出口的梦想，又让他们在通往梦想的路上一败涂地，或者虽胜犹败，这才接近生活的真相。如果人人都能梦想成真，还要文学作何用？

在读罢长篇小说《真相》、中篇小说《摘豆记》《忽然中年》《黑键白键》等作品后，我发现你致力于发现埋藏在生活表面下的真相。你如何理解生活的"真相"？

任何写作都在致力于揭穿人性的真相，只是，人性具有如此多的侧面，没有人能穷尽这种探索，偶尔能收获一鳞半爪，已是了不得的幸运。

《真相》里的真相，其实是发现真相的能力。这里面有两层意思：真相就在我们周围，但我们不一定能辨识出来；被看到的真相，真的就是事物的真相吗？我们究竟需不需要看到真相？方兵小时候是个袖珍公主，后来却身高异常。一次事故后，她惊异地发现自己能透视他人呈现在额头上的心理活动，她和家人极力掩盖这一"异禀"，但百密一疏，她说出了同学和英语莫老师的私情，结果同学失踪，她不得不离家出走，而父母为了传说中的升迁考察，没有找寻。几年后，方兵归来，利用自己的"异禀"奋力打进小城的上层，然而，偶然出现的客人将她的灿烂前途化为乌有。方兵被迫再次离开，走进了脑科学家的实验室，期望消除"异禀"，却被科学家利用。当她在"异禀"终于消失后回到家乡时，却被视为蛇蝎，最后在精神病院找到了平静。父亲出狱，他为女儿攫取的钱财就藏在护墙板中，但从未被发现，他携钱消失了。莫老师事件的真相终于浮现出来，然而，一切都已无法挽回。

《摘豆记》里的道士神秘地对小锐说："做满七七四十九件善事，你将看到你所求之事发生奇迹。"这是小说借用的外壳。小锐长高心切，当真每天都去做一件善事，眼看已经积满四十八颗豆子了，这时发生了一件事，小锐的朋友明珠，临产之前被男友抛弃，小锐只得一边照顾产妇明珠和她刚生下的婴儿，一边替明珠跟男友家里交涉。有一天，小锐发现明珠扔下孩子跑了，她只好把那个婴儿抱回家，却遭到家人的极力反对，无奈之下，小锐也像明珠那样，将婴儿第二次遗弃了。小锐最终功亏一篑，没有积满四十九颗豆子。骨子里冷漠自私的人，是见不到那个奇迹的，即便是在诱人的利益驱动下，人也积不满那七七四十九颗豆子，所以人注定在平庸和烦恼中艰难前行。这也许就是生活的真相。

相比之下，《忽然中年》《黑键白键》里的真相更接近于日常生活，是没有任何设计与剪裁的客观呈现。

生活有假象与真相，人性也有复杂的一面，善与恶，美与丑常常比邻而居，而且善果与恶因也许相连相生。长篇小说《一面是金，一面是铜》笔力老辣，叙述干净有力度，是你刻画人性复杂性的重要作品。你想在这部长篇小说中表达什么样的社会与人性的思考？

很惭愧，写这篇小说是为了完成一个任务，一般来说，这样的小说是要正面切进的，要高歌猛进，要正能量，但我已积习难改，所以，任务完成得不是很好。

父亲马三翔的生命里充满机遇，而他一个不落地抓住了它们。因为铁杆好友廖明远的鼎力相助，马三翔的身份在急速地变化着：退伍还乡的军人、工厂正式职工、带薪读书的学生、厂长、信贷科长。在担任信贷科长期间，他被所在工厂寄予厚望的妻子，因得不到马三翔所在银行的贷款，羞愤之下，跳楼自杀，此举意外地成就了马三翔讲原则不徇私的良好形象，他从此步步高升，位至银行高层。

大儿子马睿曾对母亲之死耿耿于怀，为了深入了解父亲，大学毕业后，他放弃所学专业，投身银行，却在快速晋升中渐渐认同了父亲。

小儿子马力是低级职员，从他的位置看出去，银行的客户林林总总，有人不惜一切手段逃避债务，也有人为了维护个人信誉，不惜损害自己的生命和尊严，就连银行自身，有时也在不由自主地做出不轨之举。他无意晋升，可事与愿违。

秘密被突如其来地揭穿，才知生活中的平静，友好，甚至爱，不过是父亲对自己的好友精心策划的报复之举。

撇开那个任务不说，我在自己的设计范围内，自圆其说了。

在这部小说中，除了主要人物马三翔、廖明远、马力等男性外，我还注意到了一个略带争议性的女性人物，安娜。安娜是一个在理想的人格和现实的泥淖中挣扎的年轻女性，也是一个颇具现实意味的人物形象。你一直很擅长描写女性人物，能否结合作品的主旨内涵，谈谈设置这个人物的初衷？

我有很多小说是以男人的视角去写的，这应该不是我的长项，不知为什么，我偏偏执着地尝试了很多次。我一直有个想法，每部作品中至少要有一个耐人寻味的人物，我把这个志向放在女人身上，即使她只是次要人物。《一面是金，一面是铜》就是这样。我所欣赏的女性，无论身体还是精神，都应该是独立的、自由的，关注内涵，重视自省，这样的人，生活中也好，作品中也好，我都乐于去结识和研究。安娜在小说中被马三翔作为复仇棋子培养，露面的机会不多，但很重要，如果仅仅让她安于这个角色的设置，完成使命，人物形象会很单薄，没有说服力，而且因为她的存在太过隐秘，很难让读者发现她的存在，所以后来干脆设计让她跟马力相遇，开始了一段完全不了解对方信息，也不抱任何目的的交往。我发现自己其实很擅长设计这种脱离现实的桥段，这是否也说明，即使已经是虚构，有时也要离地三尺，不要太贴着地面走？

作为一名女性作家，《白话雾落》带有比较浓厚的女性主义文学色彩。你能谈谈这一部作品么？

我不觉得《白话雾落》带有女性主义色彩，至少我没有故意设计，我只是碰巧写了几个女人的生存状态而已，从标题就可以看出来，我的注意力应该是在雾落这个小山城身上，它隐没在川东鄂西的大山深处，隐没在不怎么为人知晓的地方，它是孤独的，又是被看不见的力量所控制的，它的存在与消失，它自己说了不算。我力图让《白话雾落》具备寓言特质，把它写成一部整体象征小说，所以才有文中那块玻璃，那些人利用玻璃折射光线的原理，在山坡上竖起一面大玻璃，力图改变雾落长年云山雾罩的自然状貌。我比较喜欢那块玻璃，要是没有那块玻璃，我不知道这篇小说要怎么写下去。

那《西门坡》的差别在哪里？

比较而言，《西门坡》也有些女性主义色彩，新婚姻法的实施，让离婚的辛格从一个有产者变成了无产者，没有稳定收入，被娘家人拒之门外，还有年幼的孩子……但这一切只是引子，只是序言，当走投无路的辛格投奔朋友安旭时，故事才慢慢打开。

安旭可以称得上是一个女权主义者。在妇联工作的时候，她专门接待妇女，所见所闻无非是家庭暴力、冷暴力、仇恨甚至谋杀，"像洗脑一样"，这些女人的现状覆盖了她对生活曾经的认知。她将她的杂志改名为《第二性》，像建立安全岛一样，建起了一个专门收留不幸女人的大家庭——"西门坡一号"。这些女人都经历过鲜为人知的不幸，她们聚在西门坡一号这个幽僻的小院落里，过着类似公有制的集体生活，她们穿着清一色的卡其色粗布工作服，没有个人财产，劳动不计报酬，不与任何男性交往，禁止使用手机等一切现代通讯工具，食不过饱，衣不过暖，在安旭看来，简单，才能杜绝非分之想，而西门坡，就是英文"simple（简单）"的译音。然而，人的天性终究无法抑制，有人开始对制作销售的饭团做手脚，牟取微不足道的私利，有人自恃加盟时财力雄厚要求特权，有人利用特权滥用不多的公款。孩子们渐渐长大，却不能接受正规教育。最终，一个七八岁的孩子无意中捣毁了这个"安全岛"。

我第一次在文字中彻底摒弃了自己的影子，摆出一副纯粹讲故事的架势，让小说的推进完全依赖于故事情节自然生发的力量，并力图往非虚构的风格上靠。通过《西门坡》，我找到了朴实无华的叙事的乐趣，对于小说，尤其是长篇小说，我觉得这种方式是值得尝试的。

我不介意这篇作品里的女性主义写作味道，但我绝对不是一个自觉的女性主义者，我的写作直觉带着我，刚好走近了这个地方，如此而已。

虽然你不是一个自觉的女性文学作家，但从你的几部长篇小说和大量中短篇小说中我们可以发现，你笔下的人物大多是女性，而且塑造得最好的、最有代表性的往往也是女性人物。你能否从自身及创作实践出发谈谈出现这种情况的可能条件与因素？

女性主义不是天生的，是一天一天形成的。这几年来，真实的生活和阅读，让我越来越意识到，女性真的跟男性不同，男性如何看待女性，社会如何看待女性，与几十年上百年甚至更久以前相比，没有截然的不同。

我喜欢并尊敬这个世界上的女性，无论贫富，无论老幼，女人总是承载更多的那一群，人们一面勉励她们能干、独立，一面又暗示她们迎合、牺牲，总之，人们希望女性像橡皮那样，能修补和治愈一切，使一切井然有序，而且永不罢工，永远没有坏情绪。

做一名这样的女性是越来越难了，她们必须假装没有独立的经济能力，假装没有独立的内心世界，甚至没有独立的审美能力，然后把自己做成一个邮包，从父亲手里移交到丈夫手里，从丈夫手里移交到子女手里，每到一个地方，就自动打开来，根据不同的需要重新组装一次。

事实上，在几次重大的投递过程中，这个邮包一直都在出问题，可一点点邮包上的小麻烦，却直接被对方忽略不计，何况备用邮包很多，实在出了大问题，他们可以扔掉，再去申请一个。但依然，各类问题层出不穷，且常出常新。

我在《西门坡》里也接触过这个问题，我说女人其实有点像深海鲈鱼，它的前半辈子是雌性，后半辈子会慢慢变成雄性，尤其在她生了自己的孩子过后，丈夫的作用基本上就退化到了社会需要这个层面。不是说她们不需要爱了，是生育和哺乳这两个了不起的大动作令她们的生理发生了微妙的变化，由此带来内心世界缓慢但不可逆转的改变。但女性是一种特别能忍耐的族群，即便脖子上的绳索令她们感到极度不适，奋力想要挣脱，真到了悬崖跟前，她们还是会停下温柔的脚步。

只有那种自带文艺气质的女性，往往不知道根据脖子上绳索的长短来聪明地调节自己的步伐，就算前面是万丈深渊，也难以阻止她们的莽撞。多年以后，这样一些女人慢慢凝结成故事，而当年那些在悬崖边毅然止步的女人们，往往会在空闲时间捧读着她们，或坐在电影院里一动不动，任眼泪浇透面颊，这时她们才意识到，自己其实一直一直都心有不甘，她们渴望风暴再起，但已无力回天。

女性的身体永远不会停歇，即使在最需安静的时刻，即便牢牢缚住她们的手脚，她们仍然会吹起一口气，掀开掉落下来的碎发。盯住女人，就是在一面镜子里审视着全人类。

你认为一部理想的小说应该包括哪些要素？是小说的主题内涵重要还是小说的叙述艺术重要？你是怎么处理小说主题与艺术表达之间的关系的？

我觉得一部理想的小说，应该具有深刻的思想表达，完美的叙事艺术，除此之外，至于哪个更重要，要视题材、作家类型而定。就我而言，我的习惯是在幽暗中抓住某一个闪光点，然后等它慢慢在我脑子里放大，这大概就是你所说的主题内涵，然后才有用来承载它的故事，以及叙述。运气好的时候，它们是同时到来的。

最后，能否请你谈谈你的小说观？在你心中，有没有一个好小说的艺术标准？

也许是朴素的个性使然，我偏爱一切简单的东西，小说、诗歌、绘画、音乐，简简单单，一如看上去的样子，听上去的样子，但实际上，它们并不肤浅，简单下面，有着深刻的微妙，说不尽的意味深长。

设问人：周新民 评论家，湖北大学文学院教授

唐　颖

唐颖，1955年生，浙江镇海人，以书写上海题材小说而闻名，被认为是对上海都市生活写得最准确的作家之一。出版有中短篇小说集《丽人公寓》《纯色的沙拉》《多情一代》《无性伴侣》《瞬间之旅》《红颜》等，长篇小说《美国来的妻子》《阿飞街女生》《初夜》《另一座城》《上东城晚宴》等。长篇小说《上东城晚宴》入选中国小说学会年度小说排行榜、《收获》年度小说排行榜，长篇小说《美国来的妻子》获全国城市报刊连载小说一等奖。

正视悲剧才有力量抗衡生命无常

情感关系是人际关系中最深刻最脆弱的关系，也是唐颖作品的核心主题。她的作品被认为是了解当代上海的"必备指南"，但是更值得被关注的，是她探究繁华都市中女性的生活、情感、心理与命运的能力，是她不失理性地不停追问历史与人性、女性的自我认知与青春的追忆、个人与时代的关系等人类永恒的话题。在她看来，人都是靠自己的力量站起来的，文学不在于解答问题，而是通过人物的情感历程，获得感动、认同和释放。

很高兴和唐颖老师对谈，你长在上海，后来出国又回来，以书写上海的文化、历史和底蕴为特色。你出版了上海、纽约"双城系列"三部曲《阿飞街女生》《初夜》《另一座城》。能否请你简单回顾下自己的文学创作？三部曲彼此之间有什么内在的联系？

这三本书内在的联系便是双城之间：上海和另一座城。《阿飞街女生》中的上海和纽约；《初夜》中的上海和美国中西部小城；《另一座城》中的上海和新加坡。不同的空间带来不一样的场景和在此场景上发生的故事，更重要的是，带来心理上不同感受和刺激，给予书中人物回望和反省的空间，因此，情绪上的起起伏伏很强烈。

"双城"即是我自己的生活经验，在小说结构上也有了一个更广阔的空间，在不同国家不同文化的城市，因此有对比效应。"双城"从文学角度，也是一个象征，表达了人生的某种极端性，比如，在一个开放的超级大都市纽约，回看曾经的压抑年代，就会产生故事的张力。同时，不同空间也象征了不同的人生阶段。

纽约是"阿飞街"女生米真真的当下，是她曾经向往的"别处"，纽约前卫艺术氛围给予她震撼，也必然给予她非同以往的视野。她在纽约城遇到失去联系的故人，便有了往事的回忆。当米真真把年少时最亲近的朋友聚在一起时，必然要面对在自己城市发生过的黑暗的往事：她家的近邻也是最要好的女友在弄堂遭遇侵犯呼救时，人们却关紧门窗不愿施救，包括她的家人。这是属于她的故乡的历史记忆。

《初夜》里的叶心蝶，则是在异国他乡遇到了初恋的男友，笼罩着初恋的阴影也跟着浮起，回望青春和故城，在时光中沉在深处的伤痛又发作了，身体已经成熟，精神仍然需要不断成长，已经有了家庭和孩子的心蝶，却无法释怀年轻时的情感创伤。以为可以忘记的"过往"其实一直在影响"现在"，在日常中渐趋麻木的情感需求突然有了饥渴，也因为离开自己的城市，给了心蝶另一种生活的可能。

而《另一座城》里阿宝的丈夫龙是在远离家乡的上海"改变了"性取向回归了自我，然而，为了不让母亲失望，也因为他本人对传统文化的认同，他违逆自己本性结婚组成家庭，当他远离亲密的人伦关系，压抑的需求便像突围一样奔突。对于书中女主人公阿宝，这另一城即是她的伤心城市，也是她死而后生的地方。

上海文艺出版社出版了你的作品《上东城晚宴》，单行本一经上市便广受关注，进入当年多个年度排行榜。从20世纪80年代到现在，你一直致力于书写大都市里女性的情感生活和生存状态，在你的新作中，会有别样的感悟吗？

这本新作表现了一段完整的两性关系。这段关系发生在两个成熟的人之间，直接，没有幻觉，或者说没有关于爱情的憧憬。他们从性爱开始，并且希望仅仅停留在性爱，因为已经看到这段关系没有前途。然而，两人相处中关系在发展，你以为可以控制却发现难以控制，想要遏制的感情正悄悄地越过彼此的身体牵丝攀藤互相缠绕……于是，伤害产生了，你并不想伤害对方是吗？可是爱的结局就是伤害。因此也是一段虐心的情感旅程。

值得探讨的是里约这个人物，比起以往书中女性人物，里约的现代性更强烈。里约追求能让她深深沉迷的关系，就像吸毒者在寻求纯度高的毒品，在她非常high（情绪高昂）的同时，危机也出现了，里约是多么清晰地看到她将面临的体无完肤的下场，即使痛不欲生也必须自己来斩断这关系。上东城晚宴是个象征，是虚幻的场景，其光芒让你眼睛发花，因此这个背景上的男子也已经自带光芒。里约非常明白，这是和她的世界不太可能交集的另一个维度，她冷冷地打量它而不是抱有期待，这是里约的洞察力和自我反省带给她的免疫力。对于她，纽约这座黄金城，是奇遇的含金量高，是非常爱情的含金量高，她仍然也是个完美主义者，只有自己来结束，才会结束得漂亮，结束得酷，这便是里约的现代性。

在这部小说中，我仍然以女性视角，也就是女主人公的视角去描述这段关系给生命带来的感悟，或者说痛感。文学，不就是给予读者痛感的共鸣吗？

在新作《上东城晚宴》中，里约遭遇了闺蜜的去世以及爱情中的失望，你如何看待你在作品中表达的这些伤痛？这些有内心伤痛的女性仿佛一直在走钢索，但是一直没有坠落下去。你也说过，自己作品中的女性不会完全崩溃，你希望读者从这个过程中感受到什么？

严肃文学不同于励志故事。严肃文学是要揭示藏在光鲜生活背面的悲剧底蕴，所以便有"文学是悲声的场所"一说。唯有正视人生里的悲剧底蕴，才有力量去抗衡生命中发生的无常。这便是文学在揭示生命的悲剧性的同时给予的力量。事实上，所有人的人生都会遭遇挫折和创伤，我们是在伤痛中获得思考和反省的能力。

城市是文明生活的载体，城市人的爱情也比以往的传统社会更为复杂，除了外部的打击，天灾人祸之外，来自于情感关系的破碎和纠葛，几乎是每个人生命历程中必须经历的内在打击。情感关系是人际关系中最深刻也是最脆弱的关系，是我作品的核心主题，在情感这条路上，很少有人是一帆风顺的，一旦陷入情感关系，便陷入了纠葛和失望中，因为你有期待必有失望。一部作品的含金量是和情感的容量有关，这类与情感有关的主题，也是超越时代的，文学是探讨人性的载体，人性必然超越时代和地域。虽然书中人物有各自背景，但必须唤起不同时代和地域的读者的共鸣。一部文学作品不是在告诉你应该怎么做，而是通过作品中人物的情感历程，让你获得感动、认同和释放，也许还能得到启迪。

《上东城晚宴》正视了人的欲望，许多读者对此心有戚戚，评论文章也提到了这一点，就是男女主人公之间的吸引，是特别纯粹而直接的荷尔蒙的吸引。想请你对这个问题具体谈谈？

这是一个非常值得讨论的问题。在写作中我们总是自问是否仍然有一些禁忌没有触及？两性之间的性感吸引非常自然，写一段爱情却不触及爱欲和身体冲动，我不知这所谓"爱情"有多少说服力！有一段评论指出，"电视剧《我的前半生》里，有职场，有感情，有野心，没有的是欲望，这激发感情的原初动力的缺乏，使得这部剧虚有其表。"评论家王雪瑛也和我讨论过这个问题，她说得好，"一方面，爱欲是生命中最自然，最真切的能量，爱欲是感性的，而人生之旅是在理性的轨道上运行的，爱欲往往与人生理性的轨道背道而驰，是放弃，还是坚守？两性有着不同的选择和复杂的心理，丰富的体验，而你的小说就深入了最纷繁复杂的区域。"

事实上，在这篇小说中，我还是有所顾忌，仍然没有真正写透欲望本身的盲目和非理性，也就是人物并没有真正脱轨，没有被欲望驱使到疯狂。

此外，从原生态层面，男女两性由于生理差异对于感情的感受力和需求也许不同，甚至这也影响了他们的世界观和价值观。更重要的是男女两性对待性爱的方式是不同的，从而对他们人生造成的影响也是不同的。

你在后记《你要爱你的寂寞》中谈到，"人性多复杂，爱就有多复杂"，这个复杂在男女两性身上应该有不同的表现吧？

人都有自己的社会角色，在"上东城"里，于连作为成功的男性充满"我想要的东西我必须得到"的自信，比起里约，他反而比较不复杂，虽然他所处的地位是复杂的。他既想获得婚外恋情，又不想失去婚姻，而这个婚姻关系利益，就更加显得牢不可破。于连作为男人有其魅力，这魅力即是社会角色赋予也源于他自身个性和作为艺术家的特殊能量和气场。他是情场老手，以为和里约的这一场艳遇也是可以掌控的，却未料遇上的人也颇有个性并且是个相当现代的女性，这样的个性吸引他也惹他烦恼。事实上，于连并非无情，他也在和自己的情感挣扎，然而，他有野心有目标，是个意志坚定的成功人士，请注意，往往，成功者都有相当坚韧的意志，这意志让他扑灭了自己内心的火焰。

而里约虽然一度迷失和沉迷，她爱上了一个不该爱的男人，她清楚地意识到这一点，却仍然无法说服自己的情感，情感首先服从于身体，然后理智来干预，这过程的痛苦是，里约是爱情至上主义，一场情感的获得或失去，成了她人生的主旋律，一旦失去便是一生悲调。她的复杂是，她的理智和常识每时每刻都在提醒自己不能陷进去，但身体和感情却无法控制，所以她就一直处在内心的挣扎中，她的挣扎漫长而没有停止过。

从《红颜》到《糜烂》，你的小说中都带有一些城市物质性的描写，《上东城晚宴》中也有关于纽约物质性的描写，外界也会有质疑"物质化"的声音出现，你怎么看待？

城市女性的吃穿住行也是城市小说必然要触及的现实，在高度物质化的消费时代，城市女性遇到了前所未有的物质诱惑，是否在一个物质世界沉沦，是每一个城市人需要抗争的。不描写物质又如何传递物质城市给予人的诱惑，又从何谈论所谓抗争？并非因为描写城市的物质就是物质化，这样的结论几近无知。我们很多小说的空洞和概念化，正是因为作品没有物质场景和细节质感，不能让读者身历其境。事实上，这部作品是在描写人物陷入情感时的内心挣扎，非常心理化，不知得出这结论的人是否读过这部小说？我甚至都不太明白哪些地方描写是属于物质化的，能否举例说明？

《上东城晚宴》中的爱情故事引起了很多读者的共鸣，觉得这个故事很现实。你觉得这种理性又脆弱的状态是现代爱情关系的普遍状态吗？你认为大都市高度发达的商业化对此有影响吗？

我想，比起传统的爱情悲剧，现代人的爱而不得往往不是外力而是自身的个性和境遇造成的，也因不同的价值观而自带阻力。在于连和里约的关系里，没有任何外部的阻力，阻力就在他们的个性中，在他们的相处中。他们不像传统的人，爱上就要投入，他们反而害怕自己爱上，害怕被爱情伤害，在高度发达的商业社会，也就是非常物质的社会，人很容易现实，很容易被利益控制，有利和不利是现代人的思维定势。高度发达的社会，人的智商也高，太聪明的人很难投入一段感情，需要考量的因素太多，其中并非完全是物质的考量，也有保护自己不受伤害的考量，他人即地狱。我们总是关闭自己的心，也看不到别人的心，所以现代人更加孤独，越是发达的社会，越注重个人空间，先是从身体上隔离了人群，然后有了精神洁癖，是的，现代人更聪明更理性也更悲观，他们渴望爱却又害怕它的转瞬即逝，爱还未发展便预设了变成泡沫的结局。书中的里约比于连先看到泡沫的结局，然而，她的可爱是，即便如此，她仍然听从来自本能的召唤，投入到一场充满风险的情爱关系里。

每个时代有每个时代的印记，在你成长的20世纪70年代，上海留给你的记忆是什么样子？

我在上海出生成长，我的父母也在上海出生成长，我父母的父母年少时来上海闯荡，他们竟然来自同一个小镇浙江镇海，因此我的亲戚也都在上海。关于上海我有太多的故事，但是年轻时我并没有太在乎这些故事，年轻时，我们的目光是在远方，我们渴望离开故乡。而且，在我年少成长的岁月，上海这座城市被冠之太多负面语词，十里洋场，崇洋媚外，是当时国人鄙视上海的最正确的理由，出门在外有点不想告诉别人自己是上海人。而我们的前辈更不愿提起他们的过去，所谓"旧上海"是个难以启齿的话题。

要了解我成长时期的上海，请去读我的小说，我的"双城系列"有充分的笔墨描述1970年代的上海。

有人开始反思，是不是我们把上海想象得太精致了？这种精致是否会让人产生距离感，或者成为某种具有观赏性的存在，在你的写作中如何避免陷入一种自我欣赏？

陈村这么说，是有调侃的意味，以前上海人把住在淮海路附近区域的居民，都统称为住在淮海路。如今的新天地是在淮海东路，新天地的原址是一大片居民区，其房屋破烂拥挤，居民住房条件远比工人新村差。所以不能简单地用淮海路和工人新村来划分居民阶层。

所谓"上海的精致"是媒体打造出来，所谓的"观赏性"是虚假的，媒体在引领"物质至上"的价值观方面有很大责任，是谁在那里渲染城市的光鲜亮丽，还有明星们的豪宅华服和那些无聊的八卦？

而我的文学作品是在戳破这个泡沫。我不知道你是否读过我的小说？那么悲痛的故事怎会有自我欣赏一说，是否被"淮海路"这个地名误导？

在《阿飞街》里，我通过主人公米真真的视角，将她曾经住过的街区做了痛彻心肺的批判，自私、怯弱，缺乏正义感，那些黑暗故事正是在这样的地方产生。而《初夜》里的叶心蝶也是以蔑视并从自己成长的地方叛逃作为她人生的开端。

大都市的贫富差异我们都有目共睹，但作家不是记者，作家不能写自己不熟悉的生活和环境，文学的真实性是作家的底线。

根据你的小说《红颜》改编的电影《做头》中，有句台词很有意思，女主说"上海人就有上海人的那种样子"。你理想中的上海女性是怎样的形象？

这不是我小说里的台词，这电影已经严重歪曲了我的小说主题。不是所有的上海女人都要每星期上美发店做头发，小说里的爱妮，是个特例。她是个爱美也有点虚荣的女子，她每星期上美发店做头发，也与美发师亲密相伴十几年，他们之间的关系变得暧昧。因此对于爱妮，每星期上美发店做头发越来越像每星期一次的约会，成为她情感空虚的生活中的支点，填补她婚姻中的缺憾但，她和美发师之间没有发生任何出轨行为，却暗潮汹涌。这部小说后来改编成电影《做头》，导演却让两人上了床，把一段暧昧到难以言说的关系做了简单粗俗的处理。而小说展示的不可疏忽的重要背景是爱妮眼中时代的变化。那是20世纪八九十年代，整个中国在经历开放和改革，走向高度物质化的消费时代，美发店是小舞台，反映了时代变迁带来的价值变化。从爱妮的视角看出去，美发店转门转进来的女子越来越年轻，越来越漂亮，她们身份模糊，她们给小费出手大方，让自我感觉优越的爱妮变得自卑，她直接就受到了价值观的挑战，而这么重要的时代背景——市场经济带来的消费时代正在挑战传统的价值观，完全没有在电影里展示。

不要把上海女性标签化，所以我也不会说，我理想中的上海女性是什么样的。人都是具体的，有自己的个性和成长背景，没有特定的上海女性这一说，这是概念化的标签。小说里的上海女性，是指出生和成长在上海的女性而已，她们原本也是面貌各异。

你曾经说，大都市对于城市女性既充满"机会"也充满"陷阱"，因为挣扎便有了戏剧性，这挣扎是指哪方面？

所谓繁华大都市，都是高度物质化的，也一定是高消费的，对生活在大都市的女人也充满陷阱，因为有那么多的物质诱惑，这些诱惑会动摇你的价值观，影响你的世界观，女人都是喜欢的美好的物质，但是喜欢到什么程度，就是价值观在起作用，你会用你的青春和爱情去交换这些物质吗？

独立女性是有底线的。

当然，处在历史转型、新旧价值观念冲突交替时期的上海新女性有着比张爱玲笔下的女人更为广阔的活动空间，同时也面临更为复杂混乱的局面。所以，今日城市女性更有危机感，她们在暗礁遍布的洪流中沉浮的过程是最有生命力的华彩段，城市女性的精神成长，便是在这一次次的自我挣扎中渐渐成熟。

你在《阿飞街女生》里提到《珍妮的肖像》，你特别强调这本书里讲到的，男人是跟着时代一起消亡，而女人脸上有一种神情是超越时代的。你以女性视角观察世界，你是个女权主义者吗？

我非常讨厌"直男"们毫无自觉的男权意识，但我不会特地去强调女性的自我意识和话语权之类，我的女性自我意识从写作开始就已经贯穿在我的女性人物中了。事实上，我笔下的女性在大城市的背景下成长，而且是在上海这么一个有国际化传统的城市，因此她们的女性自我意识可能比其他地区的中国女性更强一些，这是城市文明给予她们的先天的优势。以前人们嘲笑上海男人是小男人，这既反映了大男子主义的社会现状，也反衬了上海女人是大女人，或者说，这是个男女平等的城市，女人们不依附男性，先从经济上然后从精神和心理上获得独立。即便如此，面对情感关系，女性仍然更容易受伤，这和她们对情感的态度有关，她们的幸福感通过感情获得，因此情感关系也是女性人生旅途上一个重要节点。

20世纪80年代，上海掀起了出国潮，可否讲讲那时候人们的心态？作为出国的一员，你在美国有怎样的感受？在你作品中有着怎样的反应？

土耳其获得诺贝尔文学奖的作家奥尔罕·帕慕克，写过一本非虚构长篇《伊斯坦布尔》，他说他是多年后试着记述由西方旅行者发现的家乡之美，是通过他人视角去写下自己家乡之美。20世纪80年代中到20世纪90年代初，正值出国大潮，我所住的街区，更是不断有人远离，很多人包括我自己，想离开上海和中国。我那时候遇到两个台湾来的剧场人，其中一位是建筑专业毕业，我们一起骑着脚踏车在西区转，我说起想去国外留学，这位学建筑的台湾朋友劝我不要离开上海，他四顾街区非常兴奋，说上海的建筑以及建筑的空间太美了，说可以从上海建筑和建筑空间感受这个城市的文明和文化积淀，他说"如果我是你我一定要留在上海，用一生时间研究上海都不够"。我当时听这些话是受到震动的，我之前对自己的城市没有这样一种强烈的意识。因为他，我第一次用他者的目光来打量自己的城市，事实上，那时已进入经济大潮前期，拆迁旧屋已开始，这位台湾剧场人不会看到，在他离开上海后的一两年里，上海进入了非常巨大的变化过程，经历了大规模的改造和重新建设，也就是说我们眼看着自己的城市在我们的面前发生了巨大变化以后，我们内心感受到一些创伤跟刺激，故乡变成了他乡，我们在自己的城市渐渐觉得她陌生，而我们成了自己城市的异乡人。

正是在这个过程中，我通过文学来留住记忆中的上海，写过去的上海，我成长中的上海，因为城市应该是有历史的，我们不能轻易把有历史年代的建筑拆掉，重新建立新城。上海有一些好处到国外才有感受，记得在芝加哥的时候，我站在密歇根大道有一种错觉很像站在外滩，一面是经典高楼，另一面是河。我在密歇根大道深感自己的城市在建筑上是多么国际化。

在城市的物质繁华方面，上海和纽约有那么一点相像。事实上纽约曼哈顿是由很多条淮海路和南京路组成的，一座城市的国际化是由不同肤色的人口来体现的，这个，纽约在民族多样性上，其特色要鲜明得多。其文化的多元和前卫也是非常令人向往，以至，全世界的艺术家都会来纽约漂泊，所以人们说纽约是全世界艺术家的梦想，也因此，纽约的竞争也格外残酷，她又是一个梦碎的地方。假如说北京聚集了全国的艺术人才，那么纽约汇集了全世界对艺术怀抱梦想、有很高天赋的人才，她的能量和创造力，不在其中难以想象。

《上东城晚宴》则是在纽约背景前将触角比较深入地进入到一些艺术家身上，通过成功和失败的对比，通过一段虐心的情感旅程，展示这个城市梦幻般闪闪发亮背后的真相。

相比电影，你似乎更偏爱于话剧表达，你对由你的作品改编而成的话剧有着怎样的期待？

比起电影，话剧更为严肃不那么娱乐化，艺术含量很高。我不是希望而是相信舞台的呈现更立体更能打动人。

你想对那些仍然经历着成长、婚姻、家庭困惑的女性说些什么？同时想对青年读者说什么？

有情感困惑的女性我无法为她们解惑，而且我怀疑那些鸡汤文到底有多少解惑功能，人都是靠自己的力量站起来的。我只希望青年读者花宝贵的时间读优秀文学作品，吸取精神营养。

设问人：李金哲 《青年报》记者

殷健灵

殷健灵，1971年生，上海人，在南京近郊度过童年和少年时代。主要作品有长篇小说《野芒坡》《纸人》《风中之樱》《轮子上的麦小麦》《1937·少年夏之秋》《月亮茶馆里的童年》及《甜心小米》系列，散文集《爱——外婆和我》《致未来的你——给女孩的十五封信》《致成长中的你——十五封青春书简》等。曾获全国优秀儿童文学奖、陈伯吹国际儿童文学奖、冰心儿童图书奖、台湾"好书大家读"最佳少年儿童读物奖、上海幼儿文学奖一等奖等。

文学中有支撑我们活得更好的理由

殷健灵是我们十分熟知的儿童文学作家，她将少年成长过程的繁复心绪用"小说"这个容器来承载，她希望用虚构的无法触摸的生活来超越现实生活，用虚构的她所钟爱的成长来超越真实的成长，将焦虑、微妙、美好、渴望拥有和不曾拥有转化为"一时拥有"。

殷健灵老师好。之前，对你的关注，更多是在少女小说的写作上，比如《玻璃鸟》《纸人》《轮子上的麦小麦》《月亮茶馆里的童年》等，你非常细腻地呈现了少女的成长，包括生理和性心理的成长，还有她们和自我的交锋与挣扎、与他人的依恋或别离，给当时以及当下的中国儿童文学都提供了不一样的题材书写与书写样式。我想还是请你给更多的读者们谈一谈当时的创作缘起与写作感受。

在我刚刚学会拿起笔抒写的时候，自己还是个少女，并不知道要写什么，那是一种本能的表达。回望自己的童年和少年，我发现有太多积蓄在心中不得不说的东西。

我曾经是一个公认的好得不能再好的乖女孩，还是个小女孩的时候，几乎每个人都看好我的未来。任何出轨的举动在我身上发生的可能性都是零。即使是在让很多大人头痛的青春期，父母也从未为我操过一点心。顺顺当当地走过来，工作了，我当了一份女性杂志的编辑和记者。这份工作促使我思考一些以前没有考虑过的问题，我的工作和采访对象大部分是女性，她们中有出奇优秀的，也有俗常的。在和她们交谈和交往中，我渐渐悟到，从一个女孩到一个女人的过程，如果将它比作一幅画卷的话，在漫长的人生历程中，少女时代是最浓重的一抹色彩，几乎奠定了整幅画的基调。我总是觉得，如果做女人，就应该是美的，由内而外地美，而少女是上天对人类最优美的赐予，这个阶段的女孩是鲜活的、天籁的、纯美的、真挚的……没有一个少女有理由辜负上天给予的生命的馈赠。

我并不满意自己的少女时代。如果让我从头来过，我会是什么样的？我曾经不止一次地自问。——我会更张扬天性；我会勇敢地表达我需要爱；我会剔除束缚做一个完完全全的自己；我会问我想问的看我想看的说我想说的，痛痛快快地道出困惑无望和失落……我知道，自己的青春期也曾暗流汹涌，尽管那时的我看上去常常充满阳光面带微笑。我还知道，现在正成长的少女也像我当年那样徘徊着，有时她们未必知道，有时她们知道了却不懂得自救。我们属于不同的时代，但是我和她们一样拥有过青春的生命，我们的生命灵犀相通。我并不想承担什么使命，只是想表达深藏在心底的对生命的挚爱，而所能采用的方式，也许只有诉诸文字了。

我写关于少女心理的小说是从对自己的内视开始的。起初是以散文的形式，当年一些微妙的心情、隐蔽的心绪、深藏的记忆，一一翻捡出来，晒晒今天的太阳。我想我是真诚的。那些散文赢得了无数当今少女的青睐，她们给我写信、倾诉，这有些让我意外，她们告诉我：她们和我一样。她们让我确信：生命、爱和情感都是永恒的，它们不因时代的更替而变更。

后来，当我需要更丰满、更立体地表达我的那些想法的时候，散文的样式就显得有些单薄了，于是就借助于小说。我想写和别人不完全一样的小说。我不可能真实地再现今日孩子的生活，因为我的阅历我的年龄我的心态决定了我不可能完全投入到他们的生活中去，即使写，那也是一种有距离的观望，是浅表的描摹。我们这些成人作家所能做的，是一种深层次的、直抵他们身心的对生命本质的探寻，是撼动自己也能撼动别人的真诚表述。

就这样，便慢慢有了你提到的一系列作品，以及后来的《橘子鱼》《千万个明天》《像你这样一个女孩》《甜心小米》系列等等。

最近几年，我们发现你的写作有了很大变化，从《风中之樱》《蜻蜓，蜻蜓》《1937·少年夏之秋》《是猪就能飞》到《野芒坡》，无论是题材还是表现手法，跨度非常大。这是一种自觉的追求，还是自发的写作状态呢？

先说一些题外话。

学生时代，我是班长和学生会主席。初一时，班主任是一位粗线条的男老师，疏于管理，我们班成了年级里有名的"差班"，上课纪律混乱，考试平均分也时常垫底。可是，我们班有一样在学校里很出名——班级活动很新鲜很有趣很与众不同。每逢举行主题班会，当班长的我总和小伙伴一起商量：这回有什么新样式？说实话，小女孩的我就特别讨厌墨守成规、邯郸学步。我们这个"差班"创办了全校唯——份学生自办的报纸《新星》；举行过穿越型主题班会"二十年后来相会"，我拿了支圆珠笔模拟话筒充当主持，和全班同学一起"遇见"了二十年后的自己……那是1984年。

最近，重读文学启蒙老师朱效文先生1996年为我的第一本散文集《纯真季节》写的序，其中有这么一段话："当许多年轻人离文学越来越远的时候，当社会的浪潮越来越趋向于经济，殷健灵却依然坚守着她少年时代的文学理想。这不光由于她对文学有着执着的爱，也源于她生命中拥有一份不屑与潮流合伍，不愿向尘俗折腰的独特个性。这种潜藏于她温柔纤弱外表下的具有反叛意味的性格，往往不易被人察觉，但又明确地支配着她对于事业和生活的价值取向，也决定了她对于文学的生命同化。"这段话，令我一惊，又心有戚戚焉。原来，效文先生那么早就看破了连我自己都未必明了的那个"真我"。

我在读《是猪就能飞》和《野芒坡》时，常常不自觉地跳出一个念头：这是殷健灵的作品吗？和当年的那些少女小说，太不一样了，她是怎么做到的？

因为我很容易厌倦那个陈旧的自己，于是，总是努力创造一个全新的自己，而这个全新的自己是站在那个陈旧的自己肩膀上的。并且，我相信，优秀的写作者一定是成长型的，最好还是一个"多面手"。虽然，不得不承认，一个作家一生写了几十本书，都可能是一本书的种种"翻版"，创造的几十个人物也往往是一个人物的种种"化身"，作家的个人局限难以打破，但还是要在尽可能的范围内做最大努力吧。

这种题材的自如选择，是和你的记者编辑职业有关吗？是它们赋予你对事件的敏感和及时的捕捉，进而在某个原型或某些素材的基础上进行文学创作的吗？我注意到，《野芒坡》的创作有一个相当长久和艰苦的资料收集与探究的过程。

新闻从业经历不仅让我保持了对社会生活和题材选择的敏感，更让我接触到无法想象的真实生活。尤其是参加工作的前九年时间，我一直在新闻采编第一线，主要做人物尤其是女性人物的深度采访。我可能是上海最早去往河南深入艾滋病村的记者，采访过无数笼罩光环的名人，也采访过偏僻的乡间疯人院和边缘人群，以及形形色色的传奇人物。

回过头来，我要感激自己的是，从一开始便提醒自己：要把每一篇采访报道当作文学作品去写。那时候我便知道，新闻是速朽的，艺术才能长久。也是在这样的经历中，我学会了如何做详尽的资料性功课，快速粗通原本陌生的行当和领域；学会了最大限度地提前了解被访对象的人生历程性格癖好，让对方不仅视我为记者更视我为朋友……我没有把工作当作一件"差事"，我觉得它在教我逐步地认识人、认识社会和世界。我对信息不感兴趣，感兴趣的是我采访的那些活生生的"人"，是感情和心灵的历史，并且，希望以尽可能文学的方式呈现我所见到的。

后来，我的愿望成为了现实，那些原本刊登在杂志上的工作性文字结集出了书，还多次再版。它们中的一部分成为了我日后文学创作的素材库。

我知道，除了小说的写作，其实你还写过诗歌，现在也还写着散文，比如《听见萤火虫》《致未来的你——给女孩的十五封信》《致成长中的你——十五封青春书简》，其中《爱——外婆和我》刚刚获得全国儿童文学奖，你能谈谈散文写作与小说创作的不同吗？

我刚刚学习写作的时候，根本不会写小说。我写的是诗歌和散文。写诗歌，最需要的是充沛的情感，青春年少的我，当然不缺情感；而散文，来源于真实的生活和思想。但是，我很快就不满足于写诗歌和散文了。因为，随着阅历的增长，我发现内心有了更多的东西需要表达，诗歌和散文的容器太小了，它们装不下我要表达的东西。我必须找到一个更大的容器，来装下我的东西。这都是些什么呢？

它们是生活在不同世界里的人物、情节、故事和世界，可能是现实中的，也可能是远离现实生活的。于是，就需要依靠想象和虚构去触摸别样的生活和世界。可所有的想象和虚构都基于实实在在的生活，在里面，渗透着我的情感、发现和思考，并且也能让别人引起共鸣；可是，它又不是实在的生活，不是生活的画像。这里的生活，需要想象和语言来填充、创造，它是湿润的，有着不同的气味，它可以安抚现实生活的枯燥、单调和不满足。我需要用虚构的无法触摸的生活来超越现实的生活。就我钟爱的成长题材而言，我想用虚构的成长来超越真实的成长——将现实中的焦虑、微妙、艰难、惶惑、美好、渴望拥有和不曾拥有，转化为"一时拥有"。

能装下这么多东西的，只有"小说"。小说这个容器真的很大，我开始像考古学家一样写起了小说。我在自己记忆的角落里翻个不停，从中搜捡出值得收藏的成长细节、波折、感悟、苦恼、快乐、朋友、家庭，可以坦白和无法坦白的念头，还有四季风物、万物之声；当然，我还搜检别人藏在记忆里的宝贝。然后，珍藏它们，鉴别、埋葬、挖掘、组合、分解、修饰、加工、扭曲、再创造。我在"小说"的容器里捣鼓它们，发酵出一个又一个面目不同的故事，真是其乐无穷。最终，这些由原材料艺术加工成的作品（我还不敢称它们是"艺术品"），常常会成为我自己都意想不到的样子。它们似乎获得了生命，有了自己的呼吸和命运走向。我所做的，只是遵从自己真实的情感和体验去编织和架构它们。我不变魔术，不想迷惑我的读者，只想用小说这一虚构的艺术说出我最最真实的内心。

至于儿童散文，我曾写过一篇短文谈过心得，抄录几段如下：

在所有的文体里面，散文恐怕是最需要投入真生命的。如果没有"真"的精髓，散文便不成其为散文，因此有人视散文为"最具文学性的"。更有很多作家惜墨如金，哪怕写了一部又一部鸿篇巨制的小说，进行散文创作却很谨慎，因为散文创作的过程是消耗心力的过程，是真实坦诚的心灵付出，来不得半点虚假。它来源于作家的生活经历、感悟生活的能力、丰富的知识，以及删选和提炼材料的天赋。

这些，是一般散文所应具备的特质。不过，儿童（少年）散文除了应该具备上面提到的"真"与那些"永恒"的特质外，或许还应该具备另外一些特质。

第一是情趣与诗意。法捷耶夫说：散文是有翅膀的。我想儿童（少年）散文的翅膀就是情趣和诗意吧，没有了这两只翅膀，毫无诗一般的轻灵因素，散文就飞不起来，它所描绘的生活多半是粗糙乏味的。一定要有有趣的故事，那情趣也是渗透在字里行间的。乏味的文字怎么可能吸引小读者呢？康·帕乌斯托夫斯基说："每个真正的散文作家都应当熟悉诗歌和绘画。"这句话，现在仍然适用。

用发现的眼睛去描绘与孩子有关的生活，用具象新鲜的比喻带孩子走进自然。给孩子看的散文，必须是有鲜明色调的，作家可以像画家那样工作，向画家学习直接认识周围事物的方法（这也是儿童的典型特点），用初次的眼光准确地观察和记忆，然后充满新鲜感地用文字去表现。这时候的作家，和孩子一样天真，会带着强烈的兴致去描写生活——包括所有的"生活琐事"，很可能每件"生活琐事"里都蕴含着让孩子感到有趣的内核。儿童（少年）散文的文字一点都容不得马虎，"萝卜白菜"一样的语言是一种境界，在最浅白的语言里，却能看到色彩的层次，生活的趣味与提炼，诗意的想象——它是一件真正的艺术品。我们要把一些人间美好的东西通过文字去传递给孩子，情趣与诗意，可以成为他们生命初始的底色。

第二是亲和与平等。这是一种写作的姿态，也是对题材的取舍。千万不要低估了孩子，我们的小读者和我们是平等的。儿童（少年）散文的题材没有禁区——有许多问题是可以和孩子们谈的，除了日常生活的故事，还可以用他们能够理解和接受的方式，谈谈人生、爱情、死亡、失去、背叛等等所谓深层次的话题，这里面有些是他们经历过的，有些没有，却是他们将来的人生必经的。我的信心是孩子们给我的。有一次，我去幼儿园采访，问了他们关于幸福和快乐的问题。他们给出的回答，出其不意，让我又惊又喜，他们告诉我："幸福是一口很深很深的井，快乐是一桶水""快乐是嘴唇在哈哈大笑，心在微笑；幸福是嘴唇在哈哈大笑，心也在哈哈大笑"。如此精确和深刻，连大人都自叹弗如。

"如同伟大思想总是产生于内心深处一样，作家的慷慨馈赠也会永远赢得人们的心灵。"我想，儿童（少年）散文的写作者其实正是做着这种慷慨馈赠，它比小说或者童话等其他文体来得更直接，小读者会感谢这样的赠与。

总之，无论是散文还是小说，优秀的作品一定是作家"用心灵写作"而不是"用头脑写作"的产物。现在，"用头脑"写出来的作品太多了。

我曾经在一个四五百人的教师读书群里，看到有老师谈及你的《爱——外婆和我》，并且引发了众多老师的共鸣，大家说到这本书的阅读感受，说到亲人之间的爱，说到如何面对亲人离去的伤痛等等，那一刻，我再次深刻感受到：文学的抚慰是永在的。

《爱——外婆和我》是我自己最珍爱的作品，因为她是"用心灵写作"的产物。

我曾经看到过一篇采访英国著名作家J.K.罗琳的文章，她说童心是她创作的法宝。你认可这种观点吗？你有什么创作"法宝"吗？

只有这样的人，才有可能写出好的儿童文学——面对复杂，心怀欢喜；洞彻世事，保有纯真。若说还有什么"法宝"的话，就是"真诚"，向读者袒露内心，甚至"真实到令人害羞"。

你认为真正优秀的儿童文学作品具备什么样的特质？你心中有理想型的代表作品吗？

我曾用四个标准来评判优秀的儿童文学：清浅而深刻，快乐不浅薄，伤感却温暖，真实不残忍。罗尔德·达尔的《女巫》、凯特·迪卡米洛的《爱德华的奇妙之旅》、大野洋子的《活了一百万次的猫》都是优秀的儿童文学作品。

儿童文学的艺术，是比之一般文学要求更高的艺术。真正的儿童文学佳作放到成人文学中也应是一流的作品，但同时又要能让儿童读出真味来。所以，就像刘绪源说的，只有当作家使尽浑身解数，把自己的生活积累尽可能地调集起来，把生命体验浓浓地凝聚到自己笔下，而又能顺着童心童趣指引让文字汩汩流淌，这才有可能写出最好的作品来。

这样的要求有些高山仰止，但很有诱惑力，值得每一个有点文学抱负的写作者去追求。

你认为目前中国原创儿童文学有哪些值得关注的问题或者哪些方面还需要进一步提高？与国外优秀原创还有哪些差距？

任溶溶先生写过一篇散文，题目叫做《你开你的花，我开我的花》。这句话，十分适合拿来形容写作者各自的创作诉求和创作状态。文学写作，怕的是向尘俗折腰，也怕从众和流俗。因此，写作者不得不有一点"自说自话"不怕寂寞的清高，要做潮流的开创者，而不是追随者或者东施效颦的模仿者。

其实，每一个写作者，都是一朵独一无二的花，各有各的颜色、芬芳与美。中国的土地如此广阔，历史积淀如此丰厚，我们有各自独特的成长经历、生命体验、文化积累、地域环境、修养见识，甚至拥有不同的民族宗教信仰……我们笔下的儿童文学，应该是异彩纷呈，丰富而又独特的。可是，多年来，我们更多的是看到相似的声音、相似的风格、相似的题材，彼此模仿，彼此追随，甚至自我重复。艺术如果失去了独创，恐怕就不成其为艺术。当早年一些儿童文学的困惑早已成为"常识"（比如，儿童文学可以表述一切主题，但取决于作家如何用头脑用心经营这些主题），那么现在我们更需要做的，是让内心沉潜，尽量多地剔除欲望和名利的诱惑，提升自身的综合修为和境界，并且认清自己"这朵花"的独特，开出别人难以模仿的"美"来。

当然，我们还需要更多地"朝向童真"。中国的儿童文学在艺术之路上已经走得很坚定了，我们的一些现实题材儿童小说（尤其是少年小说）绝不亚于国外一流的同类小说。但我们不得不承认，或许是因为中国作家的思维方式、教育环境和文化习惯等诸多因素的影响，我们的想象力多多少少缺少一点让人叫绝的天马行空，我们作品里的童趣多多少少缺少一点浑然天成的原汁原味。我们需要把"儿童文学"写得更加"朝向童真"，需要对儿童情趣的精妙把握，需要更巧妙地以儿童视角来表现繁复人生。

无论在小说创作还是散文写作中，我都能感受到你对"成长"的关注、对心灵的探索，你未来还会有哪些写作计划呢？

我对自己其实也是未知的，不知道以后又会产生怎样的新的兴趣。努力想写一些自己或者别的儿童文学作家没有写过的事、人、主题，以一种属于自己的方式。但无论怎样变，不变的是我对人的心灵和感情的关注。

曹文轩先生获得安徒生大奖的新闻振奋了很多中国儿童文学作家，很多作家认为如果不能拿国际大奖，心中始终有遗憾。你如何看待获奖这件事情？

获奖不是个人能控制的事情，个人能控制的只有自己的努力。更何况，秘鲁作家马里奥·巴尔加斯·略萨早已警示过青年作家："只要把名利看作对自己抱负的根本性鼓励，那就可能看到梦想的破灭，因为他可能混淆了文学抱负和极少数作家所获得的华而不实的荣誉和利益。文学抱负的基本属性是，有抱负的人如果能够实现自己的抱负，那就是对这一抱负的最高奖励……"

获奖固然好，但不是唯一的至高无上的标准，对一个写作者最好的奖赏恐怕是，时隔五十年、一百年，你的作品仍旧在读者中流传。正如读者将永远铭记托尔斯泰的《战争与和平》《复活》，他们并不在意托尔斯泰从未获过诺贝尔文学奖。

近些年来，越来越多的人关注和重视儿童阅读，也有越来越多的人关注和思考面向孩子的写作教学，那么，关于阅读和写作，你想对小读者们说些什么呢？

文学阅读绝不仅仅是拿来提高写作水平的，而且，写作不是可以被机械地指导的。我总是提醒家长和老师，不要用过于实用和速成的心态来看待文学阅读和写作。

一个孩子，可以从文学中寻找人生答案，也可以在文学阅读的过程中为心灵塑形。而写作，一定是出于心灵表达的需要。

少年时光总是充满了幻觉。一个少年之所以感到烦恼和忧愁，皆因对世界和自身的不了解，因此，如果一个人在年少时就能得到忠告和指导，从头脑中根除对这个世界所抱有的巨大的期望，也许就会获益良多。

恰恰，文学，便是以艺术与和柔的方式告诉我们世界的真相，并且，让你在了解真相的同时，还能找到心灵皈依，"身处淤泥心有莲花，沦为地狱向往天堂。"

文学当然和新闻不同。新闻也告诉你世界的真相，但是，当这些新闻形成文字之后，新闻的意义也就终止了。文学不同，文学是生活的提炼，是诗性的、神性的、精神的、终极关怀的，它的声音会在你心里余音不绝。对于成长中的孩子来说，文学当中更有人情之美，有世界的奥妙，有人心中的温柔部分，文学中也有哲学……这些东西，其实都是支撑我们活得更坚强的理由。

倘若能在少年时多浸淫于文学，从文学中了解世界与人生，你的目光可能就会变得深刻与从容，一切并不美好的个人经历，都可能转化为心灵的财富。

哲学家塞内加说："人对有准备的、理解了的挫折，承受能力最强，反之受伤最重。"从这个意义上说，那些文学里的故事，可以帮助我们了解到人生的真实面目，随时做好迎接"坏事"的准备，更何况，"坏事"未必真的那么坏。

设问人：陈莉 北京教育学院副教授

张桢 《国际出版周报》编辑部记者

秦文君

秦文君，1954年生，上海人，上海市作家协会副主席。著有长篇小说《男生贾里全传》《女生贾梅全传》《一个女孩的心灵史》《天棠街3号》《宝塔》《调皮的日子》《小青春》《小香咕全传》《秦文君温暖绘本》《十六岁少女》《会跳舞的向日葵》等。曾获全国"五个一工程"奖（三次）、全国儿童文学奖（四次）、中国出版政府奖、宋庆龄儿童文学优秀小说奖、冰心儿童图书奖、儿童文学园丁奖、意大利蒙德罗国际文学奖特别奖、国际安徒生奖提名等七十余种奖项。另外，根据作品改编的电影电视剧曾获中国电影华表奖、飞天奖。

希望带给孩子飞翔的感觉

秦文君笔下的文字是有"厚度"的，因为她愿意俯下身从孩子那里汲取想法，这些想法让她的故事插上了想象的翅膀，孩子们借着翅膀可以在文字间自由徜徉。她不断尝试新的"魔法"，认为勇于创新就是一种上升。在创新前行的途中，她始终相信儿童文学最美妙的地方就是为他们提供正能量。

请问秦老师，你文学上的引路人是谁？谁对你的影响最大？

我小时候爱上阅读主要是受老师和父母的影响。我的父母很爱读书，我当时看了很多父母看的书。小学四年级时的班主任祝老师教我们语文，她经常利用班会课读书给我们听，读《欧阳海之歌》里小海的童年生活，读《苦儿流浪记》《洋葱头历险记》。祝老师总是在我们听得入神的时候停下来，我们急切地想知道后来怎么样，下课就会自己找来看。我小时候蛮喜欢上海作家胡万春，他的《过年》和《骨肉》写得很感人。

儿童文学作家中，有教师经历的不少。你也当过老师，那段经历对你的创作有很大帮助吧？

1971年知青上山下乡，我到黑龙江大兴安岭塔林林场插队，修路、务农、做体力活。中心学校的老师休产假，当地领导去问知青里面谁的文化程度比较高，就有人推荐说有一个知青老在看书，好像文章也写得好，肯定文化高。就这样，我被推荐当上了老师。

乡村的学校，一个班有60多个学生，我自己十八九岁，本来就像小孩子，好比突然又经历了一遍童年。我住在学校附近，学生也在附近，在很小的区域里，鸡犬相闻。我经常家访，几乎是24小时全天候在位的老师，跟孩子接触很多。我从上海到黑龙江林场，本来是很孤独的，学生对我非常真诚，非常依恋，这一点很温暖我。就是从那个时候起，我做了很多工作，希望对孩子多了解一些，包括教学和心理方面的研究。我了解到孩子并不简单，那么小的人，也会有很多复杂的想法，会有各种各样隐瞒起来的幽秘的东西，有的很可爱，有的让你觉得意外。这五年，好像给了我一把开启童年的钥匙，让我对童年有了更多的了解。和其他人的交流不会那么深，不会那么毫无保留。

你一定是位值得孩子们信赖的好老师。

我对孩子有兴趣，也很真诚，没把自己当大人。我去学了风琴，讲课疲乏了，就给孩子们弹风琴，还学会了剪窗花，别的班级窗户是用纸糊的，我们班则贴上了美丽的窗花。六一节表演节目，别的班级找文艺尖子演出，我编一个小剧，全班同学一起上，每个人都有角色，不冷落任何一个孩子。

那时候你已经开始剧本创作了吗？

算不上，不是真正的文学剧本。实际上我小学中学时已经在练笔了。发表处女作是在1981年，当时我已回到上海，在供电局上班，捧上了"金饭碗"。我非常想念学校的生活。上班途中要经过三处学校，每次路过就走不动了，总要停下来看一看。当时正好上海《青年报》搞征文活动，我写了一篇《甜甜的枣儿》投给副刊部，得了一等奖。大概还有四五个作者得了一等奖，奖品是一套书。我们捧着书合了一张影。

后来我把手头的小说润色了一下，寄到上海少儿出版社，陆续发表了《闪亮的萤火虫》等几篇作品后，上海少儿出版社注意到我，觉得有些才华，就把我调到了出版社。

从20世纪80年代开始创作，几十年来你的创作发生了怎样的变化？可否分阶段谈谈你的创作风格及代表作？

第一个阶段是写和孩子们在一起的东北生活；第二个阶段回到自我，包括《十六岁少女》《一个女孩的心灵史》《黑头发妹妹》，是写女孩的心灵成长；第三个阶段，大的背景是儿童文学创作一度陷入低潮的时期，慢慢有点脱离儿童。《男生贾里》《女生贾梅》等作品恰恰是以儿童为本位的作品，一下就改变了我以前的路数。我想尝试写出不但让成人喜欢，也能感动儿童的文学作品。"男生贾里系列"得了很多大奖，改编成影视剧、舞台剧，孩子们不断和我互动，要求写续篇。我很自豪，在当时的环境里，"男生贾里系列"恰到好处地既有文学性也以儿童为本位，它的闪光点今天还在，直到现在依然被模仿。后来有的人走了极端，过于降低儿童本位。第四个阶段是在2000年以后，包括"小香咕系列""小青春系列"和《宝塔》《天棠街十三号》。和"男生贾里系列"不同，这一时期的作品文学性和使命感都比较强，写儿童向善的天性，怎么才能不陷入泥潭，怎么才能在危险的时候保护自己。第五个阶段，就是最近几年，我又开始尝试突破一些极限，创作幻想文学，包括"王子长夜三部曲"、《变形学校》、"小鸟公主系列"。

有些特质，比如幻想、幽默，也在你早期的作品中具备。

现在驾驭的程度不同，对作品的审美不同。当然，基本的追求没有变，一个是对文学的态度，我是一个非常认真、非常敬畏文学的人，对文学非常热爱，这么多年没有一丝倦怠。还有一点，写作的时候，我把自己的心放进去，把自己的情感、爱、勇气放进去。

我一直是业余作家，白天当编辑、做出版，都是半夜写作。2007年以后我当上了专业作家，本来想过得滋润一点，白天看书写作，晚上早点休息。结果发现三十年来的习惯无法改变，白天写的东西夜里就否定掉，晚上写作才能一气呵成。

说到一气呵成，《十六岁少女》应该就是这样的作品吧？听说仅用了一个多月就完成了。

是这样，《十六岁少女》是我最珍爱的代表性作品，我喜欢它在泥泞的现实中能够飞翔起来，它的写作体验就像从雪地里飞出一只翠鸟，能得到它，让我本人也觉得吃惊。我十七岁去黑龙江，一直到二十六七回来，积累了很多。我觉得要告别那个时代了，一直想写点东西，就是没有勇气，不知道该从哪里写起。朋友说放的时间太久，别到时候长霉了。我说不会。那年我正好怀孕，我爱人被派到新加坡一个月，我就向当时的领导请了一个月的假，把窗帘拉上，把钟停掉，把食物和水都买好，把家里的电话线也关了。写作的时候，感觉笔停不下来，一旦开头，没办法收尾，生怕一停下来就会有什么东西遗漏了。就这样用了一个多月的时间，写出了《十六岁少女》。

那种创作状态，后来还经常有吗？

很少再有。《十六岁少女》是一气呵成，不是每一部作品都能达到这种状态，每部作品都有自己的来路和去处，有自己的轨迹。每一部作品都千姿百态，但每一种体验都很享受。有的作品完成了，心里空落落的，舍不得结束；也有的作品完成后如释重负。

当了妈妈之后，创作也发生了很大变化吧？很多作家，从自己孩子的身上汲取到很多创作源泉。比如郑渊洁，比如现在也偶尔客串儿童文学创作的马原。你的创作也是如此吧？可否谈谈《一个女孩的心灵史》以及"小香咕系列"，这些带有自传色彩的图书，是否因为相对写实而更容易引起共鸣？

女儿给了我无穷的创作灵感，《一个女孩的心灵史》是我作为一个母亲对女儿成长历程的忠实记录。除了这本书之外，"小香咕系列"也是带有一些自传的感觉的。我年轻的时候，因为经常出差或出国，不得不把女儿放到亲戚家照顾。亲戚家有三个女孩，加上她就是四个。每次我外出回来的晚上，都会和女儿睡在一起，两人把分开这几天的见闻讲给对方听。每天起床后我都会把这些事情记在笔记本上。从女儿六七岁到十二岁，我记了厚厚四大本，这就是后来的"小香咕系列"最初的雏形。

你后来还创办了"小香咕阅读之家"的阅读实验，是出于怎样的考虑？

当代少儿是视听的一代，在接受模式上呈现强烈的直观性、消遣性以及功利性，而且或多或少地存在着对阅读文字的障碍。图像、画面的东西比较直观，容易接受，少儿天生就喜欢。从这个角度考虑，我创办了"小香咕阅读之家"的阅读实验，就是在新媒体形式下的情境化阅读，这是根据孩子的天性而设计的，可以让孩子们亲身参与、主动创造的一系列创意阅读活动，包括将书本上的故事与情景再造，改编成故事剧本，组织孩子们表演故事等，将书中传达的文化氛围和美食美景都真切地带到孩子的面前，尝试让孩子真正爱上阅读，享受阅读。

20世纪90年代，你创作的《男生贾里》《女生贾梅》已成为中国儿童文学的经典之作。可否回忆一下这两部作品的创作缘起和出版后的反馈？

1991年我开始创作《男生贾里》小说系列，最初的写作契机来源于一个男孩的远方来信，那种起因包含着太多的偶然内核。《男生贾里》是我一改"戏路"，寻求一种明朗诙谐地表述人物心灵的途径的尝试，这部小说在当时比较凝重的儿童小说创作风气之中显得"另类"。也许具有些启示性，小说后来共发行数百万册，获得十几项重要奖项，拍摄成电影和电视剧后又获得中国电视最高奖飞天奖。我写《男生贾里》写得非常快，也写得非常快乐。写到得意的时候，我经常半夜里忍不住把我爱人推醒，读给他听。2011年我写贾里贾梅日记系列，是接着十几年前的故事来写，实际上还是从人物性格上来接，这中间虽有着较大的时间跨度，在艺术上却"无缝"——在细节和人物性格的开掘处理上我还是花了很多工夫的。

儿童文学的各种奖项都在评选，可是每次我看到榜单上的作品时，都会以质疑的眼光分析。我常常想，儿童文学奖应该请儿童当评委。成人的眼光和孩子总归是不同的。当我注意到你的写作常常是征求孩子们的意见时，非常开心。真正的儿童文学作家就应该像你这样，走到孩子们中间，倾听孩子的心声。这么多年，你一直是这么做的吗？现在的孩子和你三十多年前笔下的孩子发生了很大的变化，你是如何把握的？

现在我感觉隔几年，孩子就会有很大的变化，我觉得：一方面，人成长中最关键的情感都会有共同性；另一方面，孩子成长的环境在改变，心理会改变，审美也会改变。我希望自己能挖掘一些永恒的东西，了解孩子细微的变化。其实从讲述的内容来说，我们可以以不变应万变，因为人在每个年龄段遇到的烦恼大体一致。值得注意的是素材——

要从孩子真实的内心世界提炼故事，用他们能够接受的方式讲出来。

近几年来，你创作了幻想小说《王子的长夜》《小鸟公主》《变形学校》等，内容、体裁、文风都有很大的改变，对你来说意味着什么？不担心失去既有的读者吗？

我不是一个"安分"的作家，不满足于写信手拈来的故事，总是要寻找，要发现一些被人类忽略的视角，对生活做出精致的，更有意思的诠释。我总觉得幻想类的作品能富有某种预见性，从中体现常人无法看到的人生风景，写幻想类的作品的念头从来都没有断过。所以才有了《王子的长夜》《小鸟公主》和"变形学校系列"等。

你说自己"不安分，要不断地尝试，不断颠覆"，为什么会有这样的想法？你觉得自己的"不安分"来自什么？

每个人的天性不一样，生活中我也是愿意尝试、比较喜欢挑战的人，所以这些年来，我的写作文风变化很大。我是一个追梦的人，不会拘泥于同一种写作方法或者风格，一直在寻找最能够表达内心的一种途径。

你曾经说过，"成为走在儿童文学创作最前沿的人，这就是我的梦想和定位。"你是如何保证或努力使自己成为"走在儿童文学创作最前沿的人"的？

真正成功的作家，都有自己的路子。我希望我的文字是活的。有几点我还是自豪的，其中之一是保持书斋生活，能读很多书，敬畏手中的笔，能不断地创新，能够挑战自己，能够螺旋式上升，不是一直停止在一个地方，要慢慢地走向远方。我们到了这个年龄，以作品说话比较好。一个作家二三十岁向往创新很正常，到四五十甚至七八十岁还在寻求创新，本身就值得自豪，就意味着否定自己，寻求上升。

你还会经常和学校交流吗？你以"感动今天的儿童"作为追求的目标，但是我想，感动今天的儿童也许很难。如何能够越过年岁的距离，让孩子接受，你有什么诀窍吗？

我还会去学校交流，进入校园可以感受那种或天真或青春的气氛。但是获得的东西越来越少，包括微信、微博的留言也比原来简单。原来的孩子世界比较小，现在成人世界已经向他敞开了。上上网，什么秘密都没有了。你问孩子，"在学校怎么样？"他说"还可以。""和同学关系怎么样？"他还也说"还可以"。"老师怎么样？"他还是说"还可以"。现在人和人完全真实的深度交流越来越少了。孩子们不习惯和人交流，不证明他没有丰富的内心世界。我就通过别的途径，问的问题切口更小一点，从他感兴趣的东西开始谈。我比较信赖的是来信。近七八年，我收到了八千多封来信，孩子们会在信中敞开心扉，我在阅读时也会深有感触，常常感慨"我当年不也是这么想的吗"。有时候我读着一些小朋友的来信，会觉得是到了一个非常幽密的地方，仿佛是被他们邀请到了他们的秘密花园里。这些信件对我来说特别珍贵，它们就像打开童年的密码，让我清楚地看到了孩子们内心真实的颜色，这样在创作时，我就能准确地把握孩子们的眼光和喜好。同时，在和孩子们的交流中，我也找到了很多随着成长被我们遗失的东西，有种失而复得的感觉。其实我们每次去校园的时候，都会感受到校园生活。可是要如何把这种生活进行一种艺术化的处理，可能就会有一点困难了。一般说来，我比较擅长写女孩子的故事，感觉心灵是相通的。可是写到男孩子的时候，就完全陌生了。至于怎样把生活里的东西羽化成艺术，还是要有一种能力。

《宝塔》是部非常暖的作品，孩子的成长也同样要经历一些坎坷、挫折，能谈谈在你的创作历程中，它有怎样的独特性吗？

每个少年的心里都有一座宝塔，里面暗藏了很多秘密和动人之处。《宝塔》写了一个男孩子成长的复杂性，这种复杂性是放在一个错综的家庭里的，孩子不是生活在真空里，男孩子的成长介入了很多社会面，有成人世界对儿童的影响。《宝塔》有多元性的阐释空间，很难一句话表达主题，这正是我想要的结果。成长有时候是盲目的，往往有一件事突然开窍，透过一滴水就能看到世界，比如《宝塔》，能让人留下印象的是对世界的看法。一个人是不是能够理解不同的人，是否能够宽容不同的事情，是否通透。除了故事以外，如果能有这些领悟，或者某一句话感动到某一个人，也就不容易了。写的过程我自己也被感动到，但这和读者的感动有时候会不一样。作家是不是在现场，是不是真诚，读者一下就能读出来。我相信多年之后，《宝塔》还是能够感动人，因为它暗含一个人成长的秘密之门。

你认为儿童文学作品如何以现实主义精神反映现实生活？

20世纪90年代的生活和21世纪的生活其实没有什么不同，不能把文学当成马上要医治什么的药，在阅读中有愉悦，读完之后还有一些余味就足够了。我在文字、故事结构上，还是比较追求文学性的。小说肯定是创造的，比较天然地自圆其说，能够设计得比较精巧，传达人间的温暖，传达每个人的苦衷，传达悲悯和人与人之间的宽容，读的时候有一些文学享受就够了。

你的作品大部分都是现实题材，在转向幻想小说的写作时，你觉得有困难吗？你是如何在作品中做到现实与幻想的交融的？

幻想与现实永远是文学的两个翅膀，两者的结合更是世界儿童文学最重要的表达方式，是重要方向。幻想文学创作是我国儿童文学相对薄弱的领域，对于我也接近于"空白"。我一直都对幻想的作品有一个野心，或者一个梦，并不满足于写信手拈来的校园小说，觉得幻想类的作品富有某种预见性，从中体现常人无法看到的人生风景，所以我写幻想的作品的念头从来都没有断过。我想用文字表达文学理想，发现一些被人类忽略的视角，对生活做出更有意思的诠释，创作幻想文学只是找一个较完美的叙述方式而已。

"变形学校系列小说"就是一套从现实生活切入幻想世界的系列小说。校园小说的创作中，总有些现实的泥泞是逃不开的，但是在现实中加入想象之后，文字一下就能飞起来，像长了翅膀一样，这个写作过程让我非常愉快。我希望也能带给小读者这种"飞翔一般"的感觉。

孩子们的幻想与生活的真相截然不同，但有时正是这种幻想，让孩子能够应付生活坎坷，让他们战胜过早遭遇的无奈。所以，我想通过"变形学校"里"变形"这个概念，传递这样一种成长的力量，通过每一次变形，把事物变得更好，当你心里怀有美好的追求，世界也就多了一个温暖的人。

电脑、iPad（平板电脑）、手机……越来越多的孩子对多媒体感兴趣，你对此会感到忧虑吗？

在这个瞬息万变的时代，能够吸引孩子的东西实在太多，电子媒体正在使儿童的语汇变得越来越贫乏。有一次，我去浙江一所小学讲课，得知一个班里有11个学生在写长篇小说。我听了当然很兴奋。结果看了两本就傻眼：故事很"狗血"，语言很乖张。后来我才知道从题材到语言都来自网上，这令我很担心，他们得到的信息虽然多，但没有分辨优劣的能力，更谈不上审美。

现在的孩子通过新的媒介工具获取知识是不需要培养的，一看就会。但阅读是需要经过培养的，好的阅读可以培养孩子的语言能力、想象力，提高审美等，这将让他们受益一生。

阅读需要培养，怎样才能引导孩子的阅读兴趣，你有好的建议吗？

阅读不可以太过功利，阅读是一场马拉松，其中益处不是立竿见影的，而是要在长时间的积累中慢慢发挥出来。在这个漫长的过程中，最重要的或许不是写作水平的提高，而是学会内省，学会和自己对话。

因为各种因素，一个孩子在成长过程中会遗失很多不应该遗失的东西，这些东西是很珍贵的。儿童文学写的是人生中美好的东西，孩子在小时候更多地看到好的一面，是非常必要的，一开始就看到破碎的东西，慢慢地就缺少了生活热情。

有一年我去日本一个幼儿园，孩子们在玩"过家家"游戏。有个小孩不愿意做老师选定的角色。他说不愿做爸爸，上班很辛苦；不愿做妈妈，做家务很辛苦又啰唆；不愿做自己，读书也很辛苦。那总要做一个角色呀，他想来想去，最后决定做家里的小猫，什么也不用干，又有人陪它玩，又可以悠闲地晒太阳。这种消极、压抑的情绪很多孩子都有，而儿童文学美妙的地方就是能提供正能量。

孩子一开始觉得有趣而读下去，他慢慢地有了情感，有了自信，就会一本一本地读下去，养成习惯。如果一开始，就对书害怕抗拒，那么以后也不会喜欢阅读。要让读书成为美好的向往，而不是压力。

未来的十年，幻想与现实的结合将成为儿童文学创作的重要方向，因为这样的作品最能反映以孩子为本位的思想。《变形学校》里写道，"重复练习的事容易，创造难。成长就像魔法变形一样，首先是静的智慧。静心、潜心才能孕育创造。它的大敌是浮躁，不安静，哗众取宠。"

当下的儿童文学创作存在哪些问题？你心目中优秀的儿童文学作品应该是什么样子的？

可能有些浮躁，同质化的东西比较多。儿童文学在文学创造方面走向低能化、模式化，那中国儿童文学将不会走太远。创作最怕浮躁。我对优秀作品的标准就是，读完一本书以后，能够被记住就很不容易了。保持独创性是好作品的第一步，也是最重要的一步。还必须有创新，写作要走心，用心浇灌自己的花朵，不要到处种花。真正好的作品，才能感动人。不但感动中国，还能感动世界；不但感动孩子，还能感动成人。这才是最高的境界。

设问人：舒晋瑜 作家，《中华读书报》总编辑助理

钱谷融

钱谷融，1919年生，2017年9月病逝，江苏武进人。长期从事文学理论和中国当代文学的研究和教学工作，著有《论"文学是人学"》《文学的魅力》《散淡人生》《〈雷雨〉人物谈》等，主编有《文艺理论研究》，为中国培养了许多优秀的文学人才。曾获上海文学艺术奖终身成就奖。

学术原则是修辞立其诚

2017年9月28日，钱谷融先生走完了他99岁的人生。其实，很早，《青年报》就特约评论家王雪瑛对他做一篇专访，意在弘扬钱先生的大家风范和学者思想，所以这篇文章是极其珍贵而富有意义的。钱先生曾经在接受专访时说："学术问题上大家可以讨论，相互切磋，不断提高。我的原则是修辞立其诚，而不是人云亦云。"这就是先生坚持独立审慎地思考的治学态度。他为人也是秉持先师伍叔傥的魏晋风度，率直任诞，清俊通脱，总是一副可爱近人的面貌。王雪瑛是钱先生的研究生，在她的眼中，恩师以独立之思铸就了学者风骨，以性灵之笔呈现了文学魅力，若以长篇小说相比，他的人生就是一部经典。

你的《论"文学是人学"》是中国当代文艺理论史上的重要文本，对于我们认识中国当代文学史，有着重要的理论价值和历史价值。你在论文中谈到了五个问题：一、文学的任务；二、作家的世界观与创作方法；三、评价文学作品的标准；四、各种创作方法的区别；五、人物的典型性。你认为谈文学最后必然要归结到作家对人的看法、作品对人的影响上。以上五个问题，就是在这一点上统一起来的。"人学"这个说法是高尔基提出过的？请你说说文学中的人学的特别之处，它与社会科学中的人学有何不同？

对，我知道高尔基有过把文学当作"人学"的意见，最初是从季摩菲耶夫的《文学原理》中看来的。后来，我曾请教过戈宝权先生，他将高尔基这一意见的出处译出，并写给了我。

社会科学也研究人，但只是研究人和人的生活的某一方面、某一特定的领域。文学却是把人和人的生活当作一个整体，多方面地、具体地来加以描写和表现。社会科学中所出现的人，只是一般的人，具有一定的阶级和阶层共性的人。在文学作品中所出现的是具体的、个别的人，有着独一无二的个性的人。文学作品中的生活，是由具体的人的具体活动构成的，是以生活本身的形式，以综合的、整体的、流动的，充满着生命活力的形式出现的。我们说文学是反映现实的，但是文学作品中的现实，不是抽象的一般的现实。它应该转化为人的具体活动，转化为人和人的具体关系；应该结晶为人的生动的思想感情，结晶为人的独特的、活生生的个性。一个作家，即使对某一时期、某一地区的现实生活非常熟悉，他心目中要是没有一个或几个使他十分激动，不能忘怀的人物，他还是不能进行创作的。一部世界文学的历史，也就是一部生动的、各种各样的人物的生活史及成长史。

人物常常成为我们对一部名著最鲜活生动的记忆。

在历代文学家合力建造的文学殿堂里，生活着他们塑造的各具特色的、栩栩如生的人物形象，在这些形象身上，打着他们所生活的那个时代和社会的印记。一提起哈姆雷特、堂·吉诃德、贾宝玉、阿Q等，我们也就仿佛看到了他们所生活的那个时代，看到了他们当时的现实。如果把这些人物形象从作品中抽去了，当时的现实生活，还剩下什么呢？

对，你的论述生动而明确，看得出来是从大量的文本细读中，积累到了丰富的文学素养。你的见解延续了五四时期"人的文学"的思想和理念，你从古今中外的名著中旁征博引，具体阐述了个体的人在文学作品中的重要性，尤其是文学与人学的联系，引起了文坛的巨大反响。几十年来无论时代风云变幻，你始终坚持文学是人学的文学理念和思想。

在学术问题上大家可以讨论，相互切磋，不断提高。我的原则是修辞立其诚，而不是人云亦云。

陈忠实历时六年，潜心创作完成了《白鹿原》，小说塑造了白嘉轩、鹿子霖、白孝文、鹿兆海、黑娃等丰满的人物形象，展现了从清朝末年到20世纪中叶，长达半个多世纪陕西关中农村的历史嬗变。

路遥历经十年倾尽心力完成了《平凡的世界》这部展现中国当代城乡社会生活的恢宏长卷，小说以中国20世纪70年代到20世纪80年代为背景，以孙少安和孙少平两兄弟为中心，刻画了当时社会各阶层的人物群像，揭示了在时代嬗变中人物的内心世界与命运沉浮，从农民的生存境遇中关注中国的现实，思考中国的问题。

这两部作品经过了中国社会与时代大潮的沧桑巨变，依然能唤起国人内心的共鸣，引起大众和专家共同关注，你认为靠的是什么？

他们对土地和人，有深厚的情感；对土地上的人，理解得透彻。因此他们才能塑造出有生命的人物形象，深入地思考人物命运与时代的关系，才能写出打动人心的力作。

文学艺术作品具有打动我们的力量，是因为在艺术形象中渗透着作者强烈而真挚的思想感情。作家在创作过程中，把他从生活中得来的思想感情，熔铸到艺术形象中去，我们在接触到他所创造的艺术形象时，便也体会到了他的思想感情，感受到了他所经历到的激动，他所感怀的欢喜和悲哀。托尔斯泰在他的《艺术论》中，把艺术家的感情的真挚程度看成是决定艺术感染力的一个最重要的条件，在我看来是很有道理的。

无论陈忠实还是路遥都用自己真挚的感情成功地塑造了一系列人物，想问一下成功的艺术形象有什么样的特点？

作家塑造成功的艺术形象应该有三个特点：一是具体性；二是独特性；第三个更重要，应该是有生命的。有生命的艺术形象从何而来？如同现实中的人有父母生养，有生命的艺术形象同样也有它的双亲，它是客观现实界，自然和社会，与主观心灵界，艺术家的思想感情之间相互作用的结晶。首先是现实的社会生活吸引了作家，作家被生活中一些人物的命运、遭遇深深地感动了，他对这些人物无限关切，产生了要用自己的笔墨来描写、表现这些人物的强烈冲动，他设想着这些人物在不同的情况下，可能有的不同的遭遇、不同的命运变化，他在对这些人物的描写表现中，在展现这些人物与他们所处的社会的具体关系中，渗透着自己的爱和恨，自己的欢喜和悲哀，自己对社会和人生的看法。这就是说，作家、艺术家笔下的人物形象，首先都是从社会生活中来的，但又经过了作者心灵的陶铸、感情的孕育。如果缺乏生活基础，违反生活的客观真实，不经过作家、艺术家的用心塑造、感情冶炼，是创造不出成功的艺术形象来的。所以有生命的艺术形象来之不易啊，尼采说，一切书籍中他最爱读的是用血写的那一类，伟大的艺术作品都是作家、艺术家的呕心沥血之作。艺术大师把他们心灵中的最深沉的情感都倾注到了作品中，他在写作的时候是整个身心都扑在他的作品上的。

文学的魅力是什么，对于作家和评论家来说是一个永恒的追问，犹如人对自我的追问，"我是谁？"可以说作家的每一次创作，评论家的每一次评论都在回答着这样的问题，这不是一个纯粹的理论命题，而是与创作实践、审美趣味，以及审美体验相关的问题。

对，因为艺术家创作的作品对现实的反映，不同于普通镜子的反射式的反映，它是由作家的心灵这面神奇的镜子所做的独特的反映。通过这种独特的反映，在被反映的生活中，就能滋生出一种情致和诗意，就会在读者心头自然而然地激发起一种对美、对理想的无限向往和追求。这种情致、诗意以及对美和理想的向往和追求，就是《后汉书》的作者范晔所说的"事外远致"，也是你说的文学的魅力吧。

艺术家对现实生活的呈现是一个生动的充满个性的过程，不是一个简单的过程，艺术家可以使用各种不同的创作手法来呈现他们对生活的观察、认识和理解，这是一个复杂的过程。

对，作家创作艺术作品会采用不同的创作手法，有现实主义、浪漫主义、现代主义等创作手法，有的是直接地反映生活，有的是间接地反映生活，有的是明白而直率地反映生活，有的是隐蔽而曲折地反映生活，这许多区别，深浅的差异，就需要批评家的分析和阐释。

现代人处于众声喧哗信息之海中，特别需要有专业深度、思想力度和人文温度的文艺批评。评论的活力是不是要呈现文学的魅力？是对艺术作品有着探幽抉微的分析和阐释？

作品的艺术的力量、艺术的价值又取决于它同生活的具体关系。所以批评就应该向读者揭示作品与生活的联系，作者是怎样从生活中撷取题材的，看作品是如何反映生活的。一句话，批评又是作品与生活之间的桥梁，使读者通过作品来理解生活，认识生活。

文艺作品不单是生活的反映，而且是生活艺术化的反映，审美的反映。科学给人以知识，而艺术打动人的感情，给人以美的愉悦。艺术作品不仅给人知识，更是要感染人，给人以力量。所以艺术不单使人懂得生活，还能向人们展示出艺术境界，给人一种美的享受，有审美的作用。正因为有这种审美作用，才使它的认识作用，格外地深入人心，格外地真切有力。所以契诃夫说，艺术家的呐喊，人们都会跟他走的。我们的艺术作品、文艺创作就要有这种力量。批评家应通过自己独特的创造性的劳动，把艺术作品中所包含的美，转变为让大众容易欣赏、容易理解的美。批评家的作用，还是美与欣赏的桥梁，沟通美与美的欣赏者。在这意义上，批评家又起着美的鉴赏与再创造的作用。

你对曹禺戏剧的语言有过精要的分析，你创作的《〈雷雨〉人物谈》生动地体现了文学是人学的审美原则，成为现代文学研究中作家作品分析的典范，你对此有什么看法？

被同行接受，被学生和读者欣赏，我感到欣慰。在杰出的剧作家之中，最吸引我、最让我喜爱的有两个人：一个是莎士比亚，另一个是契诃夫。如果为曹禺的作品找寻精神上的近亲，我很有理由提出莎士比亚和契诃夫。

正像莎士比亚和契诃夫的剧作都是最好的戏剧，又是最高的诗一样，曹禺的剧作也是戏剧类的诗。然而在总的风格上，这三个人又是各不相同的。莎士比亚是鲜明而奔放的，契诃夫是朴素而深沉的，曹禺则是清丽而含蓄的，他的清丽，使他与莎士比亚接近，他的含蓄，也使他接近契诃夫。莎士比亚的戏剧，最吸引我们的是明朗的音调和鲜丽的色彩；契诃夫的则是幽远的情调和深邃的意境；而曹禺以其紧张的戏剧场面，活生生的处于矛盾冲突中的现实人物，紧紧地攫住了我们的心灵。

你以生动传神的语言描述和比较了这三个戏剧家的艺术特点。莎士比亚戏剧从接地气的大众娱乐开始，一路攀升到了文学经典的高峰。在价值多元的全球化时代，莎士比亚和古今中外的经典一样，经历着被怀疑和被质疑，也许这恰好说明莎士比亚是永远无法绕开的话题。你对曹禺戏剧语言的深入分析也是在与莎士比亚戏剧语言的比较中充分展开的，所以无论是戏剧创作，还是戏剧评论，莎士比亚是不是一个借鉴和评判的标准？

莎士比亚是雅俗共赏的戏剧大师，他的戏剧很多人都耳熟能详，以他的戏剧语言来做分析和比较，可以深入浅出明白晓畅。曹禺的戏剧语言最突出的优点，就在于对话中鲜明的动作性。他写的对话，能够紧紧地抓住我们的注意力，使我们的心伴随着剧情发展的节奏而一起跳动。因为他的剧中对话，都是人物与事件、性格与冲突的统一，都是既能表现人物的性格，又能推动事件的发展，而且是通过人物性格的冲突来推动事件的发展，在事件的发展中来揭示人物的性格。

你的比较分析，传神而贴切。你在青年时代就见过曹禺吧，他当年的讲课和演讲给你留下了什么印象呢？

我虽然算不上曹禺先生的学生，但听过他的课。1942年我从中央大学毕业，正在附近的一所中学里担任国文教员。中央大学国文系伍叔傥先生告诉我，他已请了曹禺先生来教戏剧课，我如有空可以去听课。可惜因为我当时在中学教国文课课程安排很多，实在抽不出更多的时间，我只去听了几次，就给我留下了十分深刻的印象。那时曹禺才三十出头，双目炯炯有神，他引用到莎剧中的台词时，常能用原文背诵如流。抑扬顿挫，声情并茂，学生都深深地被他所吸引，倾慕不已。我在听他讲课之前，还看过他演戏，他和张瑞芳一起主演了《安魂曲》，他在剧中饰演了男主角莫扎特，曹禺的表演天赋得到了淋漓尽致的发挥。

我第一次知道曹禺先生有如此出挑的表演天赋，真是才华横溢的通才。在现代文学中，我特别喜欢鲁迅先生和老舍先生的作品，请问你喜欢哪些作家的作品？

　　我也喜欢老舍先生的作品。当年我的老师伍叔傥先生请老舍先生来中央大学国文系讲座的时候，是我做的主持。老舍先生讲的一句话，我至今还记得，他说："到了重庆，我可不敢随便写了，因为我对重庆不够了解，而在北京，只要是刮过来一阵风，我也能分辨出这风里所有的味儿，我也写得传神……"可见作家写他熟悉的生活是多么重要呀！老舍对北京的深厚感情和深入了解是他写好北京不可或缺的重要条件。现代文学的高峰当然是鲁迅，我还喜欢何其芳的《画梦录》，周作人的《自己的园地》。

　　中国现代文学中对我影响最大的是鲁迅先生。鲁迅的文章和语词是最有个性与魅力的。在大学四年级的时候，为了准备新年后考取你的研究生，我第一次留在学校里过寒假，守着宿舍床头的灯光和一套《鲁迅全集》，守望着鲁迅先生的语词，度过了冬天的严寒和备考的紧张。他的精神能量通过他的语词渗透到了我的心灵，治疗着我的脆弱，塑造着我的生命。

　　记得你研究生考试的作文中主要写了鲁迅的思想。伍先生曾在中山大学与鲁迅同过事，他一向很敬佩鲁迅先生。听说他离开内地后，一度去日本教书，教的课程中就有鲁迅。在现代文学的研究中，鲁迅也是我喜爱和研究的对象。鲁迅曾说他的杂文："论时事不留面子，砭痼弊常取类型"，这两句话，不但充分说明了他的杂文的现实性与战斗性，而且还说明了他的杂文是现实性、战斗性与形象性的统一。鲁迅的杂文是现代文学中的经典，有着叙述与议论的形象化，周密严谨而又活泼生动的逻辑结构，还有简练隽永的、充满机智与幽默感的语言。

　　嗯，鲁迅文章的思想力量势不可挡，一方面联系着那个时代的风云变幻，波澜起伏，一方面呈现了他思考的高度和深度，他的热血和襟怀。他的《拿来主义》，化繁为简，结论有力，"首先要这人沉着，勇猛，有辨别，不自私。没有拿来的，人不能自成为新人，没有拿来的，文艺不能自成为新文艺。"

鲁迅的两只脚坚实地踏在他所生长的土地上，没有什么力量能够使他和中国分离，他的双眼紧紧地盯住他周围的现实，盯住他所爱和所恨的一切。论敌常说他偏狭，而多疑，其实这正表现出他对中国和人民的深爱。由此他文章的题材都是取自现实社会，都是大众所关心的，能够引起普遍的关注的现象。他的写作题材有一种论战的性质，他常常透过具体问题去关照时代大潮和社会现象。

鲁迅的文学才能丰富饱满，无论是哪一种形式、哪一种体裁，总掩藏不住他作为一个文学家的特色；即使在日常的谈吐中，也难掩他文学家的光芒，他的许多亲友所写的回忆文章，为我们留下不少生动有趣的材料。

设问人：王雪瑛 评论家，上海报业集团高级编辑

葛 亮

葛亮，1978年生，江苏南京人，香港浸会大学副教授。著有小说《北鸢》《朱雀》《问米》《七声》《戏年》《谜鸦》《浣熊》等，文化随笔《绘色》《小山河》等，学术论著《此心安处亦吾乡》等。曾获亚洲周刊华文十大小说（两次）、华文好书评委会特别大奖、《当代》长篇小说五佳、中版年度十大中文好书、《南方人物周刊》年度中国人物、《GQ》中文版年度作家、海峡两岸年度作家。

能穿越我会去宋代

如果能穿越，你想回到哪个朝代？作家葛亮的回答是宋代。从生活方式的角度，他欣赏那时的节奏，另一个理由是自己文学思想的形成受到祖父的影响，他的祖父是著名艺术史学者葛康俞，遗作《据几曾看》让葛亮从宋画中悟出了"有"与"无"的辩证，从而达到了"动静相辅，交融一处"的艺术效果。

对你来说，文学和写作意味着什么呢？

文学于我，可说是一种沉淀之道。香港的生活节奏匆促，会带来某种压力。写作行为对我而言，会是某种纾解。或者说，会和当下现实生活构成分野。这还是很重要的。借由写作这个空间，可以安静下来思考当下，也可以沉潜历史，我想这是日常生活外必须要做的事。在这个众声喧哗，资讯碎片化的时代。写作也是对我们生命本体的内部整合，检视自我和周遭，达到日省吾身的意义。我也想请你分享一下，为什么写作。从文学研究、文学批评的角度，我们是同行。文学批评自然也是写作的重要形式。

文学批评当然是文学写作。并且，它首先是一种写作，然后才有可能再携带其他。对于现在的我来说，文学是自我完成的一个路径和出口，多年沉浸于此，不知不觉获得的内心生活的习惯和能力，包括对世界和自我的认知自觉和能力，在我的生命经验中非常重要。蒋勋说过一段话，大意是文学对他来说是人生的救赎，有时在现实生活中难免遇到为难和算计，被气得不得了的时候，他平静自己的方式是以写小说的立场和角度在心里讲述一遍那些"坏人""坏事"，而在这种讲述中会不自觉地为那些"坏人""坏事"寻找到基于自身立场的合理性，从而对他们有了理解和体恤，自己也就心平气和起来。

我对蒋勋的这个说法深以为然，我想他强调的正是文学的一个最基本最本质的东西——对人的理解和体恤。

是的，"因为懂得，所以慈悲"并不是一句空话。文学之为人学的意义，恰在于可谛视人的所有强大与薄弱处，他的社会性与动物性，皆有缘由。从这个角度上来说，文学更为接近某种信仰。渊源于世俗，因视角高阔，可穿透伦理、法律、道德等一系列规限，抵达人性本质，从而致力于对人进行最多元的阐释。

谈谈你的作品吧，《北鸢》是我读到的第一本你的小说，很惊艳，喜欢。曾经有前辈批评家说过，作为职业评论家，不要轻易使用喜欢或不喜欢这么感性的表达去讨论作家作品，要尽量做客观的分析和评价。我的想法恰好相反，朴素的阅读感受其实是最重要的，文学批评首先是审美性、情感性的精神活动，它不是指正成培训作者，更不是引领或教导读者；确切地说，它是以自己关于作家作品的那些文字，分享阅读，分享自己关于自我内心和外部世界的种种感受和思虑。

对我来说，《北鸢》是那种介于传奇和现实之间的小说，隔着三代人、七八十年的时光，那段风雨飘摇、兵荒马乱的离乱岁月，家国与个人命运彼时的种种未知与不预，各种历史的偶然与必然，这本身就充满了传奇性。可也是刚刚发生并远未终结的历史，那场战争深刻地影响了中国今天的大模样和大格局，影响了中国现代化进程和最终的政治选择，这又是极具现实感的。

《北鸢》的创作缘起于我祖父葛康俞，他的遗作《据几曾看》的编辑写来一封书信。编辑说我祖父是著名艺术史学者，希望我从家人的角度，写一写祖父的过往。我曾考虑写一部非虚构作品，通过个体角度宕开，延伸至家族脉络，以此折射中国近代知识分子的发展路径。前面做了近三年的案头工作。在这一过程中，祖父生前的好友陆续去世、凋零，这给写作展开带来阻滞，也造成感情上的撞击。

一个时代，单纯以学者或精英知识分子群体为核心去勾勒，空间是有限的。我理想中的切入点应该是自下而上式的。传统中国有所谓三分天下的文化建构，"庙堂""广场"，而后是"民间"。民间一如小说之源，犹似田稗，不涉大雅，却生命力旺盛。《北鸢》最终从我外祖父的角度切入，写了祖父和外祖父两大家族。外祖父出身商贾，因幼时经历，目睹军阀政要阶层从繁盛到凋落的过程。之后人生种种，得以举重若轻。从某种意义上来说，这是一种来自于民间的态度。陈思和教授说过，民间在中国的文化体系中，扮演包容力盛大的意象。民间视角灵活舒展。将知识分子群体放到更大的维度去审视，与提取出来单纯勾勒效果迥然。科举废除，"学而优则仕"的道路被仓促剪断。知识分子阶层出现了一系列分化，正是民国不拘一格最为明晰的表达。这是时代的包容，也是民间的包容。而我的外公，从某种意义上恰似民间的剪影。虽无峥嵘头角，却看尽他处人间风景。经历了诸多波折后，尘埃落定，性情一如既往地温和，回归生存本位。他是一个人，也是一代中国人，平定中和，拥有与时代和解的能力，彼此砥砺，也相互成全。

不知你平时是否会读国内文坛同代人的作品。我最近几年一直在做青年作家的研究，读得多了，会发现当下中国的70后、80后作家，几乎都在扎堆写当下现实题材，写都市生活，写大时代的青年失败者之歌，触及历史题材的很少，都在写与自己完全同步的时代和生活。偶有张悦然的《茧》，试图去触摸大历史，她回溯历史的路径和方式，还是青春物语的角度，重点是写历史阴影下第三代人的生活如何被历史所影响和搅拌。《北鸢》从正面、从文笙（家族）的视角写历史，写祖辈的人生和命运，你写作这部小说的时候，所面临的最大难度是什么？我能想到的，除了世情风物的案头功夫，更难的也许在于：一是小说如何有效地建立叙事的说服力？二是作为接近80后的写作者，你秉持怎样的价值观去切入这段历史？是去模拟和想象彼时彼地的人们的观念，还是从今天的青年人的角度去看待和表达那段历史？

将长篇的小说作品切入历史现场，是我在写作之初，就已构成的动力。一是因为乡情，南京作为六朝古都，它与历史间难以割舍的关联与沉淀，是促动我进入其中的根源。另一方面，确也是因为家族中的人事。老辈的经验与经历，作为历史的轮廓乃至缩影，是我在写作时无法绕开的部分。写《北鸢》的难点，一是处理虚构与历史的关系。毕竟我无法完全以一种类似新历史小说的观照立场，去呈现和表达与你血脉相连的人群的生活。大量的演绎和纵横捭阖的想象，并不适用于写作这部作品。这也是最初我更倾向于将其处理为非虚构的题材的原因。但我并不感到这构成某种拘囿，即使是祖辈真实的生活，已足够动人。且"真实"二字的力度与其间所蕴含的生命力，也非想象可以替代。

它因循的不仅是个人的逻辑，也是历史与时代的逻辑。同时，这也是我为何将历史放置于家庭本位进行书写的因由。这可以解释许多对于历史书写的迷思。如褚玉璞这个角色，他既是纵横捭阖的军阀，也是日常生活中的丈夫与父亲。他的行为，可由"家事"辐射至事件。历史人物，终将回归于"人"的意义。此外，在写作这部小说时，某种现代性的介入，也在于需要保持与历史情境适当的距离。在技术上，可由"后设"等一些手法来实现。但更重要的是，即使这些人事，与你有血脉间的联络。仍然要保持得足够克制，甚而节制。一个历史的书写者，对历史的呈现的中立与公允，在我看来是一种本分。

《北鸢》的魅力和辨识度，一定程度上来自叙事语言、古典的审美意趣的表达和它所承接的传统文脉。《北鸢》中的故事内核，原本是平常的。不外乎太平犬，离乱人，秋月已圆人未全，国破山河在，大抵如此。关键是讲述的腔调和方式。其实我们阅读文学，原本想要得到的，与其说是故事，不如说是故事的讲述方式和视角。王德威评价《北鸢》是"淡笔写深情"，很精准。《北鸢》的语言，那种豪华落尽见真淳，里头内含着一种经过、见过、看淡看破的笃定。而在一派云淡风轻中，内含一种消解性，对关于这段历史的叙事中通常惯用的戏剧性和煽情的消解。一个写作者的语言方式，自然不是凭空而来，与他的文学观念和文学训练、阅读经历和人生经验都是有关的。即使这里头有作者的刻意锤炼，但这种刻意选择想来也是作者内心气质的外现。能谈谈这个吗？

你说的这种"淡"，或许从某种意义上概括了我对文学语言乃至艺术的审美。这方面祖父对我的影响蛮大的。在《据几曾看》这本著作中，他对宋画的评价颇高，尤其对郭熙最甚。在我看来，宋画对"无""有"的辩证，可说是达到了相当高的水平。并且有理论依据。郭熙写过一本《林泉高致》，可见其画中风骨之渊源。其宗法李成，又高于李成之处，我以为就是个"淡"字。不光是留白，而且是空间感。同样的情形，李唐也有。比如《万壑松风图》，是从"斧劈皴"的大浓而至大淡。这方面我欣赏的一个建筑师王澍也谈到过，是一种很微妙的空间关系。

这种空间感，在文学中也存在。我借用过祖父的引《华严经》中"动静一源，往复无际"一句，去勾勒《北鸢》中两位主人公的命运。我的外祖父母是性情完全不同的人，但他们在时代大的脉动中形成对位。动静相辅，交融一处。你可以体会到文笙身上的"淡"，恰在他与时世间所抱有的距离。他类似《老残游记》中的主人公。他谛视而不言。我想你也注意到了，他虽早慧，却很晚才说话，说出的第一句是"一叶知秋"。其中有一定的象征意味。从另一个角度说，这也为他"静观"乃至"远观"的人生视角，定下基调。

《北鸢》贯穿着一种"民国情怀"，这也是小说问世后研究者和批评家们一直关注、讨论甚至争论的一个热点。阅读时能感觉到，你在《北鸢》的写作中努力去抵达祖父的时代，努力去再现那个时代的信仰和教养。那个"虽不能至，心向往之"的历史时期，在你的笔下，固然是一种还原，世情风物的还原，人物行为、语言的还原；更是塑造、再造一个"自成一体的天地"，表达着作者自己理解和想象中的一个时代的气度和精神。

是的。我想这种精神，体现为在大时代中遵从自己内心的选择。《北鸢》写到民国时期不同类型的知识分子。一是画师吴清舫，有"清隐画家"之誉。但在二次革命后，设帐教学，广纳寒士，某种意义上担当了公共知识分子之责。另一类是以我祖父为原型的毛克俞，其因青年时代的人生遭遇，特别是看到舅父（原型是陈独秀）在一系列人生跌宕后落幕的晚景，就此与政治之间产生大的疏离感。他在学院中保持作为一个艺术家的纯粹。

此外在第二章，写到孟养辉这个人物，原型是天津的实业家孟养轩，亚圣孟子的后代，经营著名的绸庄"谦祥益"。孟养辉的姑母昭德，不屑商贾，他便回应说，所谓博学于文，行己有耻，如果有一个诗礼的主心骨，做什么都有所依持。因家国之变，"我选择实业，所谓远可兼济，近可独善。"即使从当代的角度观之，这种自信与自强，仍然有其借鉴意义。

在微信上看到一个热帖："如果能穿越，你想回到哪个朝代？"我第一反应就是，那就到宋朝走一趟吧，那个"士"的黄金时代，感受一下那时的清风明月，书院、茶席、雅集……

我也会选择宋代。一个理由我方才说过，受到我祖父的影响，因为那是个艺术鼎盛的时代。第二或许是生活方式的角度，是我所欣赏的节奏。吴自牧在《梦粱录》中写道"烧香点茶，挂画插花，四般闲事，不宜累家"。这其中的生活观，是很通透的。"而今已办还山计，对卷烧香爱日长。"《北鸢》中写文笙与克俞初遇，在廊下坐谈茶事。以及后来克俞半隐于杭州，开了餐厅"苏舍"，并在菜单上录了苏轼的句"未成小隐聊中隐，可得长闲胜暂闲"，皆可见一端。

你的小说集《问米》，我读了之后真的还挺惊讶的，又是介于传奇和现实之间的小说，悬疑、推理，甚至《罐子》那一篇有传统志怪小说的元素。你怎么会想起去写悬疑小说？我想很多读者都会有这样的好奇。

我自己本就很喜欢悬疑小说。最早大概是看横沟正史，对《狱门岛》中暗示罪行的俳句念念不忘。这代表着一种高智力的审美。而且他所提供的社会背景与人文的语境，丰厚到你会忽略他作为类型化小说的质地，这对作者是极大的考验。写悬疑小说对我而言，更多是一种爱好，也可能给读者带来另外一重认识我的可能性吧？

《问米》中有一篇《不见》，男主人公的名字叫聂传庆，与张爱玲小说《茉莉香片》男主人公同名，这篇《不见》我看得津津有味，因为这个聂传庆的名字，我看到一半就猜着他是绑架案的凶手，但是小说构思的巧妙倒是在于，当你以为已经了然作者的线索和意图，到小说结尾，结局又是一个大反转。

这是有点游戏的意思。我有次和香港作家黄碧云聊天，她写了一系列的小说，戏拟张爱玲。人物同名，但情节设置迥异。《问米》的主人公他需要"聂传庆"这个名字。这是写给懂的读者看的，这个名字本身，是个线索。名字也是本格推理里重要的元素之一啊。尤其是他作为知识结构中的唯一性环节，就像纳博科夫的蝴蝶。

我平时也偶尔看推理小说，东野圭吾的一些，国内的看过蔡骏和丁墨。在我有限的关于悬疑推理阅读经验和了解中，本格和变格，比如那种密室或邮轮杀人悬案的破解过程是很刺激和惊心动魄的，但，于经验逻辑和现实逻辑有时往往都不太经得住深追，那种明显置于非现实语境中的案件和破案，到最后往往成了字面的精致游戏。我可能更喜欢社会派，更喜欢看那种携带了某种社会时代背景的推理小说，除了案件本身的悬念和解密的期待与满足之外，其中对人性的描摹和对社会问题的讨论，我觉得结合在一起更好看，高度紧张和刺激的阅读快感之后还有余味。比如《问米》中的悬疑小说《朱鹮》。

是的。所以《问米》这本书虽然运用了推理与悬疑元素，但最终回归于"人"。写人在非常事件中的"日常"反应。写人的无力感。我觉得人的性格张力可以很大，但被庸常的生活淹没了。非常态的情形，往往能够激发很多东西，而且不是以善恶伦理为标准的。是人性最本源的欲望和克制。《朱鹮》写的是凶案，却是来源于父爱。或者，其实是对美天然的保护。罪与美在许多情形下相辅相成。我特别喜欢的一位德国小说家聚斯金德，写有缺陷的人对美的珍视乃至扼杀，是触目惊心中的合理。在我看来，比巴黎圣母院中卡西莫多的守护，更为有张力。后者尽管动人，但多少太过理想主义了，是戏剧式的美。

可能悬疑题材，包含了死亡、阴谋、恩怨等等的悬疑题材，把人放置于极致的生理和心理处境，人性更容易淋漓显形？

是的，可以更为凛冽，现代人的社会性拘囿太多了。非常状态下，可以释放出很多东西。也是对人性的一种回归，善恶皆然。其实在我以往的作品中，也曾运用到悬疑的因素，比如《朱雀》中的间谍泰勒，是个中国通。设计了七个原始密电码，分别对应于中古五音与两个变音，按五度相生率编成密码集，同时也是曲谱。每个音高的曲率，词中每字的笔画，隐藏着一套严谨的公式。一年多的时间里，送出了五十七首这样的曲词。而且都是古曲的极品。这或许代表着我所欣赏的"悬疑"对人性观照的意义。

我有时会好奇，一个写作者的成长经历和阅读经验，带给其世界观、价值观、文学观怎样的影响，具体在写作中又是怎样发挥着作用？记得看过格非的某篇文章，谈到经验对于作家的意义，他说有一种作家，比如沈从文，比如狄更斯，他们的个人生活经验层面的所见所闻，实实在在地成为他们写作直接使用的叙述资源、情感资源和思想资源。但还有一种作家，比如卡夫卡，他终其一生的个人生活可能比绝大部分普通人都更简单和单调，就是一个小城里的小职员，几点一线地重复着雷同的生活，却在写作中开辟出一个魔法般的自足世界。

　　我的理解就是，一个写作者，他的个人经验必然要成为他依赖的写作资源，这个毫无疑问，一个人的审美力、思考力，他的知识构成、趣味偏好以及价值倾向都不会是凭空而来的。关键就是，不同的个体有不同的经验表达和发布方式。你的写作，比如我读到的《朱雀》《北鸢》，以及这本最新的小说集《问米》，我感觉你更多依赖的不是个人经验，而是……而是什么呢？

　　首先，对一个写作来说，个人的经验还是重要的，尤其在写作初起的阶段。成长最能够折射写作者内心的轨迹，也最具温度，甚至有某种切肤感。一些作家的代表作，也往往与个体经验有关联，比如奈保尔的《米格尔大街》、聚斯金德的《夏先生的故事》。早在《北鸢》之前，我写过一本小说《七声》，也融汇入自己的经历，借由身边人事，感知并呈现时代。我称这些人为"行走于街巷的英雄"。这也是我对"民间"这个文学空间开始感兴趣的源头。此后的写作，无论是历史抑或当下，我总觉得这是个书写不尽的场域。"民间"代表着我的审美观、历史观与世界观，进而决定了我发言的方式。我的观察与表达，无论是写南京、香港还是河内，总是根植于此。如"问米"本身就是来自于民间的通灵仪式。借由这种仪式，去切入现实，你会发现其中的丰富和冷暖。这对一个写作者来说，是弥足珍贵的。

　　很多人会谈到你的小说中的古典气质和对传统文脉的自觉承继，我想这既是个人内心气质在写作中的自然流露，也和平时的阅读有关吧。平时都会读什么书呢？

　　就阅读而言，父辈对我的影响很大，一是旧俄时期的小说，一是笔记小说。前者如法捷耶夫、帕斯捷尔纳克，后者如《阅微草堂笔记》《耳新》，甚或比较冷门的《何典》。俄国小说的格局感，是我所看重的，也建立了我对长篇小说审美的门槛。大背景下谛视人性，是历史的逻辑与个人逻辑之间的砥砺，其间悲壮的美感，含有对民族性的拷问，意义是开放的。笔记小说，胡适先生说过"可补正史之不足"，往往能看到泥沙俱下挟裹中的真东西。从这个层面来说，《世说新语》是典范。无论是任诞还是雅量，是中国文化传统的两端。它属于民间，和庙堂间相生相克，亦相辅相成。《红楼梦》的辽阔，在其兼收并蓄。可以看到自上而下和自下而上两种文化空间的融通。但我更欣赏的，是韩邦庆的《海上花列传》，方言写作影响了它的流传。但其对于"中国性"的阐释，包括对中国文字审美的出色表达，在我看来，有一种动人的尊严感。

我最近在重读保罗·奥斯的《纽约三部曲》。大约因为完成了《问米》，对"消失"主题产生了新的兴趣。人之于世界的关系，还是太微渺了。也在读蒋彝的《画记》系列，总觉得他是个被低估的写作者。所以想要为他写点东西。他是勇敢的人，也是最早以中国之眼看西方的人。这样的人，是需要兼有天真和世故两种性情的，而且要对日常有足够的好奇心，这些都吸引我。最近看的一本新书，朱伟的《重读80年代》，与北岛若干年前的一本书遥相呼应。这本笔调更轻松。重回文学现场，是需要有足够的温度和砥实的记忆的。就这一点，作者令人感佩。

也分享一下，你最近在读什么书？

我最近在读苏东坡和陶渊明，他们的诗词文和传记，这两位古人的作品和生平，正对应着我最近关注的一个问题：个体人生和生命的自我完成。

苏东坡和陶渊明，都有"隐"意。但一个入世，一个出世。个体的自我完成，大概很难有一个终点，始终是一个动态的过程。我觉得这与年龄无关，而是与环境、生活观念和阶段性诉求有关联。人会成熟，但有些天真之处，可能更有助于这种动态的过程，向良性的方向发展。

其实《北鸢》中某种意义上也是在讨论个人的自我完成吧，文笙、仁钰，包括商贾、士绅，甚至枭雄，都在那个时代和世道下，奋力探寻自我完成的方式和可能性。

对的，你可能注意到了。文笙是个生来老成的角色。但在他的成长过程中，反而不断地流露出他与现实环境相处的天真。这是方才所说的动态的意义，他以"和解"的方式，不断地应对复杂的环境。而不是让自己与环境共谋，走向传统中国人普遍的世故。

设问人：金赫楠 评论家，中国现代文学馆客座研究员

路　内

路内，1973年生，江苏苏州人。著有长篇小说"追随三部曲"《少年巴比伦》《追随她的旅程》《天使坠落在哪里》，以及《云中人》《花街往事》《慈悲》等。曾获华语文学传媒大奖年度小说家奖、春风图书奖年度白金作家、《GQ》中文版年度作家、《南方人物周刊》年度人物等奖项。

我像不小心闯了红灯的人

在路内获华语文学传媒大奖时，授奖辞是这么评价他的：他的小说是一代人的精神镜像，他笔下的青春，不仅是年华，也是灿烂的心事，不仅常常受伤，也饱含生命的觉悟。《慈悲》见证了一个作家的成熟和从容，从伤怀到悲悯，从锋利走向宽阔，他的写作已不限于个人省思，而开始转向对平凡人生的礼赞，对日常生活肌理的微妙刻写。他的文字，敛去了一切怨气，有着仁慈的暖意，这种和解与饶恕，是对写作超越性的艰难跋涉。

你常被人形容为"工人作家"，你的小说总是以工人阶级为主角，塑造了工人知识分子在大时代背景下的突变，《慈悲》也是以苯酚厂为背景而展开的，你是怎么看待这一问题的？

我曾经对记者说过一些比喻句，偶尔出现在媒体上，此后被人问起，到底什么意思。问题是，时点一过，我就忘了什么意思。有一天我翻翻自己写过的稿子，产生同样的疑问，这句话到底什么意思，它曾经被写出来、被读过，然而它的意义已经不再归属于我。

写小说的人，很忌讳自我怀疑。有一度我被各种说法搞得懵头，比如"小说就应该是故事"和"小说不应该仅仅是故事"，比如"作家应该真诚"和"作家不可能真诚"，比如"语言要漂亮"和"语言要强有力"，比如"结构必须扎实"和"结构散一点也成立"，比如"你到底是个左派还是个右派""你是个虚无主义者还是个现实主义者"。问题太多了，我觉得很多观念是矛盾的，同时又是可以调和的——比如小说里应避免用成语和感叹号？

纳博科夫说，如果一个作者说自己写的是真事，这很差劲（大意如此）。我很认同这个观念，因为每当我说自己写的是真事的时候，就是我发慌的时候，更有甚者，我谎称其中某个情节是真的，以此蒙混过去，总之是不想被人再追问了。文学观念不能是游戏，你不能像个花花公子一样在观念的领域里到处占便宜。然而你打开中国文学史随便翻翻，也没有人把纳博科夫的这句话太当真。一本《围城》，钱钟书很乐意说他写的是真事，他还写过一个某太太的客厅和猫的故事。这种素材或者笑料，大家都有，现在没有人站出来说"我要写一个真实故事改编的小说"了，就连外祖母传下来的故事，也不是卖点了。一个很好笑的比喻是把小说家比成厨子，厨子做菜，小说家做小说。这个比喻我也用过，后来想想，不是这么回事——因为没什么人会关心厨子的观念问题，大家至多觉得他手艺不地道。小说家的成败，比起厨子和鞋匠，通常不是手艺问题。或者也可以挑剔说，观念就是小说家的手艺，大师级的厨子也有观念。我也表示赞成，这样小说家就是厨子了。没问题的。

有人把《慈悲》比喻为余华的《活着》，两者在某种程度上有着同样的价值观，小人物在历史的磨难中都力争有良心地活下去，你是如何看待工人这样一个群体的？

我的笔名为什么是这个。有意思的是普通读者似乎特别关心名字，这是不是中国人的特质，我也不太清楚。名为何物，在一篇小说里是否真的很重要？《慈悲》这本书里，水生、根生、玉生、复生，都用了一个"生"字。生在中国人的名字里太普遍了，我一直觉得，那里面有一种非常简单的追求：活着，并且能够纪念。但它是否真的那么简单，在一个相当长的历史阶段里，难以回答，而且似乎只有用小说这种形式才能回答。

又被问到"慈悲"是什么意思，是不是佛教的慈悲。我觉得至少在这部小说里，我只是借用了一个佛教的用词，而实际上"慈悲"在日常生活中也是广义的。小说讲述的是一群城市平民最基本的善恶观念，最低水位的价值认知，有很多是值得同情也值得批判的。小说里的人物，说起来是工人、工程师，本质上还是像农民。农民的特质大体上我们都了解，他们构成了中国文化的基础。当下中国的情况更为扩大化，几亿农民成为了工人。他们是最被动的社会阶层。这种努力活着又安然赴死的状态，在我看来一方面是可悲的，一方面也保存了基本的尊严。因为没有受过高等教育，大部分中国人不得不用《三字经》这种文本，来作为自己一生的行动准则，稍微高级一点的也就是世俗的佛经或者孔孟老庄。马克思主义提供了一些革命的元素，但迅速也被世俗化。在没有办法的办法中，他们找到了相对一个较优的方案，但从绝对值而言，又是那么廉价和可笑。

在写这本书时，最多想到的是鲁迅的《阿Q正传》。我一直在想一件事，鲁迅对阿Q到底是百分之百的厌弃，还是在这厌弃之中藏有同情。也许鲁迅是真的同情阿Q的。夏瑜在这一边，阿Q在那一边。

每个作家都有一个文学地理和文学启蒙，你的文学地理在哪里？文学启蒙又是谁？你觉得自己是否代表了工人阶级的写作方式？

　　我童年生活在苏州，1970年代是在古城区里，一条很窄的小巷，有点像《花街往事》里的那个格局。我家住在一个类似大杂院的地方，但不是北方的那种，而是南方天井式的老房子，走进去，住很多户人家。到了下午，大人都上班去了，整个老房子里就只有老人小孩，非常阴森。当时没有电视机，每天晚上7点钟，我妈就开收音机听一个小时的长篇评弹，有时是评话（就是不带唱段的评弹）。那个故事延绵不绝地讲下去，有《三笑》啊，《七侠五义》啊，《啼笑因缘》啊，故事性很强。有时候我妈听得不耐烦了，就给我剧透，她也很能讲，把一个漫长的故事浓缩在一个小时里讲完。我觉得自己受的"讲故事"的教育，很大一部分来自于这里。

　　到了1980年代，八岁的时候，搬到新村里，在城郊。那时候城市很小，郊区都是田，新村附近就是我爸爸的化工厂，叫做溶剂厂。我妈比较爱看书，我爸看见任何带字的东西都会晕，虽然他文化程度较高但是没用，只会看图纸，讲故事还得是我妈。当时家里就订一些文学刊物，《收获》《十月》《当代》《花城》等，我八岁就记得这些文学刊物的名字。很小的时候，我妈给我讲过一个寡妇和流苏的故事，后来到了二十岁，我看书，发现是汪曾祺的小说。最初接触文学大概就是从这儿来的。1980年代初期，人们对外国文学的热爱，大部分都集中在19世纪之前的作品上，其实小孩看不懂，觉得特别乏味。但是我妈给我剧透，浓缩着讲的时候，还是觉得挺有意思。那个时代，小小年纪，对文学有一种很深的崇拜。因为我们生活得太乏味太简陋，而那些写小说的人，想必是这个世界上最有趣味的人，虽然他们也很清苦，有些甚至是穷死的，但他们优雅啊。我妈只是一个女工，身体一直不好，她很不喜欢体力劳动，爱干净，喜欢诚实的有教养的人。

这些童年经历是否构成了作品的文学启蒙，我不大清楚，但童年的总体氛围肯定是影响了我，市民气息，工人阶层，从1980年开始的长达几十年的社会变动、改革开放。后来我被多次问到，是否代表了工人阶级的写作方式，这已经是2015年之后的事情了。这个时代谈工人阶级，实在是一件既严肃又不严肃的事情。某种程度上，无法回答。至少我写《花街往事》和《云中人》两部长篇时，并不考虑工人阶级，我也无法代替某个阶级来说话。不具备那个能力。我认同作家的个人经验，拥有个人经验的作者在故事层面上能写得比较丰满、生动，但这显然不是全部。文学期刊的启蒙，现在看来也不值得骄傲。我一直觉得自己的整个青年时代所受的文学教育不够好，对观念的把握不够深刻，这个问题拖延久了，对写作会产生反向的影响。

之前有记者问过你，对一个作家来讲有两条路，一条是投进时代里面去，一条是完全抗拒那个时代，在《慈悲》这部小说里，你选择的是否是一条转型之路？

我曾经表示，我感觉我不是局外人，我不是站在外面，不是站在街边，我像是一个不小心闯了红灯、站在路中央观望着这个时代的人。在完成《天使坠落在哪里》之后，我当时就想，应该放一放，不是放熟，是放陌生，把之前的那种套路忘记。因为近距离地看一些东西，觉得这些东西很可笑，所以需要像闯了红灯，表现出一种很无辜的样子观察一下。但是我觉得把"转型"这个词用在作家身上会产生歧义，它是一个商业和娱乐业的用词。对作家来说，每一部长篇试图修正、改善自己的写作方法和写作题材，这是有天然的合法性的，不存在转型的企图。

《慈悲》的时间跨度达到五十年，我很难想象用繁复的笔法来写，会是什么效果。这方面也代表了我的一个近似偏见的看法：普通市民的生活非常无趣，几乎不值得写成长篇，他们的一生中能够被文学遴选出来的章节寥寥无几。这种无聊生活无法构成长篇的强力脉络，假如我不能简约地去写，其结果一定是臃肿不堪，或者崩溃掉。我想，技术上的限制比语言上的自觉性更多一些吧，尽管我也很喜欢简约的小说。

时至今日，我还是认同小说家在汉语写作技术上的努力，并且认为这种努力有它的价值。希望以后能继续在写作上有所突破，当然，这不仅仅是技术的事情了。

有没有把小说改编成影视作品的意向？对小说改编成电影怎么看？

《少年巴比伦》被改编成电影后，入围台湾金马奖最佳导演奖，我看过两个剪辑版本，不是很满意，主要是因为它还在毛片阶段，剪辑和后期都不是很理想。我不是电影专业出来的人，对于看毛片还是有心理障碍。作为作家，我是有私心的，并不太希望"追随三部曲"的后两部小说被改编成电影，在出让影视版权上不会急功近利，会更谨慎一些。

我的观影习惯跟普通人差不多，喜欢故事性强一些的。对于小说和电影的区别，一般来说，小说和电影之间总会有个落差，蛮奇怪的，王朔的《动物凶猛》和姜文的《阳光灿烂的日子》算是等量齐观，我都很喜欢。而且两者不一样，非常不一样的作品，姜文没有被王朔吓住，他做出了自己的作品。

前些年，我写过一个相对完整的电影剧本是《纽约纽约》，由关锦鹏监制，罗冬导演，阮经天和杜鹃主演。后来写的一个电影剧本叫《阿弟你慢慢跑》。写剧本，写第一稿的时候还挺好玩的，一般交给导演之后就不行了。不是对电影人有意见，贾樟柯、徐皓峰、万玛才旦这样的是有原创能力的，非常强。其他一些导演没法谈，你遇到一个好导演，就会喜欢写剧本了。

你的长篇小说《慈悲》从国营工厂时代说起，纵向讲述了个人五十年的生活，从一个切面剖析展现了大时代对普通人的影响。书中，你精准地展现了在时代背景与环境的更替中，人与人之间的关系转换、相互猜疑和告密到相忘于岁月，也有亦步亦趋的和谐到个人意识觉醒后的报仇雪恨，这些小人物的不见血的恩仇虽隐忍于生活之下，却是人生最主要的记忆，最后的结果，谁也不会知道，普通人的生死起伏只会湮没在时代中，我们唯有活得比我们生长的时代更长。你能解读一下与这部小说创作相关的问题吗？

我既不擅长写散文也不擅长写序，假如有人要我好好地说真话，我想说，不如我们来读小说吧。但虚构的叙事有时也会遇到些小麻烦，比如望文生义，比如吊打在世的作者，要求上缴苦难。假如别出心裁地上缴了一份顽皮，就不得不哭丧着脸说其实我口袋里还有苦难，那么我是在和谁玩游戏呢？假如我上缴的必须是苦难，就像交税似的。

写一部小说，如果作者非要站出来说自己写的都是真事，这就会变得很糟糕。纳博科夫曾经嘲笑过的。偶尔也有例外，在小说《黄金时代》里，王小波写到脑浆沾在街道上这一节时，曾经加了一句话："这不是编的，我编这种故事干什么？"

这种句法在小说中非常罕见，它漂亮得让人想不出更好的办法。当然也因为王小波是一位擅长虚构的作家，他有资格这么写。

我曾经为《收获》杂志的公众号写过一篇关于《慈悲》的文章，那是我写得较好的散文，但编辑说仍是有小说恶习。我重写了一次，希望它比较真实些，但情况似乎没有什么好转：

20世纪90年代末，我们家已经全都空了，我爸爸因为恐惧下岗而提前退休，我妈妈在家病退多年，我失业，家里存折上的钱不够我买辆摩托车的。那是我的青年时代，基本上，陷于破产的恐慌之中。我那位多年游手好闲的爸爸，曾经暴揍过我的三流工程师（被我写进了小说里），曾经在街面上教男男女女跳交谊舞的潇洒中年汉子（也被我写进了小说里），有一天他终于发怒了，决定去打麻将。我妈妈描述爸爸的基本技能是跳舞、打麻将、搞生产。爸爸曾经是技术标兵，画图纸的水平很不错，在一家破烂的化工厂里，如果不会这一手，凭着前面两项技能的话基本上就被送去劳动教养了。现在，国家不需要他搞生产了，他退休了，跳舞也挣不到教学费了，因为全社会都已经学会跳舞，他只剩下打麻将。那个时候，社会上已经有麻将馆了，合法小赌，心旷神怡，都是些街道上的老头老太。我爸爸决定去那儿试试运气。我妈妈是个理智的人，知道世界上没有必胜的赌徒，大部分人都输光了回家的。尤其是，我们家的赌金就是菜金，输了，这一天的就只能吃白饭了。然而我爸爸没给她丢脸，每个下午他都坐在麻将馆里，经过几个小时的战斗，砍下来几十块钱。这种麻将，老头老太玩的，赌得太大会出人命，赢几十块钱属于相当不容易。有时候赢一百块，为了不让对方上吊，他还得再输回去一些。后来他告诉我："我六岁就会打麻将了，我姑妈是开赌场的。"每一天黄昏，我妈妈就在厨房望着楼道口，等我爸爸带着钱回来，那钱就是我们家第二天的菜金。他很争气，从未让我妈妈失望，基本上都吹着口哨回来的。我们家就此撑过了最可怕的下岗年代，事过多年，我想我妈妈这么正派的人，她居然能容忍丈夫靠赌钱来维生，可见她对生活已经失望到什么程度。

这故事简直比小说精彩，可惜从来没有被我写进小说，因为它荒唐得让我觉得残酷，几乎没脸讲出来。在厚重的历史叙事面前，这些轻薄之物一直在我眼前飘荡，并不能融入厚重之中。

《慈悲》是一部关于信念的小说，而不是复仇。这是我自己的想法。慈悲本身并非一种正义的力量，也不宽容，它是无理性的。它也是被历史的厚重所裹挟的意识形态，然而当我们试图战胜、忘却、原谅历史的时候，我还是会想起我父亲去打麻将时的脸色，那里面简直没有一点慈悲。他觉得寺庙都是假的，而麻将馆才是赢得短暂救赎的地方。

有一次，有人嘲笑我写的三部曲是"砖头式"的小说，似乎砖头很不要脸，我想如果我能写出一本菜刀式的小说，可能会改变这种看法，也可能仅仅让我自己好受些。

你的《慈悲》获得了第十四届华语文学传媒大奖年度小说家奖，在授奖辞中对你这部作品的评价是"见证了一个作家的成熟和从容"，你是怎么看待自己获奖与对自己的评价的？

应该是2009年，我首次被这个奖提名为"年度新人"，事隔7年又得到了年度小说家奖，我想我获得了一次恰如其分的机遇。在这段时间里，作为个人的某种历程，无疑甘苦自知，写作带来的狂喜和狂怒有时会从两个方向撕裂作者，我想写作者都有过类似的体验。

更多的相对冷静的时候，我能体会到的是微妙的艰难。正如狄更斯所说，这是最好的时代，这是最坏的时代。《慈悲》这部小说完成时，我比较悲观，认为它不会获得太多关注。一方面是这个题材本身牵涉到一段已经过去的历史，它究竟算是历史还是仍可被视为当下，我认为值得讨论；另一方面，2009年以来小说作为一种故事的载体无疑也在经受着考验。我不想在这里指责所谓时代的浮躁，因为有太多人指责过了，而小说家的责任似乎应该是静静地观察。

更深一步说，我们都拥有一些可写的故事，但仅仅拥有故事是不够的。有时候，我觉得自己像是在挖一口井，那些被不断评价的土壤并不是我所在意的东西，我在等着井水涌出的时刻。在这样的场合谈论文学的意义，或者谈论前代大师，都让我倍感惭愧和焦虑。文学对我来说就是一次次地重新开始，假如我还在写，我就只能看到原点，而看不到终点。为此，需要清醒地认识自己。本雅明在《作为生产者的作者》一文中说："只有当一部作品的倾向在文学上也是正确的，它才可能在政治上是正确的，政治上的正确倾向包含了文学倾向。"

我想，作为一个汉语小说作者，从庄子到弗洛伊德，从致远恐泥到伟大的文学源流，所有的观念、技术和现实都在撕扯着作者，其中也包含了文学自身的严肃和浮夸。但即便如此，我仍然相信文学与人的尊严和自由相关，仍然相信小说这门技艺让写作者与读者同样获得安慰，相信源远流长的故事传统从蒙昧时代一直到未来都将为世界提供某种神秘的动力。

和我悲观的预估相反，《慈悲》这部小说出版发表后，获得了很大的关注，甚至我认为有过度的嫌疑。能够获得华语文学传媒盛典的表彰，我深感荣幸以及不安。

设问人：陈仓 作家，诗人，媒体人

蔡　骏

蔡骏，1978年生，上海人。出版悬疑类型长篇小说《天机》《谋杀似水年华》《宛如昨日》等十九部，累计发行量千万册。以《最漫长的那一夜》系列为代表的中短篇作品，发表于《人民文学》《当代》《上海文学》等纯文学期刊，多次被《小说月报》《小说选刊》选载，有多部作品被改编为电影、电视剧。曾获《小说选刊》年度奖、《小说月报》百花文学奖、郁达夫小说奖提名奖等。

文字从来不分高低贵贱

二十二岁时，蔡骏开启了他悬疑作家的写作生涯，一度成为备受追捧的类型小说作家。不过，最近几年，他频发《最漫长的那一夜》系列中短篇小说于严肃文学期刊上。类型小说家转型纯文学？蔡骏认为，文字不分贵贱，只是追求有所不同，不论哪种形式的文学都能表达现实，也都需要有想象力，重要的是书写要有价值，要用文学的语言，写出文学的境界。

最早读到你的小说，是我高中时候。是在《萌芽》杂志上，是不是叫做《荒村公寓》？那时候你在做什么工作，处于怎样的生活状态？

我最早在上海市邮政的支局工作，在思南路上，后来转到了市局办公室做年鉴编辑，一个比较清闲的工作。没有太大的压力，当然也没有任何应酬，也很少跟朋友往来，所有的业余时间都用来阅读和写作。《荒村公寓》的具体写作时间是在2004年夏天，构思是来源于我当年刊登在《萌芽》杂志的短篇《荒村》。后来，决定把这个短篇换成新的故事，变成长篇。当时写得很快，我记得两个月就完稿了。《荒村公寓》是个长篇，你在《萌芽》上看到的可能是4月份刊登的短篇。

这是你最早开始写作吗？

2000年，我在思南路的时候就开始写了。当时很单纯，只是想写而已，没有想过未来会怎样。榕树下网站时期的短篇小说都是那时候写的，包括我的第一本书《病毒》也是。第一个短篇，其实是受到王小波影响很多。他的《唐朝故事》，一半现代，一半古代。

那时你二十一二岁。很多小说家都是这个年纪开始写作的。但诗人开始写作的时间往往更早。上次我们一块儿吃饭，我才知道你那么喜欢诗歌。在写小说之前，你写过诗吗？

更早之前，当时几乎每天写一首，基本都没发表过。

那些诗留下来了吗？

都有的，记在小本子上。前些年又一次都被整理出来了。

现在怎么看这些诗？

都很幼稚，没什么价值，但是写的过程中，有时候会带着许多剧情，甚至会想到有叙事诗，于是便产生了把这些情节变成小说的念头。

你刚才说，刚开始写小说时只是很单纯地想写，没想过未来会怎样。那你开始对自己在写作上的前景有所考量是什么时候？

2000年，得了"贝塔斯曼·人民文学"新人奖，获奖的短篇小说《绑架》登在那年的《当代》杂志上，给了我一个未来的可能性。实际上这次获奖后来并未对我有什么帮助，但可能使我第一次有了一些文学上的念想。

你刚开始写小说就获奖，这算是非常顺利啊。

是，得奖比较幸运，纯粹的自然投稿被选中，还生平第一次去北京领奖。当然对我来说有两条选择，一是继续写这些短篇小说，二是写长篇。很快，有个契机让我写了第一本长篇《病毒》。我算是选了第二条路，也是类型小说的道路。所以，这个奖后来对我没有起到实际作用。

当时选择"第二条路"的原因是什么？

首先还是因为发现自己有写长篇类型小说的才能，并且至少得到了网友们的认同。第二，我也知道纯文学期刊发表小说，如果都是自然来稿，难度极大。当时我的短篇只能在网上发。

这个是怎么"发现"的？

写作过程中比较顺利吧，或者说让自己也很兴奋，因为当时中国没有人写这样的小说，我等于自己开创了一个全新的类型和模式。

这个厉害。那你开始"职业化写作"大概是哪一年？

我觉得某种程度上，我从未"职业化写作"，因为我始终有个工作的身份。以前是邮政员工，后来自己开公司。某种程度来说，自己开公司所消耗的心血还比原来上班更大。

这个我明白。我说的"职业化写作"或许应该说是"自觉式写作"吧，和刚开始的"自发式写作"不同。有人把写作分为三个阶段：自发、自觉、自足。最初都是自发式写作，然后是自觉式写作，就是对写作开始有了主动的思考或者认知。

那大概从2000年就算是自觉式写作了吧，当时是一直都有各种思考的，我记得那年榕树下的"心灵世界"板块还有王安忆老师的讲课文字稿，很长，分析了许多名著和小说。当时我看了大量的先锋派小说，但是留下印象最深刻的，却是张承志的《心灵史》。《心灵史》几乎可以算是从灵魂深处影响我的，它没有影响到我的文学创作，但影响到了我本人。

你刚才说的，让我有两个疑惑。先说第一个，你说开公司很累，那你是怎么平衡写作者和公司经营者这两个身份的？我说的不单是时间上的平衡，还有思维方式上的平衡。

是的，我只能说我是个理性与感性同样强大的人，我很理性，也很能忍耐，我的意志力比许多人都强，不会轻易放弃一件事。思维方式上，有时候有冲突，但有时候也会帮助我打开思维，尤其是经营公司，不可避免会遇到各种不同的人，而对于人的观察和了解，对于写作是非常重要的。假如我闷头在家只管写作，很可能不再是一个"凡人"，而一旦脱离社会，再想要找回来是很难的。我觉得通常来说，好的作家首先应该是"凡人"。当然，我个人花在交朋友以及饭局喝酒上的时间几乎为零。

记得第一次见到你，是我们一起去北京开青创会。在机场候机时，我们这些所谓的"严肃文学"作家，要么在聊天要么在看手机，我注意到你一言不发地在写着什么，问了你，才知道你在写小说的提纲。你还记得这件事吧？你比很多作家都勤奋得多。

先说故事灵感和提纲这件事吧，灵感我觉得是随时都会有的，有了就记录下来，这已经积累了不知道多少了。但有了灵感未必就会写，有些作为小说可能是不成熟的，有些可能确实很好，但我现在还无法驾驭，只能留待将来。

再说提纲，这个对我来说是必须要做的功课。每篇小说，无论长篇短篇都要写。写提纲的过程其实就是一个帮助思考完善故事的过程。如果提纲写作遇到问题，那么就可以果断地放弃或者进行大的调整，不会再写到一半放弃。

至于勤奋，怎么说呢，可能因为性格原因吧。我是摩羯座，天生就对自己的要求很严苛，我现在每天都在写作，无论多少。另外，我确实感觉到写作是生命中最让我感到快乐的一件事，写作本身就会带来成就感。这个成就感不是说出版以后得到了多少荣誉，赚了多少钱，而是写作过程的成就感。如果写到一半写出了自己想要的感觉，就能带给自己很多惊喜。

你每天都是在早上写作？

现在是下午和晚上，基本上在家有空就写。

阅读呢？都安排在什么时候？这就关系到我对你的第二个困惑。你刚才说到不少作家和书，包括王安忆、张承志，《心灵世界》《心灵史》等。似乎你阅读"严肃文学"的作品更多，它们对你的影响也更大？

严肃文学先读，类型文学后读，都对我有影响吧。当然从根本上来说，一定是严肃文学的影响更大。2000年以后，读了斯蒂芬·金的许多作品，以及《午夜凶铃》的原著，才开始写悬疑小说的。不过，除了小说，我读历史更多，纯属个人喜好，各种各样的历史著作，包括一些学术性很强的。

你说晚上写作，这让我想到《最漫长的那一夜》第二季的题记："献给所有深夜不睡觉的人，最漫长的那一夜，我陪你度过。"

这个跟写作有关，也跟深夜的思考有关，还有深夜的遭遇，在那种气场里头，总会给人跟白天不同的感觉。

这样的阅读，大概能部分地解释你的写作吧。你是中国当下最优秀的类型文学作家之一，这毋庸置疑。另外，你最近却有很多作品发表在严肃文学的期刊上，算是两种文学的"双栖作家"，你是怎么看待这两种文学的？

文字从来没有高低贵贱，只是不同的追求罢了，所谓严肃文学也从来不是一个统一标准。中国四大名著其实都是类型文学，后世研究者给他们加了许多东西，未必是当年创作者自己想过的。

　　当然，我到现在也在不断地摸索，所谓严肃文学的标准何在？也许确实有很高的要求，对于人物形象、语言文字、命运表现等等。但是价值在哪里？我读一些文学期刊的小说，会读到让我流泪的部分，比如读李云雷的一个短篇，我读了两遍，相隔半个月，后一遍看得我泪流满面。但也有让我读了实在味同嚼蜡的，也许语言文字是不错，人物也很特别，但让我喜欢不起来。可能是每个人的喜好与世界观不同吧。

　　而类型小说追求的目标则很简单，好看。但是要达到这个简单的目标，实际操作起来却很不简单，这种说故事的技巧，有时候要靠天赋，也可以后天不断地锻炼，但要到达一定的境界，确实不容易。

　　有时候，写作需要一种匠人精神，尤其是类型小说，匠人这两个字，在文艺界过去是贬义词，因为工匠与大师是对立的，但伟大的大师，首先是个工匠。比如达·芬奇画画，他如果没有强大的基本功，他也不可能成为大师，梵·高也是。

　　所以，类型小说就是把一种工匠活做到极致，如果在这个基础上，能够有结构和人物上的创新，再有主题上的突破，那就是大师了。

　　文学在当下有很大的分野，很多严肃文学的作家看不起类型文学作家，也有很多类型文学作家看不起严肃文学作家。你内心里有类似的"偏见"吗？

　　我完全没有，对我来说，只有我看得下去，和我看不下去的小说。我也知道，这种异见永远存在，有许多人认为，作家协会和庙堂之上的文学，主要就是针对纯文学的，类型文学等只是顺便提及而已。类型文学"不在乎"纯文学，更多的是从读者和市场的角度，但并没有看不起严肃文学。

　　有人认为，严肃文学是直面现实的，而类型文学往往只讲求"好看"，对现实没那么关切。你的小说对现实有很大的关注，你是如何看待"现实"和小说的关系的？

我的小说中，也有许多自己的经历。比如在《北京一夜》里，中学时候砸玻璃的意外事件就是真的。我后来一直在想，这块玻璃万一砸到了人，那么我的一生，以及那个人的一生，必然就被彻底改变了。《北京一夜》就是这样一种可能性的推演。所以，我一直觉得小说是可能性的艺术。

严肃文学未必是直面现实的，虽然我个人比较喜欢现实主义，我不知道博尔赫斯算什么.文学除了现实还要有想象力，哪怕是现实主义文学，也要有想象力。而且，我觉得写实，不等于现实。有些文学期刊上的小说，确实把现实写得非常精致准确，但这不代表就是现实主义。同样的道理，类型小说可以天马行空，但也可以直面现实，比如斯蒂芬·金的一些作品，还有日本的社会派推理小说，比如松本清张等等。对了，还有王小波。其实，他的故事性很强，比如《唐朝故事》，但他又完全是用文学的语言表达出了文学的境界。

日本人写私小说，以自我为中心，这样我觉得太狭窄了。芥川龙之介的许多小说的想象力都飞起来了，他最擅长于写古代故事。我的书架上有一本马尔克斯的《梦中的欢快葬礼与十二个异乡故事》，几乎篇篇我都很喜欢，这里头有现实，也有臆想，也有生活的另一种可能性，这是我的审美。

你说的这些我也想过，说到底，文学就是由现实和想象构成的吧。对小说来说，写出现实的另一种可能是非常重要的。我想到你的两本书，《最漫长的那一夜》的第一季和第二季，这些短篇和现实都有着非常密切的关系，它们和你之前的作品有些什么不同呢？

太不同了，我已经好久没有这样集中写过短篇了，本身短篇创作与长篇相比就更难。许多故事确实半真半假，用了伪纪实的手段。最典型的就是我们去新疆旅行的喀什一夜，你是当事人，最清楚了。

我觉得对我来说，这种尝试是有很多突破和创新的。当然，我觉得只有这些还是不够的，所以在后面新的中短篇创作时，我会再往回收一点，写得不那么纪实，更注意一些细节。

看《喀什一夜》，我非常惊讶，或者应该说是非常震惊。如你所说，我是当事者，至今我都对我们一起在喀什夜里游荡记忆犹新。但是，假如我来写这《喀什一夜》，会跟你写得非常非常不同。我写的肯定会很实，会更多地侧重内心的感受，比如我们的好奇、紧张等等。但你不是这么写的，我觉得你的想象要飞扬得多。

当时想要写一篇小说，但是又考虑到，走马观花写不好，如果要写，肯定要跟自己的真实经验有关。所以，我就想起了小时候，班级里有许多同学是知青子女，其中也有从新疆回来的，那这就是我的经验，再结合起我们真实的游历，这篇小说其实是把两种真实结合在一起的虚构。

我们真实的游历中，有个细节对我冲击很大，就是我们回程的时候，叫了出租车，我们除了说要去喀什噶尔宾馆，整个路途上什么也没说。假如我写《喀什一夜》估计会写很多这一路上的事，但你似乎对此不是很在意。通过这篇小说，我看到了写作者看待世界，或者说处理经验的巨大不同。而且，你看我到现在也没写出《喀什一夜》，你却很快就写出来了，可见你对现实的反应要比我快得多。

你说的那个没说话的意思我是理解的，有三个维度：一个是社会维度；二是心理维度；三是文学维度（这个可能有点玄乎）。但这三个维度，无论哪一个，写出来都很困难，可能超出我目前的笔力了。

你写的《喀什一夜》牵涉到很多现实问题，不单是知青问题，也有边疆问题等。在"一夜"系列中，还有很多和现实热点结合特别密切的，比如《穿越雾霾的一夜》《春运赶尸列车一夜》等。你是有意地关注社会热点吗？

不是作家关注现实，而是现实就在作家的身上，让我们不得不关注。或者说，我们不去触及这些现实，才是一种故意的行为（绝无贬义）。

你说的是。这和我前面说到的是一个意思，就是你有一种对身边的现实快速关照的能力。这其实是不容易的。

对我来说这很自然。当然，要讲究一个分寸，你可以直接切入，也可以间接切入，或者干脆不切入。有时候，距离有一些远，在外围敲打，可能会比深入到中心更好。当然，现在的问题不是外围敲打不够，或者是表现技巧不够的问题，而是我们无法深入到中心，因为生活局限使然。

很多作家都觉得，现实变化太快了，现实的发现"超过"了小说家的想象，很多作家连现实都跟不上（比如很多作家写当下农村，写的其实是几十年前的农村），更不要说想象现实的另一种可能了。为此有人认为，小说还不如新闻呢。你是怎么看待这个的？

如果一定要完全描摹现实，小说当然跟不上新闻（其实不是小说跟不上，是作家本人跟不上）或者说跟不上读者自己的观察。但是，小说并非一定要完全照搬现实，小说家的敏锐，是要发现生活本质里头的东西，既有感性的，也有理性的，决不能流于表面。所以，如果小说家能够敏锐地把握这种本质性的东西，其实社会的变化又不是太快，许多东西本质是一样的，社会问题的症结永远摆在那里，只是换了不同的花样而已。

你说的是，我也是这么想的。可惜的是，现在很多作家都跟着起哄，说小说家还不如新闻呢。似乎只有写出出人意料的故事才是小说唯一的追求。你这些思考，让我更加怀疑加在你身上的"类型文学作家"的标签。你对这个标签会反感吗？

会有些反感吧，但是从市场的角度而言，恰恰标签是有效的，有的人称之为"超级符号"，当然对文学来说，符号往往是贬义词。

没有"符号"是没个性，有"符号"却又有局限。写一夜系列，你有突破这一标签的想法吗？

当然有，但也有可能会增加一个符号，增加一个标签，所以，现在又对这些称谓无所谓了，最终还是看作品吧。其实，不管是严肃文学还是类型文学，都是千变万化的。

你对"一夜"系列有什么结构上的考虑吗？我的意思是，那么多篇目，彼此有什么关系？

原来的想法很简单，都是第一人称，叙述主体发生在一夜之间，如果有关联，也是因为我自己而形成关联。但写到后面，会逐渐地突破这些限制，很多讲述也并非一夜了，有时候"我"也消失了，或者顶多出来打个酱油。现在的想法是最好没关系，除了我自己以外。当然，上海，还有时代，让这些故事又不得不有内在的关联。

有没有受到《一千零一夜》之类作品的启发？看你的后记，提到巴尔扎克的《人间喜剧》，你有把"一夜"系列写成当代《人间喜剧》的野心吗？

《一千零一夜》当年我是很喜欢的，但是结构上，《一千零一夜》

更像是个整体，必须连环在一起按照顺序阅读，"一夜"系列应该没有如此严谨。《人间喜剧》，那个太伟大了，我无法企及，只能说有所学习。

当代中国作家，很多人喜欢虚构个地名写作，把全天下的事都往"张城""李城"之类的地方塞。我看你并没干这样的事，写的就是有据可查的上海。但你在很多小说里都出现了同样的人，比如"叶萧"等。这是出于怎样的考虑？

先说地名，我宁愿用真实的，比如有个中篇小说，完全写实上海的曹家渡，就是我小时候生活过的地方，也是现在经常去的，近似于地方志与摄像机般的描摹，当然故事也发生在那里。我觉得这样能给我一种力量，真实的站得住脚的，尽管故事是全虚构的。再说人物，叶萧因为是我第一本书《病毒》中就有的人物，可能带有我个人比较多的情感吧。而在悬疑小说中，固定的警察人物也是常用的模式。

看你的小说里很多上海的地名，然后你会写到，那儿的很多建筑都不在了。你似乎很怀旧。你的"一夜"系列也有很多怀旧的气息，比如我们前面说到的《喀什一夜》和《北京一夜》。你觉得时间在你的小说中充当了怎样的角色？

每个人对于时间对于记忆的感受不同，于我而言更像是一种历史的载体。因为历史不会记载细节，而我们的记忆中处处都是细节。《繁花》为什么好？细节是其中一个原因。并非我单纯地怀旧，而是我们就生存在时间之中，博尔赫斯也有过相同的话，今天我们在这里对话，过若干年以后，也是一种历史的细节。王小波还有一句话叫"古今无不同"，是他小说里给我印象最深刻的。

你说的是，时间、细节、记忆、历史，这些都是小说需要处理的。或者说，是这些催生了小说？

没错，一定是先有时间与记忆和细节，然后才有小说基于这些之上的还原以及加工想象。

所以你的小说不管表面怎么变化，内在围绕的东西总没变是吗？为什么会围绕"时间、记忆"这个主题反复书写呢？

记忆很重要，但并不意味着要把记忆和现实对立起来，因为现实就是记忆的延续。从这个角度来说，我写记忆，其实也是在写现实，我们一定是站在现实的时间点上去回望记忆。每次回望，因为基于时间点的不同，回望出来的细节，都可能会有偏差。这就构成了小说里头非常有意义和价值的元素。有人说未来人工智能可以具有写小说的功能，但我认为人工智能永远无法取代小说家，因为无法储存每个人海量的记忆，更无法预料每个人在海量记忆之外，现实生活中的所有不可预知的点点滴滴，其实小说就是过去的所有变量乘以未来的所有变量。

看你的小说，是对我阅读版图的很大扩张。和你对话也给我很多启发。希望看到你的新作品。

谢谢。

设问人：甫跃辉 小说家，文学编辑

潘向黎

潘向黎，1966年生，福建泉州人，上海市作家协会副主席。著有长篇小说《穿心莲》，小说集《白水青菜》《无梦相随》《十年杯》《轻触微温》《我爱小丸子》《女上司》《中国好小说·潘向黎》，散文集《纯真年代》《局部有时有完美》《无用是本心》《茶生涯》等。曾获鲁迅文学奖、庄重文文学奖、冰心散文奖等，五次登上中国小说学会评定的小说排行榜，随笔集《茶可道》和《看诗不分明》多次登上书店畅销排行榜。

如何安顿灵魂是终生的功课

诗经有云，"有美一人，清扬婉兮"，潘向黎给人就是这样一种美好的感觉。她写人、品茶论道，诗句可信手拈来，透出迷人的古典气息；写故乡、推心论世，内里又有无限丰富的现代性。在她的文字背后，是一个明亮豁达的柔软又灵性的自我。面对生活，她从未有披头散发式的呼天抢地，不曾写真正痛恨和鄙视的人，是修养和定力让她拥有"世事浮云乱，此心孤月明"的气度，表现更多的是一种静水流深的美。

我刚刚读完你的随笔《万念》《如一》，还有增补本的《茶可道》《看诗不分明》。三联书店出的这一套四本，装帧清雅大方，跟你的文字很般配。我读得兴起，根本停不下来，又重温了一遍小说《穿心莲》和《白水青菜》。等到读完手头的几本，竟感觉人生百味被你说尽，有过了一生一世的感觉。这几年，我很少读当代作家的作品，因为读了容易有焦虑。去书店，摆在显眼地方的书，不是"教你成功"的，就是"人生如何成功"，而且，对"成功"的定义也越来越窄了。再翻微信，又处处都是情绪化、焦虑和鄙视链。但读你的书，却不是。你的文字初读从容清透，再读，是充盈明亮，柔中带刚，一点儿也不虚，从不空谈心性。你的小说获过鲁迅文学奖，散文获过冰心散文奖。你还喝茶，写茶。又有极其深厚的古典文学修养，先后在《解放日报》《新民晚报》、腾讯·大家上开设品读古诗词的专栏。

一般来说，搞文学都搞得这么有气候了，一定是专业作家啦。可是你偏偏不是专业作家。因为你有自己的职业，报社编辑，你的本职工作是编别人的文字。那么，编辑和作家这两个角色，你更喜欢哪个？

有一位朋友仿照流行句式这样说我："潘向黎证明了不想当一个编辑家的茶博士就不是一个好作家。"这当然是开玩笑。不过编辑和作家这两个工作，我应该说都喜欢。不然不会一直非常认真地当编辑，同时很辛苦地坚持写作。或者说，不然不会非常认真地写作，同时很辛苦地当个好编辑。这两个身份对我来说是一个银币的两面，这两个面共同组成了这样的一个我。

而且很有趣的是，如果我的编辑生涯处于低潮，我的写作往往也不能顺利；如果我的写作得心应手，往往我的编辑也当得风生水起。可能是两者都是与文字密切相关的工作。

这样两栖的生涯，自有乐趣，但是最大的问题是时间，我的写作时间实在不够，而且确实太累了。这也就是我最近几年停写小说的主要原因。很多读者都在关心，很多编辑在催问我的小说，我在这里只能这样如实相告。

日前有一个话题特别热，"如何避免成为一个油腻猥琐的中年男人""如何避免成为一个油腻的中年大妈"……开药方者有之，趁火打劫者有之，沾沾自喜者有之……你怎么看呢？

对这个问题我不是特别在意。基本上，我是一个宿命论者，每个人是每个人，有他命中注定的样子。会油腻猥琐的人怎么注意也没用，就是会渐渐向油腻猥琐发展过去，甚至年轻时就没有清爽流畅过；不会油腻的人，年轻时清新爽洁，中年也不会油腻，老年也不会油腻，他们会衰老，但会在衰老的同时"删繁就简三秋树"，变得简约沉静，更加清洁，有一种浓缩的美感。

因此，避免油腻猥琐这件事，其实和年龄和体重没什么关系，真的是精神世界的事情。

你从小就熟读古典诗词，谈起《乐府诗》，谈起李白、杜甫、李商隐、刘禹锡……如数家珍，这是童子功了。你的《看诗不分明》，题目居然化自"雾露隐芙蓉，见莲不分明"！然后你就解释，其实这首诗是陷入爱情的人的患得患失，是"你到底爱不爱我"的纠结，这首诗一下子就活了，不再是遥远时空里的喃喃自语，成了古今所有人的咏叹了。

我在古诗词方面就很弱。在中学阶段学诗词学伤了，伤了胃口，饮恨至今。再看你的文字，方觉古诗词不只是文字，实在是中国人的生活方式。像我这样的诗词"小白"，该怎么补课啊？

这种事情要看缘分。有时候小时候读不懂的诗，到三十岁突然恍然大悟；年轻时一点都不喜欢的诗词，到中年突然喜欢了；春风得意时不喜欢的，潦倒彷徨时却被深深感动；在长辈膝下承欢的时候觉得平淡的句子，到了孤身一人闯荡他乡时就觉得句句写到心坎上。这些都很正常。

读古诗词是不能劝的，就像不能劝人结婚一样。你说什么年龄是适合结婚的年龄？当然是他有能力结婚而且想结婚的时候啊。读古诗词也一样，时候不到读不进去，时候一到，一读马上就入心了。当然也有人就是一辈子不喜欢，这也正常，就像有的人一辈子都不想结婚一样。没法勉强，也没必要勉强。

像你这样想"补课"，可能就是一个特别好的契机。可以不求系统，不分朝代，东翻西翻，找到你喜欢的某个诗人，就去读他的选集，如果选集读完还不满足，就去读他的全集。

古诗词里有大美，如果能领略，能增加我们人生的滋味和生命的厚度。

我注意到一个现象：虽然你有很深厚的古典诗词的修养，但你很少在小说里卖弄，这很不容易，需要克制。为什么你不喜欢掉书袋?

首先，我其实也没有深厚的古典功底，我只是很喜欢罢了。《红楼梦》里贾政骂宝玉"以一知当十用"，很惭愧，我其实也是如此。

其次，古人写文章和写诗词完全是两回事，两个频道，我也多少有这种情况。比如，我写小说和写散文随笔，基本上两套笔墨，好像一般不会互相干扰。

如果如你所说，我没有在小说里"卖弄"，那我自己觉得很好。希望如此，但还是不太肯定。

能不能给我们描述下你的日常生活？很希望你可以出一个《潘向黎册子》（就像《穿心莲》里的《深蓝册子》一样），让我们看你喝茶、读诗、写文，更想看你做饭、加班、发火，哈哈。我猜你已经不轻易发火了，《万念》里，你也说了自己比以前多了谅解和慈悲。

如果真的那样，大概读者会觉得特别没有意思，因为我就是一个忙忙碌碌的人，上班、参加各种活动、看病、做家务、管孩子、陪伴母亲……争取时间做两件事：写作和旅行。人到中年，脾气确实平和些了。我自己对此的感觉是一则以喜，一则以悲。喜的是不再那么情绪化，比较稳定了；悲的是年轻时黑白分明、不藏不掖的痛快似乎一去不复回了。也只能顺其自然。

非常喜欢看你写身边的人，你写朋友、写长辈真是一绝。想到当年贾

政骂宝玉，何曾好好念书，不过是学了些"精致的淘气"！你文字里也处处有"精致的淘气"。说到了《红楼梦》，我们还是因《红楼梦》结缘的呢！记得你说我像湘云，不过我觉得自己是湘云加晴雯，有时候像晴雯更多一点！自评一下，你像《红楼梦》里的谁？我觉得你像探春、湘云、黛玉的合体。

"精致的淘气"，是《红楼梦》里让我印象极其深刻的一个关键词。这个我的生活和我的作品里都有，而且必须有。因为不但文学，大多数艺术，似乎都具有这种特质。

喜欢《红楼梦》的人常常都会互相说像书中的哪一个人，我觉得你确实像湘云，有才情，性情也爽利明亮，而且有一种黛玉和宝钗都没有的超逸。而我，如果一定要厚着脸皮攀扯红楼中人的话，我觉得自己几分像探春，几分像晴雯吧。黑白分明、遇事果决、不忸怩不造作，像探春；肯出力，讲义气，但不能受委屈，比较随兴，有时又口角锋利，容易得罪人，这些地方像晴雯。当然我比不上探春和晴雯，但无论如何，我是离宝钗和袭人最远的那种人。

你写茶，写人，写诗词，写故乡，写日本，写小说，论人知世，无限丰富，但骨子里一直是潘向黎的味道。知道你反感给别人贴标签，我也不想给你贴标签，但我能闻出那个味道，时隐时现，或浓或淡，但就是有。

我觉得这个潘向黎味道是一种深邃而迷人的古典气息，你对古典诗词以及《红楼梦》的熟稔，对茶的热爱，不知不觉地化到你的文字里，就像水里的盐，看不出任何痕迹。文字的背后，是一个明亮豁达，又柔软又英气，充满现代性的自我。我觉得《穿心莲》里处处有你。女作家"深蓝"，那个热烈的，聪明的，迷人的，善解人意的（漆玄青这样评价深蓝），然而，又极其清醒，且有高度自治的女性。我觉得她很像你。是你吗？或者深蓝的身上有几分你的影子？我忍不住要窥探你了。

谢谢你这么说，拥有自己的味道，这是任何一个人、任何一个作家都会高兴的一件事情。

至于我是不是深蓝，当然不是，因为我不是自由撰稿人，我没有哥哥，我父亲绝不重男轻女……当然作者和人物也不能完全"脱了干系"。你知道，小说作者和小说人物的关系是一个特别复杂的问题。

每个作家的情况也不尽相同。就我来说，我笔下的人物，大多数既不是我，也不是我的对立面，他们都是我的朋友，身上有和我相似的地方，也有不同，但总体上我还是比较喜欢他们的，即使对他们的一些做法不认可，也都是理解和同情的。比如说《白水青菜》里，我对那个婚外恋的男主人公，那个"插足别人家庭"的女孩子，我都不讨厌他们，我倾注了和我特别欣赏的女主人公一样的感情去理解、去体贴；比如说《穿心莲》里冷酷而重男轻女的父亲、有点自我中心的哥哥、有些"爱无力"的男闺蜜豆沙，我明明知道他们的毛病和积习，但都没有仇恨或鄙视他们，而是都爱着他们。

奇怪，突然发现，我笔下，至今还没有写过我真正痛恨和鄙视的人。我笔下的人物，似乎不是我的亲人，就是我的朋友。即使他们有缺点有问题，但我也有缺点有问题啊，谁没有呢？所以我从来没有在感情上向他们扔过石头，因为谁都没有资格。

我和笔下的人物是平等的。这还体现在，有时候读者要求我改结尾，通常是希望有个光明美满的结尾，我回答说："我也想成全的，可是写着写着，这两个人自说自话就那样了，眼睁睁地就分开了，我也没有办法，我不能生拉硬扯啊。"

虽然作为作者我也会遗憾，但是人物真的有自己的血肉之后，他自己就有生命和性格逻辑的，作者又是无能为力的。

作为作者无能为力的时候，作为女性的我，往往受到了教育——关于日常世界的运行法则。"在别人的故事里流自己的眼泪"，这种情况，演员有，作家也有。甚至作家就是为了流出那几滴眼泪才去写某一个作品的，也完全可能。

我觉得你的小说，你的散文，又热烈，又自持内敛，有时候会自嘲，但归根还是一种自持。这也是一种教养。是你写的教养——路易十六的玛丽皇后走上断头台的时候，不小心踩到刽子手的脚，她脱口而出："对不起，先生，我不是有意的。"

杨宪益的夫人戴乃迭是位英国女子，十年动乱时在监狱里，看守给她送饭，她总是说："谢谢你。"还有康有为的女儿康同璧，在困难岁月，用最简单的两根铁签子，烤出纯正的法国面包。

终极修养是：时代再乱，我不乱。但是，你不觉得很难吗？

这种修养和定力，就是所谓"世事浮云乱，此心孤月明"。

确实很难。这里面有一种人与外界、与时间对抗的勇毅之气，一种静定，很美。

有一位评论家说我在作品中做不出披头散发呼天抢地的样子，他说这是我的好处也是我的局限，确实如此。写作的人，如何安顿自己的灵魂，如何在困顿和名利面前始终自持，这是一个终身的功课。人到中年，我还在摸索。

你甚至对自己的文字也保持着充分的清醒和自持。毕飞宇梦想将来在自己死后，有人在他的墓地上读他的小说，你呢？梦想着至少有一个人，能够面对命运的不公或者困难的折磨不动声色，在看你的小说的时候，竟然流下眼泪。你还说,这样的梦想与时运有关,与气数有关,与等待无关。所以"我也不等待"。这样的心态,豁达清醒,保持着自尊,我真是喜欢。

其实你很挑剔,你甚至都会给"读你的书流下眼泪的读者"设一个条件:"能够面对命运的不公或者困难的折磨不动声色",你的文字不取悦大众,你有你的目标读者。我喜欢这种挑剔。忽然想起你的《白水青菜》里,女主人公煲的米饭特别好吃,她说:"我尊重米",又补充一句,"不过只尊重好的米"。我希望自己是个好读者。

像你这样的人,肯定是好读者。因为你的学养储备、才华、性情、鉴赏力、悟性都是为文学和审美而生的。况且你自己又写作。

我确实很挑剔,对文字挑剔,对人挑剔,对书挑剔,对茶挑剔。但是一旦喜欢的就会很喜欢,一往情深,近乎痴。

我真正的好朋友不多,但都是交往很多年的,彼此未必经常见面,见面也未必谈人生谈文学,但是彼此的存在就是人生旅途上的一种温暖,一种支撑。

至于写作的梦想,每个写作者都有,而且都是自然而然形成的。到目前为止,我和我的目标读者群的接近程度,我还是比较满意的。

作为一介书生,除了写作别无所长,但在交友与写作这两方面,我的运气一直都是好的。我喜欢、珍惜的朋友,也喜欢、珍惜我,我期待的理想读者果真成了我的知音,这不容易,可遇不可求,简直神奇,只能说:"感谢上苍。"

《穿心莲》的女主角深蓝,说自己要写一本小说,写"文字和生活,相互成全,实际上呈现出来时,是相互干扰",你觉得文字对你意味着什么?成全多还是干扰多?

我非常喜欢这本书里你对写作的定义，让我想起木心说的："苦海无边，回头是岸，是宗教。苦海无边，回头不是岸，是文学。"

文学真是凡人的宗教。

你所说的我对写作的定义，是这段话吧："那本是虚空却因我存在的一行行字，甚至一本本书，神完气足地尘世行走，有它自己的生命和命运。只要保持写作，总会有回报，就算写出来的很少人看，也还是有回报的。我感到，它即使不能让人看到虚无中的真实和永恒，至少也让人觉得在向那个意义之门靠近。"我至今这么想。

我的写作和生活，既互相干扰，又互相成全，像一对欢喜冤家，互相干扰起来水火不容，互相成全起来又蜜里调油。让我啼笑皆非。

一定要谈论生活和写作关系的话，还是应该说：感谢生活。感谢这些年我所经历过的生活，感谢每一个经过我的生命的人，感谢每一个陪伴我的人，感谢我自己，感谢我自己每一次的投入、耽溺、哀伤、困顿，每一次满足、悲悯、释然、醒悟。

感情过于丰富，内心过于敏感，是"天生一种痴病"，我也曾经以为羞耻，后来读到《世说新语》中说"太上忘情，最下不及情，情之所钟，正在我辈。"顿时就心安理得了。

"苦海无边，回头不是岸，是文学"，这话说得对，说得非常好，我们这些贪恋此生一切美好的痴人，在苦海里游来游去，也未必愿意上岸呢。

可不可以多谈谈《穿心莲》？你的第一部长篇，我特别喜欢，喜欢的程度甚至超过《白水青菜》，虽然《白水青菜》获了鲁迅文学奖。但人跟书讲缘分的，我读《穿心莲》，时不时感觉自己"炸了"！

深蓝爱漆玄青，这个男人看上去真的很好，有教养，做事的身段漂亮，对生病不讲理的太太有担当。但你安排他太太自杀后，他不告而别，失踪了，对这般生命中不能承受之重，他承受不了，留下深蓝一个人在"事故现场"。深蓝跟漆玄青，一定要这样吗？

很抱歉，深蓝和漆玄青，看来只能那样了。当时有很多读者来求情："那么般配的两个人！""在一起，在一起！"我说："我同意啊，但他们不听我的啊。"

又有人说："小说的最后，深蓝对着空气说'欢迎你回来'，是不是暗示着两个人还有将来？"我心软了，回答说："也许吧。"

从骨子里，你不信任男性吗？这句话有性别歧视之嫌，换言之，你不信任人性吗？一段爱情关系，通常来说，女性更为投入，你想对恋爱中的女性说点什么？

其实，写到那里，我和经历过爱情的明眼人都明白：这两个人，是不会在一起了，也绝不可能在一起了。缘分是很可贵的，稍纵即逝，小说里也写了，有的战役，关键就在一瞬间，在感情里，错过了一秒就错过了一生是千真万确的。这里面除了人的诚意、勇气、魄力，运气的成分也很大，而运气，真是老天爷的把戏，我们人类真的很无能为力。

《穿心莲》的结尾，深蓝和漆玄青心里都会有一块残缺，但是他们都是有头脑的成年人，应该都会生活得不错。不过，深蓝的重新站起来是以割舍了对漆玄青的爱情为前提的，因为这爱情太伤害她了，她必须走开。

想对恋爱中的女性说的话是："只有独立成熟而内心强大的你，才能给自己安全感。有了安全感，才可能有自由，有幸福。"

但是这些话说了也没有用，我还是说这一句吧："祝你好运！"

《穿心莲》里遍地都是好文字，好性情，我像一个小孩子，摘抄了好多，现在给你看看——"爱和自由。没有爱的自由，没有自由的爱，我都不要。""一个可信、能干的好人，和一个好爱人，这中间没有必然的联系。何况私生活中的表现，是人性最深不可测、幽暗摇曳的部分。""对于女人来说，最可怕的不是长得丑偏偏自我感觉良好，而是，没有任何资格自恋的人，错误地把应该用来自强的时间和力气，用来自恋。"

你的摘抄很精准，确实是我很用心的地方。

我还想在这里摘抄你的一段话，我摘抄得太多了！实在是你说得太好！在《万念》里，写自己为什么写作——

"陈丹青说，他是用画笔一笔一笔地救自己，贾樟柯用胶片一寸一寸地救自己。我是一房间的药味中，一个字一个字地救自己。"

我完全被这个说法迷住了。我觉得这是对写作最形象的表达。

我再摘抄一段，你说茶和书是两道帘子——

"透过帘子反过来看看当下的日常生活，也许会有一些以前没有的感觉。透过帘子，看景色的感觉是不一样的。竹帘有竹帘的味道，布帘有布帘的味道，它们那种半遮半隔，但是又透过来一些，会给人一种若即若离的感觉，好像很空明，别有趣味，对非审美的日常轮廓都会有一种柔化作用。如果幸运的话，透过饮茶读书这两道帘子再看日常生活，有时候会有这种感觉。"

人生不容易，敏感的人尤其辛苦。我确实经常放下这两道帘子。但是写作不一样，写作不是逃避，写作是防守反击。

谢谢你喜欢《穿心莲》的同时，也喜欢《万念》，如果要我在自己全部的随笔里推荐一本的话，我会毫不犹豫地推荐《万念》。

我的作家朋友胡展奋先生有一本随笔集叫作《我的最后一张底

牌》，《万念》就是我的底牌，因此我的心理有点矛盾。其中的大部分内容，除了最后一部分的创作谈，大部分在出版前都没有发表，也就是说，《万念》对读者是一本全新的书。我愿意这样直接出版。

《穿心莲》里，深蓝说自己要写一部长篇，卷首语是——

"心爱之地，心爱之人，光，均无法正视，无法看清"，我被这几个字，以及这些字背后蕴含的辽阔的可能性，迷住了。

对了，还有《紫苏的故事》《满街都是圣人》，这都是你故事里的故事，很想看。

你会写出来吗？

不知道。突然想起沈从文《边城》的结尾：那个人也许永远不回来，也许明天回来。那个结尾让我着迷，第一次知道小说可以是这样开放的结尾，而且在我不同的年龄、不同的状态和心情下去读它，感觉是不一样的，有时候感到很浓重的失落和惆怅，有时候却是充满希望，甚至代替翠翠听到全新生活的脚步声就在身后。

这样一说，我又觉得，关于《穿心莲》的结局，我刚才的解释也许过于武断了，准确说，应该是不一定。虽然男女主人公不再能在一起、各自孤独但精彩地活下去的可能性很大，但是并不绝对；如果他们经过跋涉同时抵达一个全新的精神层面，再次互相选择的可能性也不是没有的，毕竟他们都是在精神上要求很高的人，想随便迁就也很难做到的。未来的事情，谁知道呢。所以，你想看的几个小说，我也许永远写不出来，也许明天就写。

下一步会把主要精力放在哪方面？小说？散文？

随缘吧。我喜欢写作，但是一直没有计划。到了这个年龄，也很难改了。我想我会一直写下去，也会一直没有明确的计划。

这种习惯的好处是很明显的：我不会特别着急，好吧，说实话，我根本就不着急，绝不会咬牙切齿地去想要在什么时候写出多少万字，更不会作死地企图达到什么目标，获得什么大奖；但是缺点更明显：我会随时允许自己偷懒，写写停停。

苏东坡爬山爬了一半，走不动了，突然想："此间有甚么歇不得处？"就是说"这里有什么不能歇的呢？"这样一想，便会"心如挂钩之鱼，忽得解脱。"懒人自有妙计，我就以此为自己解脱。

设问人：刘晓蕾 大学教师，《红楼梦》《金瓶梅》研究专家

滕肖澜

滕肖澜，1976年生，上海人。著有小说集《十朵玫瑰》《这无法无天的爱》《大城小恋》《星空下跳舞的女人》《规则人生》、长篇小说《城里的月光》《海上明珠》《乘风》等，小说《童话》《蓝宝石戒指》曾被改编成同名电影。曾获鲁迅文学奖、锦绣文学大奖、《上海文学》奖、《小说月报》百花文学奖，以及《人民文学》未来大家TOP20。

最难的就是写幸福

滕肖澜偏爱从日常生活中挖掘素材，她笔下的人物都是生活中可以想见的人，不太好也不太坏，不太富有也不至于活不下去。他们平凡地生活，并为之努力。由此，她的小说大多写的是上海人。"我觉得，绝大部分的上海人，都是勤恳的、务实的、坚强的。"她通过塑造这种个性的人物，使自己的小说极富张力，故事繁复而精彩。

2001年，至今算来，时间算是很久了，你在《小说界》上发表了一篇中篇小说，名字叫《梦里的老鼠》，还记得创作这篇小说时的状态么？这部小说对你后来的文学创作有没有什么意味？

在《梦里的老鼠》之前，其实我写过不少小说。言情的、武侠的、侦探的……都没有发表，主要是自己写着玩，给家人和朋友看，纯属消遣。那时我从没想过会走职业写作这条路，就是喜欢编故事，外面流行什么小说，就写什么。中学里有一阵写得很勤，基本上同学间都在传看我的手抄本，一圈下去，白纸变成烟灰色，很有成就感。无所谓发不发表，写作本身就带给我极大的乐趣。上课时也写，还给老师没收过几回，"你还搞副业啊"，我记得一位老师这么评价，印象很深。我看书也很杂，什么都看。因为不是科班出身，文学理论方面完全不在行。

第一次接触到"纯文学"这个概念，是写完《梦里的老鼠》给父亲看。之前的小说，他老人家也看，但唯独这次，他扔下一句"倒是纯文学路子呀"。他说："你可以试试投稿。"我把小说打印出来，厚厚的一叠A4纸，装订好寄挂号信，投给《小说界》。没几天便接到魏心宏老师的电话，让我去一趟杂志社。确切地说，那时我的感觉是惊奇大过喜悦，脑子里有点空，不知所措。父亲只叮嘱一句，"去了那里，别叫先生女士，要叫老师"。

那是2001年的夏天。绍兴路绿树葱茏，在地上投下厚重的影子。我在上海文艺出版社门口站了一会儿，深吸一口气，走进去。魏心宏老师说了许多鼓励的话，并表示希望我再写一篇，同一期发表。我回到家便写了短篇《美女杜芸》，与《梦里的老鼠》一起发在当年十一月那期。拿到杂志那刻，还是有点恍惚。从来没想到自己的小说会变成铅字，之前那些感觉到这一刻才渐渐坐实，激动得都有些想哭了。接着，陆续在《小说界》又发表了两部小说。同时也给别的杂志投稿，都是自由投稿，写上"某某杂志社编辑部收"，便寄过去。我觉得我是个特别幸运的人。遇到的编辑老师都非常友善和尽责，不管最终是否录用，都会给我写信，或是指导，或是鼓励。除了魏心宏老师，还有《钟山》的吴秀坤老师、《人民文学》的宁小龄老师、《收获》的廖增湖老师等等。这些老师们引我入门，给我信心，让我有了坚持下去的勇气。我至今都感激他们。

这篇小说给我留下深刻的印象，你写了一个叫杨艳的女人，出身教师家庭，二十来岁时很叛逆，不读书，去KTV坐台，像个小太妹，父亲很生气，更失望。不料你悄悄一转笔，将读者带入另一个空间。杨艳并没有彻底堕落，相反在度过一段叛逆的青春期后，她步入的正是庸常的日常生活，嫁了一个机场的临时工，当了后妈。因为没有学历，她去宾馆做了清洁员，负责打扫厕所，后来丈夫又得病变成植物人，她必须处理各种家庭问题，艰难度日，等等。我从中意识到了几组意象：城市普通人物、日常生活和尊严诉求。你对城市普通人物（我不太愿意说是小人物）怎么看？他们是如何进入你的小说的？

我偏爱从日常生活中挖掘素材，我希望我笔下的人物都是生活中可以想见的人，不太好也不太坏，不太富有也不至于活不下去。"城市普通人物"这个名词在我看来，应该是占城市人口中比例最多的那一群人，平凡度日，为了活得更好而不断努力着，有着蓬勃的生命力，不崇高也不卑微。选择他们作为我的主人公，是因为我希望能够通过小说反映这群人的生活状态。我的小说大多写的是上海人。我觉得，绝大部分的上海人，都是勤恳的、务实的、坚强的。塑造这种个性的人，在小说里会显得很有张力，容易出故事。我笔下的许多人物，似乎是自己走进我的小说，比如《星空下跳舞的女人》里那个诸葛老太，源于某次我去一家店买面包，瞥见窗边坐着一位六十多岁的老太太，衣着整洁，举止娴静，在喝一杯奶茶。整个人沐浴在阳光里，像一幅画。我一下子就觉得，这是一个有故事的老太太，完全可以把她写进小说。《爱会长大》里那个很"作"的女孩，生活中也有原型，是我的一个闺蜜，当然小说要夸张许多，生活中不可能矛盾那么集中，也不可能那么巧合。我最怕别人问我，这个人物是真是假，那个人物是不是某某某？一是怕惹是非，二来也确实不会真的一一对应。通常是被真实人物所打动，有了感觉，但真动起笔来，最多也就保留十之一二。

你的很多小说都有日常生活作为叙述底子，比如获得鲁迅文学奖的

《美丽的日子》，你是如何理解文学意义上的日常生活的？直接问，你认为什么是日常生活？21世纪以来的日常生活有什么特征？将日常生活铺进小说创作里，你是如何处理的？

经常看到一些评论文章，说我"擅长日常生活与家长里短的叙述"。初时挺想不通，似乎是指我写得婆妈、琐碎，对于一个还不算太老的女作家来说，听着有些别扭。于是便把我的小说列开，扳手指头数，发现完全写家长里短的小说，其实只占很小一部分。我自认为我的小说还是涉及面挺广的，比如《倾国倾城》，写的是银行里勾心斗角的两条美人计，《规则人生》是官商斗法，《握紧你的手》写拆迁，《快乐王子》写劫富济贫替天行道的成人童话，《又见雷雨》《姹紫嫣红开遍》是讲戏如人生、人生如戏，等等。那为什么我的小说会给人那种印象呢？我渐渐也就想明白了，这可能还是与我的写作习惯有关，不管多么棱角分明的题材，我叙述起来依然是从日常的细节入手，写人物，写背景，徐徐道来。这谈不上好与坏，只是作者的个人风格。这种写法最趁手，也最能进入状态。每位作者的情况不同，即便写相同题材，各自也会挑选不同的切入点。

新世纪以来的日常生活，这讲起来似乎有些复杂，但如果非要说个最明显的特征，关键词也许是"新移民"。特别是一些大城市。新移民给城市带来截然不同的变化，体现在各个方面。从某种程度上讲，是把城市更加同质化了，让彼此间的差异看似愈来愈小。写上海与写广州，如果是写一篇市民生活的通讯稿，也许可以相互拷贝。但写小说，是要抓住城市内里的精神与文化，写出人与人之间那些微妙的情感。面对同一件事情，上海人与广州人的反应肯定是不同的，有着各自的惯性思维和特定态度。看似抽象，却又是真真切切地存在着。这些东西比较难写，但写出来，会很有意思。我给自己定的标准是，写上海的小说，给上海人看，不管是新上海人，还是老上海人，都能让他们觉得，这就是当下的上海，不管是笑，还是哭，都是发自内心的，符合这个时代，也符合这座城市。将日常生活铺进小说创作，我个人比较喜欢的方式是写人物，每个人物（包括主要人物和过场人物）都不是石头缝里蹦出来的，背后都有故事，除了小说主线情节，还要花心思写好每个人的故事。那自然而然的，笔锋就变得具体了，生活就出来了，小说的质地也会绵密细致许多。

的确如你所说，城市普通人物这个群体，不仅与底层概念的所指不同，也与所谓小人物的叙事不同。在我们的文学史传统中，苦难叙事是一种具有史诗性的也更富诗性的创作品质，但在所谓底层小说中却被降格为生存苦难、身体困境。中间状态的人群常常被忽略，就像你小说中的人物，其实就是普通人，谈不上很有钱，也不至于一贫如洗。不是什么大贵之人，也并非什么都不是。有些斤两，有工作，有心计，也有向往。这是城市中大多数人的生活状态，而文学往往会被注释为写少数人的状态，关于大多数人与少数人，生存苦难与精神苦难，你是如何思考的？

文学写"少数人"的状态，我理解这个"少数人"，并非是数学概念上的"少数"，而更偏向于一种特指的"典型性"。而这个"典型性"，也与作者各自不同的取材与理解有关。或者说是喜好。我希望我的小说，能刻画那些最有代表性的当下的城市百姓。什么是代表性？不是最有钱有势的金字塔顶，也不是最穷最苦的底层，就是当中那些，占着城市绝大多数人口比例的百姓们，看着最普通，最没有"代表性"的那种"代表性"。写一篇关于城市生活的小说，可以不写他们，写两篇，也可以不写，但如果写十篇，还不写他们，那就有些奇怪了。因为他们没有特色，不起眼，不具备"可写性"，所以就忽略他们，我觉得是不合适的。

之前上海作家协会举办"两岸小说工作坊"，其中有个主题"都市的诗意"，我就提到自己的两部小说，《姹紫嫣红开遍》与《又见雷雨》，前者是与京剧有关，后者是写话剧。这两部小说从外界的评论来看，应该是最接近"诗意"这个词的。作者其实或多或少都明白，哪些人物相对好写，容易出彩，容易写出所谓的"诗意"。比如写跟戏曲有关的，或者是书法，还有中医，等等。这些就容易写得影影绰绰，有味道，有文化气息。可是，我们写"都市的诗意"，难道只能这样写吗？如果是写普通的百姓，每天上班下班，两点一线，过着那种单调的格式化的生活，枯燥干巴，生活中没有任何值得一提的优点甚至是缺点。那是否他们的生活就谈不上"都市的诗意"？如果有，那这种"诗意"该怎么呈现？我觉得这都是值得我们思考的。

在我们这座城市，绝大部分人的生活都是平凡得不能再平凡的。记得曾经有人问我，什么最难写？我引用托尔斯泰那句经典的话，幸福的家庭都是相似的，不幸的家庭各有各的不幸。在我看来，最难的应该就是写幸福。因为相似，所以更难拿捏，因为有普遍性，所以反而无从下笔。如果有人能写幸福的一家，让人看得回肠荡气，又完全信服，这还真不是一般的功力。应该说，苦难比幸福好写，少数人比多数人好写。

你的小说可读性很强，每篇小说基本上都有一个相对完整的故事，以及几个形象较为丰满的人物。给读者印象，你是一个相对传统、喜欢扎实讲故事的小说家。关于故事和塑造人物，你是如何做到的？

我的写作，受传统章回体小说的影响较大。起承转合，编故事、写人物、交代背景。形式上很老派。我前面说了，每个作者都会选择最适合自己的写法，毫无疑问，这样传统的写法于我而言是写得最舒服的。我有时也会转换风格和题材，但写法框架基本不变。就像演话剧，台上的桌椅帷幔要悉数摆好，演员才能表演，否则就进行不下去。这是基本设置。估计也很难改变。谈到可读性，我总觉得，评价一篇小说可读性很强，放在今天似乎未必全是褒义。当然这个话题不必深究。对于我来说，如果用一句话来概括，我希望我的小说是"诗意地讲一个故事"。诗意与故事缺一不可。把小说写得曲折动人，又意韵深长。我喜欢这样的小说。也一直在朝这个方向努力。

写每一篇小说之前，我通常都会写很详细的提纲，有点像剧本里的分集大纲。五万字的中篇，大纲起码是五千字。还有人物小传，每个人物都写，加起来也是好几千字。当然随着写作进程展开，大纲也会不断调整，到最后是脉络愈来愈清晰，前后呼应。这个过程很有趣。我喜欢做这些相对具体和理性的准备。写小说时，每句话都有着不可预知性，这是感性与神秘的那部分，是附加分。前期的准备，为的是基础分。前期准备得越充分，越具体越详尽，于我而言写起来就愈有底。写《倾国倾城》时，甚至还做了Excel表格，把每个人物、每个情节都尽可能细化。谍中谍，谜中谜，戏中戏，通常故事愈是复杂的小说，越适合这种方法，很直观，一目了然。我始终觉得，小说不能完全按照感觉走，要有个部署，动笔时就要知道最后结果如何。这个结果当然不必非常具体，可以边写边完善，但至少也需要一个大概的走向。否则容易收不了场，就算勉强写圆了，前面布下的许多伏笔，也会派不上用场。韩剧就是因为边写边拍，所以很容易犯这个毛病。到后面作者自己都糊涂了，往往是匆匆收尾，浪费了许多前面的精彩铺陈。这当然有其商业上的原因，但说到底还是态度不够严谨。

我始终认为小说创作也是一项手艺活。每个作者都应该有以前那种传统手艺人对自己活计的虔诚与敬畏，冬练三九，夏练三伏——深入生活是练"眼界"，阅读是练"气韵"，除此之外，还可以再具体些，练"写对话"、练"埋伏笔"、练"编细节"、练"气氛渲染"等等。我们可以做得远比我们想象的还要多。"编故事"这个部分，是小说创作中最吸引我的一部分，几乎所有的乐趣都来源于此。不必在乎别人怎么看这一条，反正于我而言，我是尽全力写每一部小说，而且也收获了快乐。这就够了。

你说到故事，罗伯特·麦基关于这一点有过一句发人深省的话，他说故事是生活的比喻，比喻的存在为的是将生活说得明白一些。你是如何理解故事的？如何区分故事与情节的？在你看来，驱动你小说故事发展的核心要素是什么？是人的欲望，还是别的什么？因为每个人都有秘密，都有执念。

在我看来，"故事"是一个整体的概念，包括主题、人物、情节、细节、对话、氛围等一系列元素。不是内容提要，不是干巴巴的三言两语可以概括的那个东西。而是非常丰富、立体的一个艺术品。换句话说，小说所指的"故事"，或许可以认为是小说中所有具体的、技术性的、理性工作的总和。情节是看完小说后，可以复述出来的那部分，类似于框架结构。而故事是无法复述的，至少出于对作者的尊重，或者对文学创作的尊重，很难在短时间内复述清楚。故事牵涉到的技术面要多得多，复杂得多。驱动我小说故事发展的核心要素，应该是人物的价值观和意志力。价值观决定人物的本性，好还是坏，意志力决定人物的韧性，斗争还是妥协。归根结底，小说的核心就是人。一旦确认了主人公的各方面属性，故事才能合乎情理地展开。"情理之中，意料之外"是句老话。指的就是"人物的情理之中，读者的意料之外"。许多时候，小说没写好，就是因为人物设定和故事走向不一致。

在你的小说中，各类人物交叉缠绕，各种关系彼此延伸，有评论提到你构建了独特的"滕式三角"文学关系，这的确是很有意思的发现。你在小说中构建特有的矛盾空间可圈可点，人的生活困境，各种人物关系的对峙、交融，矛盾的产生和解决，你对此是怎么看待的？

我不大擅长归纳总结自己的小说，关于人物关系和矛盾空间的构建，以及各种对峙、交融、产生和解决，我觉得这应该也是故事的一部分，目的是让故事更精彩，更有张力，更吸引人。所谓"做人要直，做文章要曲"，小学生写作文也明白这个道理。记得有位前辈老师曾经告诉我："小说里的人物，要把他放进洗衣机里滚一滚，再出来，不能开始怎么样，最后也是怎么样。如果仅仅是故事经历了一遭，人还是老样子，那就是失败的小说。"我把这话一直牢记在心。人物靠什么来改变？自然是靠各种矛盾，在解决矛盾的过程中，人物不知不觉就发生了变化。同时，我喜欢把人物尽可能写得复杂，当然"复杂"不是"乱"，更不是"莫明其妙"。要复杂得合情合理，能引起读者共鸣。

《在维港看落日》里，主人公郭妮的母亲，虽然只是寥寥几笔，我却尽量想把她刻画得更立体，看似是最常见的上海中年妇女，胆小、务实，也容易被男人的小动作所打动，小女人似的。但后面从郭妮的嘴里，却得知原来她早就对男人的背景进行过调查，而且一直没有领证，只是同居。这个转变虽说有些意外，细想之下却也合情。一个低调的、谨慎的、怕被人伤害（无形中反而对别人造成伤害）的女人，不就是如此嘛。这种人生活中比比皆是。还有胡绍斌与郭妮的那段暧昧，我个人是想故意造成一种假象，让读者认为这男人与郭妮只是玩玩，或者是出于其他目的。直到最后那段，胡绍斌用家乡话说出"俺稀罕你"，才晓得他居然是真心。掩盖在暧昧背后的真心，虚虚实实欲言还休，反倒是另一种动人了。通过这样的"小把戏"，明写暗写，正过去反过来，把人物揉碎了再拼起来，人物更有层次，也更有现实意义，彼此间的关系也随之张弛，故事由此更有看头。

《你来我往》中的女人和女孩，都是为了讨债。女人问铁道局讨，女孩问女人讨。女孩更狡黠些，她使的每一个手段，不知不觉被女人用到铁道局领导身上。这样，讨债的双方，身份便变得微妙起来，竟是亦师亦友的关系了。《握紧你的手》中，李谦原本是个"拔钉子"的高手，类似地痞流氓那种，却应聘到孙晓美的店里当"钉子户"，人在店在，店亡人亡。他是为了还当年的一段良心债。而孙晓美苦守这家店，也是为了等出走的男人归来。这样从刻画人物出发，写"拆迁"的故事，可以给冷峻的题材多些缓冲，也添些意韵。我始终认为，作者应该锻炼这样一种技术：一旦确定"写什么"，脑子里马上就清楚该"怎么写"。如何将题材里最打动人的那部分，用最合适或者说最有把握的方法呈现出来，这点很重要。就像一个制片人拿到剧本，马上就要敏感地想到，该用哪个导演，技术和风格才合拍；用哪个主演，与人物才最贴合，最容易擦出火花。

你的长篇小说创作，从《城里的月光》到《海上明珠》以及写机场题材的《乘风》，都触及到了时代背景，有相当的现实性，相对于你写中短篇处理各种关系，长篇与中短篇的区别在哪里？或者说，你觉得长篇小说的困难在哪里？

　　我长篇写得不多。坦白说，我更喜欢写中短篇，尤其是中篇，故事腾挪的空间和节奏都刚刚好，适合我。每个人的情况不同。有些作者喜欢写短篇，有些作者喜欢写长篇，因人而异。我一共写了三部长篇。《城里的月光》是写一对浦东的小夫妻，从他们相遇结婚开始，跨度接近二十年，背景是浦东改革开放。我希望通过这对小夫妻，写出背后的大环境。事实证明是力有不逮了。写得太单薄了。《海上明珠》是比较家常的题材，写一对女孩换错身份后再回到原位，所发生的一系列事情。写城市里不同阶层百姓的生活和心理。《乘风》是关于机场题材的小说。我个人觉得，长篇与中短篇最大的差别在于节奏感。当然也是因为篇幅不同，长篇字数要多得多。于我而言，我觉得长篇的节奏不太好把握。同样起承转合，长篇在各段的比例上不太好掌控。另外，长篇是需要憋着劲写的，不能泄气，是个体力活。目前，我正在写一篇关于金融题材的长篇。在写这部小说之前，我给自己定了个很直观的要求：像写中篇那样写长篇。不管这话从文学理论上讲是否正确，但至少，目前为止，我觉得这篇比前三部要更精致些，人物更禁得起推敲，情节展开的节奏也让我比较满意。已经完成了13万字，计划在明年初完成。写这篇小说之前，我到银行蹲点了一段时间，试图掌握金融行业的基本情况，进入他们的语境和职场空间，也与一些金融人士有过交流，了解他们的心声。我希望这篇小说能够从一定程度反映当下上海金融行业的一些境况。

　　关于小说创作的"写什么"和"怎么写"的问题，一直以来是耗费小说家心思的问题。"怎么写"虽说是先锋小说的一种解读，但对于当下如何探索小说创作的现代创新依然有着某种警醒意义，特别是时间速度处于加速度的今天，书写现代城市人和城市生活时，未来你会尝试更多新的小说写法吗？

我觉得应该会。我相信每一个作者都会有意无意地尝试新的写法。许多想法是自然而然地冒出来的，随着写作渐渐深入，经验慢慢积累，我们会去思考，怎么把我们想要表达的东西，用更合适的手法呈现出来。当然这不能操之过急，也不能为了改变而改变。某种程度上讲，写作是一个寻求平衡的过程，各个技术项要均衡发展，不能消极对待，也不能矫枉过正。就像高考时老师常说的，科科都要平均，不见得非要有拔尖的，但绝不能有一门特别差的——要稳妥些。否则容易打乱写作的节奏，影响自信。对写作者来说，自信心非常重要。甚至还要有一点阿Q精神，自我催眠，"这篇不错，嗯，那篇也不错"。还要学一句演员常说的话，"最好的永远是下一部"。

设问人：李伟长 评论家

《对话百家》系列丛书作家名录

王安忆	马 原	叶 辛	孙 颙	血 红	吴 亮
张 翎	甫跃辉	陈思和	金宇澄	赵丽宏	姚鄂梅
唐 颖	殷健灵	秦文君	钱谷融	葛 亮	路 内
蔡 骏	潘向黎	滕肖澜			

大 解	王 干	叶 舟	宁 肯	龙仁青	吉狄马加
刘亮程	西 川	何建明	李元胜	李鸣生	李修文
李春雷	周晓枫	欧阳江河	荣 荣	海 男	商 震
梁 鸿	裘山山	鲍尔吉·原野		熊育群	

弋 舟	马金莲	双雪涛	文 珍	王十月	王威廉
付秀莹	田 耳	石一枫	乔 叶	孙 频	朱山坡
张悦然	张 楚	李 浩	李骏虎	肖江虹	周李立
郑小驴	徐则臣	黄咏梅	鲁 敏		

二月河	凡一平	王 蒙	王跃文	王 刚	王祥夫
尹学芸	方 方	邓一光	东 西	冯 唐	冯骥才
艾 伟	叶 弥	关仁山	吕 新	孙惠芬	朱 辉
次仁罗布	衣向东	红 柯	刘 庆		

刘醒龙	刘庆邦	刘慈欣	李敬泽	李佩甫	迟子建
余 华	吴克敬	张 炜	张 平	杨少衡	杨争光
肖克凡	邱华栋	邵 丽	阿 来	阿 乙	陈忠实
陈 彦	陈应松	麦 家			

宗 璞	周大新	周梅森	范小青	范 稳	金仁顺
柳建伟	残 雪	胡学文	赵本夫	赵 玫	海 飞
莫 言	贾平凹	陶 纯	盛可以	笛 安	葛水平
蒋 韵	韩少功	熊召政	魏 微